Frau
Bischlager
mit besten
Grüßen überreicht
[signature]
17.2.98

Investitionsrechnung

Methoden · Beispiele · Aufgaben
Übungsfälle mit Mathcad

Von
Prof. Dr. Peter Pflaumer

unter Mitarbeit von
Dr. Hans-Peter Kohler

3., verbesserte und erweiterte Auflage

R. Oldenbourg Verlag München Wien

Die Deutsche Bibliothek - CIP-Einheitsaufnahme

Pflaumer, Peter:
Investitionsrechnung : Methoden, Beispiele, Aufgaben, Übungsfälle mit Mathcad / von Peter Pflaumer. Unter Mitarb. von Hans-Peter Kohler. – 3., verb. und erw. Aufl. – München ; Wien : Oldenbourg, 1998
  ISBN 3-486-24618-6

© 1998 R. Oldenbourg Verlag
Rosenheimer Straße 145, D-81671 München
Telefon: (089) 45051-0, Internet: http://www.oldenbourg.de

Das Werk einschließlich aller Abbildungen ist urheberrechtlich geschützt. Jede Verwertung außerhalb der Grenzen des Urheberrechtsgesetzes ist ohne Zustimmung des Verlages unzulässig und strafbar. Das gilt insbesondere für Vervielfältigungen, Übersetzungen, Mikroverfilmungen und die Einspeicherung und Bearbeitung in elektronischen Systemen.

Gedruckt auf säure- und chlorfreiem Papier
Gesamtherstellung: R. Oldenbourg Graphische Betriebe GmbH, München

ISBN 3-486-24618-6

VORWORT

Das vorliegende Buch ist aus Lehrveranstaltungen der Investitionsrechnung hervorgegangen, die ich in den letzten Jahren für Studierende der Betriebswirtschaftslehre gehalten habe.

Ziel des Buches ist es, an einem kurz gefaßten Lehrtext, der an Übungsbeispielen orientiert ist, die wichtigsten Methoden der Investitionsrechnung darzustellen. Das Buch dient der schnellen Vermittlung von Basiswissen. Keineswegs soll es ein umfassendes Lehrbuch ersetzen. Vielmehr ist es als Skript gedacht, welches den Leser in die Lage versetzen soll, praxisnahe Investitionsfälle mit Hilfe von statischen und dynamischen Methoden der Investitionsrechnung effizient zu lösen.

Wichtig scheint mir dabei die Berücksichtigung der Unsicherheit bei Investitionsentscheidungen. Daher ist ein Kapitel analytischen und simulativen Verfahren der Risikoanalyse gewidmet. Zwar kann mit der Risikoanalyse die Unsicherheit nicht reduziert oder gar beseitigt werden, aber es gelingt, das Risiko berechenbar zu machen.

Es werden Grundkenntnisse in Finanzmathematik und in Statistik vorausgesetzt, und zwar in dem Umfange, wie sie im Grundstudium der Wirtschaftswissenschaften an Universitäten und Fachhochschulen gelehrt werden. Im Anhang findet man eine Zusammenstellung der Summenformeln einiger wichtiger geometrischer Reihen. Die mit einem Stern gekennzeichneten Abschnitte erfordern Kenntnisse der Differential- und Integralrechnung. Diese Abschnitte sind für das Verständnis der restlichen Kapitel nicht sehr wichtig und können beim ersten Durchlesen des Buches gegebenenfalls überschlagen werden.

Ein Übungsteil mit Lösungshinweisen schließt das Buch ab. 20 Übungsfälle sollen dazu beitragen, die wichtigsten Methoden der Investitionsrechnung zu vertiefen und sachgerecht anzuwenden. Die einzelnen Lösungsschritte werden ausführlich erklärt und durch Hinweise auf den entsprechenden Lehrtext ergänzt. Mathcad für Windows, ein leistungsfähiges Mathematikprogramm, wird im Anhang dazu verwendet, komplizierte Investitionsrechnungsfälle schnell und einfach zu lösen.

Es bleibt mir noch übrig, Dank zu sagen. Mein Dank gebührt meinen Studentinnen und Studenten, die durch Fragen und Hinweise zur Gestaltung des Textes beigetragen haben. Darüberhinaus danke ich Frau B. Koths, die mit großer Sorgfalt das schwierige Manuskript geschrieben hat. Herrn H.-P. Kohler danke ich für die kritische Durchsicht des Manuskriptes sowie für die Erstellung der Graphiken. Herrn Dipl.-Volkswirt M. Weigert, R. Oldenbourg Verlag, danke ich für die gute Zusammenarbeit.

Die vorliegende 3. Auflage wurde erfreulicherweise schon jetzt notwendig. Neu aufgenommen wurden vermischte Aufgaben und einige Ausführungen über das Steuerparadoxon.

Peter Pflaumer

INHALTSVERZEICHNIS

A. EINFÜHRUNG   1

1. BEGRIFF   1
2. INVESTITIONSARTEN   1
3. INVESTITIONSENTSCHEIDUNGEN   2
4. ENTSCHEIDUNGSARTEN   3
5. INVESTITIONSRECHENVERFAHREN   3
6. HÖHE DES KALKULATIONSZINSFUSSES   5

B. BEURTEILUNG EINES EINZELNEN INVESTITIONSPROJEKTES   6

1. ERMITTLUNG DER ZAHLUNGSREIHE   6
2. KAPITALWERT   9
   - 2.1 Begriff   9
   - 2.2 Kapitalwert bei konstanten Einzahlungsüberschüssen   12
   - 2.3 Kapitalwert bei geometrisch-steigenden Einzahlungsüberschüssen   15
   - 2.4 Kapitalwertfunktion   17
   - 2.5 Kapitalwertrate   19
   - 2.6 Äquivalente Annuität   19
   - 2.7* Kapitalwert bei unterjährlicher und stetiger Diskontierung   21
3. INTERNER ZINSFUSS   27
   - 3.1 Begriff und Berechnung   27
   - 3.2 Interpretation   30
   - 3.3 Reguläre und irreguläre Zahlungsreihen   31
   - 3.4 Berechnung des internen Zinsfußes für spezielle Zahlungsreihen   38
     - 3.4.1 Konstante Einzahlungsüberschüsse   38
     - 3.4.2 Rechnerische Ermittlung des internen Zinsfußes   39
   - 3.5 Interner Zinsfuß bei unterjährlichen Zahlungen und/oder bei gebrochenen Laufzeiten   44
   - 3.6* Interne Verzinsung bei stetiger Diskontierung   47

4. SONSTIGE VERZINSUNGSMETHODEN — 51
4.1 Baldwin-Verzinsung — 51
4.2 Initialverzinsung — 53

C. BEURTEILUNG EINANDER AUSSCHLIESSENDER INVESTITIONSPROJEKTE — 55
1. INTERNE ZINSFUSS- ODER KAPITALWERTMETHODE? — 55
2. INTERNE ZINSFUSSMETHODE UND DIFFERENZINVESTITION — 60
3. IRREGULÄRE INVESTITIONEN — 64
4. INVESTITIONSOBJEKTE MIT UNTERSCHIEDLICHER LEBENSDAUER — 67
5. OPTIMALE NUTZUNGSDAUER — 69

D. DER EINFLUSS WEITERER FAKTOREN AUF DIE INVESTITIONSENTSCHEIDUNG — 78
1. STEUERN — 78
1.1 Kapitalwert nach Steuern — 78
1.2 Interner Zinsfuß nach Steuern und Vergleichsrendite vor Steuern — 81
1.3 Einfluß der Abschreibungsmethode — 85
2. FINANZIERUNG — 88
2.1 Unterschiedliche Höhe von Haben- und Sollzinsfuß — 88
2.2 Einfluß der Finanzierungsform — 90
2.3 Steuerliche Abzugsfähigkeit der Schuldzinsen — 94
3. KAUF ODER LEASING? — 95
3.1 Grundbegriffe — 95
3.2 Basismodelle — 96
4. INFLATION — 101
4.1 Inflation ohne Berücksichtigung von Steuern — 101
4.2 Inflation mit Berücksichtigung von Steuern — 103

E. STATISCHE VERFAHREN 108

1. VORBEMERKUNGEN 108
2. KOSTENVERGLEICHSMETHODE 109
3. GEWINNVERGLEICHSMETHODE 112
4. RENTABILITÄTSVERGLEICHSMETHODE 114
5. AMORTISATIONSVERGLEICHSMETHODE 116
6. STATISCHE UND DYNAMISCHE RENTABILITÄTEN IM VERGLEICH 118

F. INVESTITIONSENTSCHEIDUNGEN UNTER RISIKO 124

1. VORBEMERKUNGEN 124
2. GRUNDBEGRIFFE 125
   - 2.1 Sicherheit, Risiko und Ungewißheit 125
   - 2.2 Erwartungswert und Standardabweichung 126
   - 2.3 Verlustwahrscheinlichkeit 127
   - 2.4 Kovarianz- und Korrelationskoeffizient 128
   - 2.5 μ-σ-Diagramm 128
   - 2.6 Rechenregeln für Erwartungswert und Varianz 130
3. SENSITIVITÄTSANALYSE 131
   - 3.1 Verfahren der kritischen Werte 131
   - 3.2 Reagibilitätsanalyse der Einflußfaktoren 135
   - 3.3 Bandbreitenanalyse 138
   - 3.4 Zinsdifferenzgeschäft und Leverage-Effekt 139
4. RISIKOANALYSE 144
   - 4.1 Analytische Verfahren 144
     - 4.1.1 Unabhängige Einzahlungsüberschüsse 144
     - 4.1.2 Korrelierte Einzahlungsüberschüsse 146
     - 4.1.3 Vollständig korrelierte Einzahlungsüberschüsse 148
     - 4.1.4 Stochastische Unabhängigkeit bei den Komponenten der Einzahlungsüberschüsse 149
   - 4.2 Simulationsverfahren 153

G. ÜBUNGSFÄLLE 170

1. AUFGABEN 170

2. LÖSUNGSHINWEISE 177

ANHANG 194

I. GEOMETRISCHE REIHEN 194

II. TABELLEN

Tabelle A:	Rentenbarwertfaktoren	198
Tabelle B:	Annuitätenfaktoren	200
Tabelle C:	Verteilungsfunktion der Standardnormalverteilung	202

III. ANMERKUNGEN 203

IV. ÜBUNGSFÄLLE MIT MATHCAD 210

Fall 1:	Irreguläre Investitionen	210
Fall 2:	Steuern und Finanzierung	215
Fall 3:	Leverage-Effekt	218
Fall 4:	Ist Diesel fahren billiger ?	220
Fall 5:	Risikoanalyse	222
Fall 6:	Steuerparadoxon	225

V. VERMISCHTE AUFGABEN 230

LITERATURHINWEISE 239

SACHVERZEICHNIS 245

SYMBOLLISTE

a	Annuität
a	Untergrenze
a_t	Auszahlung zum Zeitpunkt t
AF	Annuitätenfaktor
A	konstanter Abschreibungsbetrag
A_t	Abschreibung zum Zeitpunkt t
b	Obergrenze
c	konstanter jährlicher Einzahlungsüberschuß
c_t	Einzahlungsüberschuß (Cash Flow) zum Zeitpunkt t
c(t)	Einzahlungsüberschußprofil
$\bar{c}$	durchschnittlicher Einzahlungsüberschuß
C_0	Kapitalwert
$\bar{C}_0$	durchschnittlicher Kapitalwert
C_0^*	Kapitalwert nach Steuern
Cov(X,Y)	Kovarianz von X und Y
d	Deckungsbeitrag pro Stück
e	Eulersche Zahl
e_t	Einzahlung zum Zeitpunkt t
f(z)	Dichtefunktion von Z
EK	Eigenkapital
E(X)	Erwartungswert von X
FK	Fremdkapital
g	Steigerungsprozentsatz der Renten
γ_0	Kapitalwertrate
$\phi(z)$	Verteilungsfunktion der Standardnormalverteilung
G	Gewinn

$\bar{G}$	durchschnittlicher Gewinn
$G_{t,i}$	Scheingewinn in t bei einer Inflationsrate von i
$G(x)$	Risikoprofil von X
h	Veränderungsfaktor des Wechselkurses
i	Inflationsrate
I_0	Investitionsauszahlung zum Zeitpunkt t=0
k	durchschnittliche Kosten pro Stück
k_v	variable Kosten pro Stück
K	Gesamtkosten
K_a	auszahlungswirksame Kosten
K_f	fixe Kosten
K_n	Vermögensendwert zum Zeitpunkt n
$K_{n.a.}$	nicht auszahlungswirksame Kosten
$\bar{K}$	durchschnittlich gebundenes Kapital
l	Rentensteigerungsfaktor
L	Leasing-Rate
L_{krit}	kritische Leasing-Rate
ln	natürlicher Logarithmus
m	Anzahl der Perioden pro Jahr
m	Median
μ	Erwartungswert
n	Investitionsdauer in Jahren
p	Kalkulationszinsfuß
p'	Periodenzinsfuß
p*	Kalkulationszinsfuß nach Steuern
p_H	Habenzinsfuß
p_k	konformer Zisnfuß
p_n	nominaler Kalkulationszinsfuß
p_S	Sollzinsfuß
p_V	Vergleichsrendite vor Steuern

p(x)	Wahrscheinlichkeitsfunktion
P	Wahrscheinlichkeit
p	Preis
q	Aufzinsungsfaktor
q*	Aufzinsungsfaktor nach Steuern
r	interner Zinsfuß
$\hat{r}$	Schätzwert für den internen Zinsfuß
r_B	Baldwin-Zinsfuß
r_I	Initialverzinsung
$\rho(X,Y)$	Korrelationskoeffizient von X und Y
R	Rentabilität des durchschnittlich gebundenen Kapitals
ROI	Return on Investment, Rentabilität des Anfangskapitals
R_n	Restverkaufserlös, Liquidationswert
ρ	Verzinsungsintensität
RBF	Rentenbarwertfaktor
s_t	nominaler Einzahlungsüberschuß zum Zeitpunkt t
S_t	kumulierter Einzahlungsüberschuß
σ	Standardabweichung
t	Zeitpunkt, Jahr
t_A	Amortisationszeit
T	konstanter Steuersatz
Var(X)	Varianz von X
w_i	Wechselkurs zum Zeitpunkt i
x	Menge
$x_{B.E.}$	Break-Even-Menge
x_{krit}	kritische Ausbringungsmenge
Z	Zinsen
$\bar{Z}$	durchschnittliche Zinsen

A. EINFÜHRUNG

1. BEGRIFF

In der Literatur wird der Investitionsbegriff unterschiedlich weit gefaßt. Im engsten Sinne versteht man unter einer Investition nur die Herstellung und den Erwerb von Sachgütern des Anlagevermögens. Inhaltlich weiter geht der bilanzorientierte Investitionsbegriff. Danach ist eine Investition eine Bindung des betrieblichen Kapitals (Passivseite der Bilanz) in betriebliche Vermögensgegenstände (Aktivseite der Bilanz). Dieser Investitionsbegriff beinhaltet sowohl Auszahlungen für Sach- als auch Auszahlungen für Finanzvermögen. Im weitesten Sinne wird unter einer Investition ein Strom von Auszahlungen für die Anschaffung eines Gutes verstanden, durch dessen Nutzung Einzahlungen oder Minderungen der Auszahlungsverpflichtungen erzielt werden. Dieser Investitionsbegriff umfaßt sowohl die Umwandlung von Zahlungsmitteln in materielle Güter (z.B. Grundstücke, Gebäude, Werkstoffe, Wertpapiere) als auch in immaterielle Güter (z.B. Patente, menschliche Arbeitskraft). Der auszahlungsorientierte Investitionsbegriff eignet sich besonders für die Beurteilung der Wirtschaftlichkeit einer Investition mit Hilfe finanzmathematischer Methoden, da eine vollständige Gegenüberstellung aller Ein- und Auszahlungen des Investitionsobjektes möglich ist.

2. INVESTITIONSARTEN

Nach Art des Investitionsobjektes unterscheidet man Sach- und Finanzinvestitionen. Sachinvestitionen stellen Auszahlungen für materielle Realgüter (z.B. Grundstücke, Anlagen, Werkstoffe) und für immaterielle Realgüter (z.B. Aus- und Weiterbildung, Forschung und Entwicklung) dar. Finanzinvestitionen sind Geldanlagen in Nominalgüter wie Kundenforderungen, Beteiligungen, Wertpapiere. Bezüglich des Investitionsgrundes gliedert man in Ersatz-, Rationalisierungs- und Erweiterungsinvestitionen. Bei einer Ersatzinvestition wird eine vorhandene Anlage durch eine neue gleicher Art und Güte abgelöst. Bei einer Rationalisierungsinvestition erwartet man dagegen, daß die neue Anlage eine größere Wirtschaftlichkeit als die alte Anlage aufweist. Wird durch die zusätzliche Anlage die technische Kapazität erhöht, dann spricht man von einer Erweiterungsinvestition. Bezüglich der Art der Wiederholung unterscheidet man einmalige Investitionen (z.B. Grundstückskauf) und laufende Investitionen (z.B. Ersatzinvestitjon).

3. INVESTITIONSENTSCHEIDUNGEN

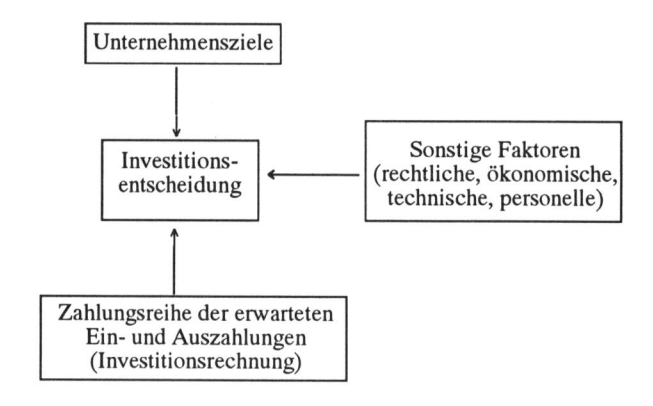

Abb. 1: Determinanten der Investitionsentscheidung

Eine Investitionsentscheidung beruht auf verschiedenen Kriterien. Die Zielsetzung des Investors ist der Ausgangspunkt der Entscheidung. Wenn für Unternehmen auch das Gewinnziel im Vordergrund steht, so sind aber auch andere Zielsetzungen vorhanden. Zu diesen Zielen gehören beispielsweise hohe Marktanteile, Wahrung der Firmentradition, Expansion, Sicherung der Liquidität, Umweltschutz oder Zufriedenheit der Mitarbeiter.

Die Zahlungsreihe umfaßt Zeitpunkt, Höhe und Risiko aller Ein- und Auszahlungen, die mit dem Investitionsobjekt verbunden sind. Die Zahlungsreihe spiegelt die rechnerisch erfaßbaren Einflüsse einer Investitionsentscheidung wider. Auf der Grundlage einer Zahlungsreihe wird eine Investitionsrechnung durchgeführt, bei welcher die Vorteilhaftigkeit von Investitionsobjekten quantitativ bestimmt wird. Das Ergebnis einer Investitionsrechnung ist eine wesentliche Grundlage für die Investitionsentscheidung. Wie die Abb. 1 zeigt, hängt eine

Investitionsentscheidung auch noch von anderen Faktoren ab. Zu diesen Faktoren gehören rechtliche Einflußgrößen (z.B. steuerrechtliche Vorschriften), ökonomische Einflußgrößen (z.B. die Finanzierungs- und Liquiditätssituation), technische und personelle Einflußgrößen.

4. ENTSCHEIDUNGSARTEN

Bei der Berechnung der Wirtschaftlichkeit von Investitionen ergeben sich folgende wichtige Fälle, die im folgenden ausführlich behandelt werden:

a) Beurteilung eines einzelnen Investitionsprojektes (Ja-nein-Entscheidung)

b) Vergleich von zwei oder mehreren Investitionsobjekten, von denen eines ausgewählt wird (Entweder-oder-Entscheidung)

c) Bestimmung der optimalen Nutzungsdauer.

5. INVESTITIONSRECHENVERFAHREN

Ein Investitionskalkül ist ein quantitatives Verfahren zur Ermittlung der Vorteilhaftigkeit eines Projektes. Es enthält alle mit dem Objekt verbundenen Ein- und Auszahlungen, Zahlungszeitpunkte sowie Angaben über das Risiko der Zahlungen.

Man unterscheidet statische und dynamische Investitionskalküle. Dynamische Verfahren berücksichtigen im Gegensatz zu den statischen Verfahren den zeitlichen Anfall der Ein- und Auszahlungen im Verlaufe des Investitionsprozesses. Da bei den dynamischen Verfahren Methoden der Finanzmathematik verwendet werden, bezeichnet man sie auch als finanzmathematische Verfahren. Bezüglich des Risikos kann man Investitionskalküle in deterministische und stochastische Verfahren gliedern. Deterministische Verfahren unterstellen vollkommene Sicherheit bei der Bestimmung zukünftiger Zahlungsströme. Bei den stochastischen Verfahren wird das Risiko bei der Schätzung zukünftiger Ein- und Auszahlungen durch die Angabe von statistischen Verteilungen quantifiziert. Die Abb. 2 zeigt im Überblick die wichtigsten Verfahren der Investitionsrechnung.

	Investitionskalküle
I.	Deterministische Verfahren
A.	Statische Verfahren
1.	Kostenvergleichsrechnung
2.	Gewinnvergleichsrechnung
3.	Rentabilitätsvergleichsrechnung
4.	Amortisationsvergleichsrechnung
B.	Dynamische Verfahren
1.	Kapitalwertmethode
2.	Annuitätenmethode
3.	Interne Zinsfußmethode
4.	Sonstige Verzinsungsmethoden
II.	Stochastische Verfahren
1.	Sensitivitätsanalyse
2.	Risikoanalyse
	a) analytisches Verfahren
	b) Simulationsverfahren

Abb. 2: Verfahren der Investitionsrechnung

Eine Erhebung von WEHRLE/STREIF (1989) bei den 500 größten deutschen Unternehmen zeigt, daß von den dynamischen Verfahren die Kapitalwertmethode (59,4%) sowie die interne Zinsfußmethode (58,9%) und von den statischen Verfahren die Kostenvergleichsrechnung (45,7%) sowie die Rentabilitätsvergleichsrechnung (39,1%) am häufigsten verwendet werden. Bei der Interpretation der Ergebnisse ist jedoch zu beachten, daß nur etwa 40% der Unternehmen geantwortet haben.

6. HÖHE DES KALKULATIONSZINSFUSSES

Der Kalkulationszinsfuß ist die vom Investor geforderte Mindestverzinsung, die er in Anbetracht des mit der Investition verbundenen Risikos für angemessen hält und die er realistisch gesehen auch erzielen kann. Zu dieser Verzinsung kann er sein Kapital auf dem Kapitalmarkt anlegen oder im Unternehmen investieren. Wird die Investition durch Fremdkapital finanziert, so darf der Kalkulationszinsfuß offensichtlich nicht kleiner sein als der Sollzinsfuß, den der Investor für die Überlassung des Fremdkapitals bezahlen muß. Der Unterschied zwischen den beiden Zinsfüßen hängt davon ab, welche Verzinsung der Investor mindestens fordert und welches Risiko mit der Durchführung der Investition verbunden ist. Wird die Investition mit Eigenkapital finanziert, so richtet sich der Kalkulationszinsfuß nach dem Zinsfuß, den er bei der Durchführung einer anderen Investition mit gleich hohem Risiko erzielen könnte. Im allgemeinen wird bei Realinvestitionen als Kalkulationszinsfuß die im Unternehmen oder in der Branche als normal angesehene Verzinsung gewählt.

B. BEURTEILUNG EINES EINZELNEN INVESTITIONSPROJEKTES

1. ERMITTLUNG DER ZAHLUNGSREIHE

Die Ermittlung der Zahlungsströme ist eine wichtige Phase der Investitionsplanung. Von ihrer Qualität hängt wesentlich die Güte der Investitionsentscheidung ab. Zunächst wird unterstellt, daß die Ein- und Auszahlungen mit vollkommener Sicherheit vorausbestimmt werden. Man darf aber nicht vergessen, daß in der Realität die zukünftigen Zahlungsströme i.d.R. auf Prognosen beruhen, d.h. mit Unsicherheit bzw. Risiko behaftet sind. Die explizite Berücksichtigung des Risikos erfolgt in Kapitel F.

♦ **Beispiel:**

Ein Busreiseunternehmen erwägt die Anschaffung eines Reisebusses im Wert von 660.000 DM. Im ersten Jahr der Anschaffung rechnet man mit 180 Einsatztagen, im zweiten Jahr mit 200 Einsatztagen und im dritten und vierten Jahr mit je 220 Einsatztagen. Der Fahrerlös pro Tag beträgt 1.400 DM, wobei von einer täglichen Fahrleistung von 450 km ausgegangen wird. Nach vier Jahren soll der Bus verkauft werden. Der Resterlös wird auf 50% des Anschaffungspreises geschätzt. Ermitteln Sie die Zahlungsreihe der Investition, wenn folgende Kosten erwartet werden:

Variable Fahrzeugkosten	Pf/km
Kraftstoffkosten	26
Schmierstoffkosten	1
Reifenkosten	6
Reparaturkosten	7
zusammen	40

Fixe Fahrzeugkosten	DM/Jahr
Kfz-Steuer	7.000
Kaskoversicherung	8.500
Haftpflichtversicherung	4.500
sonstige auszahlungswirksame Kosten	20.000
Abschreibung (linear)	82.500
Kalkulatorische Kosten (Zinsen, Unternehmerlohn, Wagniszuschlag)	75.000
Fahrpersonalkosten	55.000
zusammen	252.500

Lösung:

Die Berechnung der Einzahlungen (e_t) führt zu folgender Tabelle:

Jahr t	e_t
1	180 · 1.400 = 252.000
2	200 · 1.400 = 280.000
3	220 · 1.400 = 308.000
4	220 · 1.400 = 308.000 + 330.000 = 638.000 (Restverkaufserlös)

Wie bei den Einzahlungen wird auch bei den Auszahlungen davon ausgegangen, daß die Zahlungen am Ende eines Jahres erfolgen; man spricht dann von nachschüssiger Zahlungsweise (vgl. jedoch B 2.7 und B 3.6).

In den Auszahlungsstrom werden sowohl die Anschaffungsauszahlungen als auch die jährlichen Auszahlungen, die das Investitionsvorhaben verursacht, eingerechnet. In unserem obigen Beispiel handelt es sich um Auszahlungen für die variablen Kilometer-Kosten, die Steuern, die Versicherungen, die sonstigen (auszahlungswirksamen) Kosten und die Löhne und Gehälter. Nicht einbezogen werden die Abschreibungen und die kalkulatorischen Kosten. Die kalkulatorischen Kosten werden durch den zu wählenden Kalkulationszinsfuß berücksichtigt, während die Abschreibungen als Differenz der Anschaffungsauszahlung und des Restverkaufserlöses am Ende der Laufzeit erfaßt werden. Somit ergeben sich folgende Auszahlungen (a_t):

Jahr t	a_t
0	660.000
1	180 · 450 · 0,40 + 95.000 = 127.400
2	200 · 450 · 0,40 + 95.000 = 131.000
3	220 · 450 · 0,40 + 95.000 = 134.600
4	220 · 450 · 0,40 + 95.000 = 134.600

Den Saldo zwischen Ein- und Auszahlungen bezeichnet man als Einzahlungsüberschuß c_t:

Jahr t	Einzahlungen e_t	Auszahlungen a_t	Einzahlungsüberschuß (cash flow) $c_t = e_t - a_t$
0		660.000	-660.000
1	252.000	127.400	124.600
2	280.000	131.000	149.000
3	308.000	134.600	173.400
4	638.000	134.600	503.400

Die Zahlungsreihe der Investiton läßt sich graphisch darstellen:

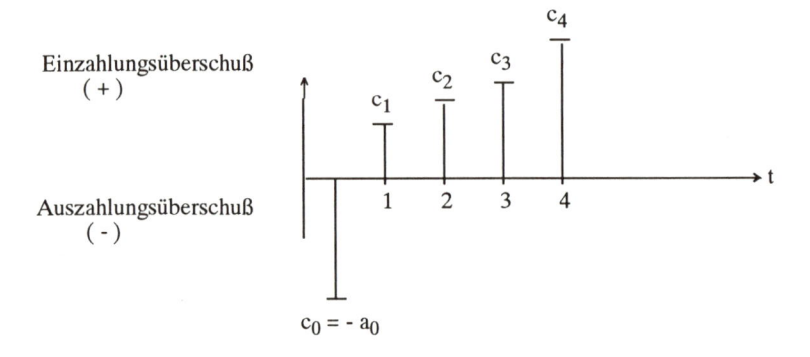

2. KAPITALWERT

2.1 Begriff

Ein Investor steht vor der Frage, ob er eine Investition (Kauf eines Reisebusses) mit folgender Zahlungsreihe durchführen soll:

t	0	1	2	3	4
c_t	-660.000	124.600	149.000	173.400	503.400

Zunächst wird unterstellt, daß die Investition aus Eigenkapital finanziert werden kann. Als Alternative (Basisalternative) bietet sich der Kauf einer Anleihe an, die eine Verzinsung von 10% aufweist, d.h., der Investor kann jederzeit sein Kapital zu 10% anlegen. Die Verzinsung der Basisalternative liefert daher die Grundlage für die Festsetzung des Kalkulationszinsfußes, der eben gerade 10% beträgt.

Im folgenden werde bezeichnet mit:

C_0 = Kapitalwert einer Investition

p = Kalkulationszinsfuß (p>0)

q = $1 + \frac{p}{100}$ (Aufzinsungsfaktor; q>1)

I_0 = Anschaffungsauszahlung (I_0>0; I_0=-c_0)

n = Investitionsdauer in Jahren

c_t = Einzahlungsüberschuß zum Zeitpunkt t mit t=1,2,3,...,n.

Beim Kauf der Anleihe wächst das Kapital in 4 Jahren zinseszinslich auf

$$660.000 \cdot 1{,}1^4 = 966.306 \text{ DM} = I_0 q^4$$

an.

Bei Durchführung der Investition werden die Rückflüsse zum <u>Kalkulationszinsfuß</u> angelegt.

t	0	1	2	3	4	
		124.600	149.000	173.400	503.400	= c_4
				173.400·1,1 =	190.740	= $c_3 \cdot q$
			149.000·1,1² =		180.290	= $c_2 \cdot q^2$
		124.600·1,1³ =			165.842,60	= $c_1 \cdot q^3$

Vermögensendwert $K_4 = c_1 q^3 + c_2 q^2 + c_3 q + c_4 =$ 1.040.272,60

Die Alternative Kauf eines Reisebusses führt zu einem höheren Vermögensendwert als die Basisalternative (Kauf einer Anleihe). Daher sollte aus rechnerischen Gesichtspunkten die Investition in den Reisebus getätigt werden; die Differenz der Endwerte beträgt
1.040.272,60 DM - 966.306 DM = 73.966,60 DM .

Allgemein kann bei n=4 gesagt werden, daß sich eine Investition lohnt, wenn gilt

$$c_1 \cdot q^3 + c_2 \cdot q^2 + c_3 \cdot q + c_4 > I_0 q^4$$

bzw.

$$\frac{c_1}{q} + \frac{c_2}{q^2} + \frac{c_3}{q^3} + \frac{c_4}{q^4} > I_0$$

bzw.

$$- I_0 + \frac{c_1}{q} + \frac{c_2}{q^2} + \frac{c_3}{q^3} + \frac{c_4}{q^4} > 0$$

oder

$$\underbrace{- I_0 + \sum_{t=1}^{4} \frac{c_t}{q^t} > 0}_{\text{Kapitalwert } C_0}.$$

Für die Bestimmung des Kapitalwertes mit beliebiger Investitionsdauer n gilt

$$\boxed{C_0 = - I_0 + \sum_{t=1}^{n} \frac{c_t}{q^t}} \; .$$

Wird der Restverkaufs- bzw. Liquidationserlös R_n zum Zeitpunkt n gesondert ausgewiesen, dann lautet die Kapitalwertformel:

$$C_0 = -I_0 + \sum_{t=1}^{n} \frac{c_t}{q^t} + \frac{R_n}{q^n} \; .$$

Für das obige Beispiel berechnet sich der Kapitalwert zu

$$C_0 = - 660.000 + \frac{124.600}{1,1} + \frac{149.000}{1,1^2} + \frac{173.400}{1,1^3} + \frac{503.400}{1,1^4}$$

$$= - 660.000 + 710.520,18 = 50.520,18 \; .$$

Da
$$C_0 \cdot q^4 = c_1 \cdot q^3 + c_2 \cdot q^2 + c_3 \cdot q + c_4 - I_0 q^4,$$
ist, stimmt der Barwert der Differenz der Vermögensendwerte mit dem Kapitalwert überein, d.h.
$$\frac{73.966{,}60 \text{ DM}}{1{,}1^4} = 50.520{,}18 \text{ DM}.$$

Interpretation:

a) Der Kapitalwert gibt den Vermögenszuwachs zum Zeitpunkt t=0 an, den der Investor durch die Investition gegenüber der Basisalternative (Anlage zum Kalkulationszinsfuß) erfährt.

b) Dem Investor müßte der Kapitalwert von 50.520,18 DM zum Zeitpunkt t=0 geboten werden, damit er veranlaßt wird, die Investition nicht durchzuführen.

c) Selbst wenn man die Investitionsauszahlung von 660.000 DM noch um den Kapitalwert von 50.520,18 DM erhöht, dann steht der Investor nicht schlechter da als bei der Realisation der Basisalternative.

An folgende Entscheidungsregeln sollte sich der Investor halten:

$$\boxed{\begin{array}{l} C_0 > 0 \; : \; \text{Durchführung der Investition} \\ C_0 < 0 \; : \; \text{Unterlassung der Investition} \end{array}}$$

Tritt der Grenzfall $C_0=0$ ein, so erreicht der Investor mit der Investition gerade seine vorgegebene Mindestverzinsung. Gegenüber der Basisalternative erreicht er keinen Vorteil, aber auch keinen Nachteil.

Zwischen dem Vermögensendwert
$$K_n = c_1 q^{n-1} + c_2 q^{n-2} + \ldots + c_{n-1} q + c_n$$
und dem Kapitalwert C_0 der Investitionsalternative
$$C_0 = -I_0 + \frac{c_1}{q} + \frac{c_2}{q^2} + \ldots + \frac{c_n}{q^n}$$
besteht, wie man leicht nachvollziehen kann, folgender Zusammenhang:
$$\boxed{K_n = (C_0 + I_0) q^n}.$$

Beispielsweise ist
$$1.040.272{,}60 = (50.520{,}18 + 660.000) \cdot 1{,}1^4.$$
Da für den Vermögensendwert der Basisalternative
$$K_n^B = I_0 q^n$$

gilt, - die Investitionsauszahlung verzinst sich genau mit dem Kalkulationszinsfuß -, ist der Kapitalwert der Basisalternative immer Null;

$$C_0 = -660.000 + \frac{66.000}{1{,}1} + \frac{66.000}{1{,}1^2} + \frac{66.000}{1{,}1^3} + \frac{726.000}{1{,}1^4} = 0 \ .$$

Eine Investition lohnt sich, wenn die Differenz der Vermögensendwerte aus Investitions- und Basisalternative positiv ist, d.h.

$$K_n - K_n^B = (C_0 + I_0)q^n - I_0 q^n = C_0 q^n > 0$$

bzw.

$$\frac{K_n - K_n^B}{q^n} = C_0 > 0 \ .$$

2.2 Kapitalwert bei konstanten Einzahlungsüberschüssen

Besonders einfach gestaltet sich die Berechnung des Kapitalwertes bei konstanten Einzahlungsüberschüssen.

♦ **Beispiel:**

Eine Investitionsauszahlung über 100 DM führe 4 Jahre lang zu Einzahlungsüberschüssen von je 50 DM. Wie hoch ist der Kapitalwert bei einem Kalkulationszinsfuß von 20%?

Lösung:

$$C_0 = -100 + \frac{50}{q} + \frac{50}{q^2} + \frac{50}{q^3} + \frac{50}{q^4}$$

$$= -100 + 50\left(\frac{1}{q} + \frac{1}{q^2} + \frac{1}{q^3} + \frac{1}{q^4}\right)$$

$$\underbrace{\phantom{= -100 + 50\left(\frac{1}{q} + \frac{1}{q^2} + \frac{1}{q^3} + \frac{1}{q^4}\right)}}_{\text{geometrische Reihe (vgl. Anhang I)}}$$

$$= -100 + 50 \frac{1}{q^4} \frac{q^4 - 1}{q - 1} \ .$$

Da p=20, folgt

$$C_0 = -100 + 50 \cdot \frac{1}{1{,}2^4} \cdot \frac{1{,}2^4 - 1}{0{,}2} = 29{,}44 \ . \qquad ♦$$

Bei konstanten Einzahlungsüberschüssen gilt für den Kapitalwert

$$C_0 = -I_0 + \frac{c}{q} + \frac{c}{q^2} + \frac{c}{q^3} + \ldots \frac{c}{q^n}$$

bzw.

$$\boxed{C_0 = -I_0 + c\,\frac{1}{q^n}\,\frac{q^n-1}{q-1}}$$

oder

$$\boxed{C_0 = -I_0 + c \cdot RBF_p^n}\;.$$

Der Rentenbarwertfaktor RBF_p^n für n Jahre bei einem Zinsfuß von p ist entweder mit dem Taschenrechner zu berechnen oder der Tabelle A im Anhang II zu entnehmen.

Bei der Berücksichtigung eines Liquidationserlöses R_n ist die Kapitalwertformel wie folgt zu modifizieren:

$$C_0 = -I_0 + c\,\frac{1}{q^n}\,\frac{q^n-1}{q-1} + \frac{R_n}{q^n}\;.$$

Für unendliche Laufzeiten ($n \to \infty$) ist

$$C_0 = -I_0 + c \lim_{n \to \infty}\left(\frac{1}{q^n}\,\frac{q^n-1}{q-1}\right)$$

$$= -I_0 + c \lim_{n \to \infty}\left\{\frac{1}{q^n}\left(\frac{q^n}{q-1} - \frac{1}{q-1}\right)\right\}$$

bzw.

$$\boxed{C_0 = -I_0 + \frac{c}{q-1}}\;.$$

♦ **Beispiel:**

Ein Investor kauft ein Mietshaus, das 1 Million DM kostet. In den ersten 10 Jahren rechnet er mit Netto-Mieteinnahmen von jährlich 60.000 DM; danach steigen die Mieteinnahmen auf 80.000 DM. Nach 20 Jahren rechnet er mit einem Verkaufserlös von 1,8 Mio. DM. Berechnen Sie den Kapitalwert der Investition, wenn ein Kalkulationszinsfuß von 8% unterstellt wird.

Lösung:

$$C_0 = -1.000.000 + 60.000 \frac{1}{1{,}08^{10}} \frac{1{,}08^{10}-1}{0{,}08} + \frac{1}{1{,}08^{10}}\left(80.000 \frac{1}{1{,}08^{10}} \frac{1{,}08^{10}-1}{0{,}08}\right) + \frac{1.800.000}{1{,}08^{20}}$$

$$= -1.000.000 + 402.604{,}88 + 248.645{,}28 + 386.186{,}77$$

$$= 37.436{,}93 \ . \qquad \blacklozenge$$

Die Kapitalwertformel mit unendlicher Lebensdauer dient zur Abschätzung des Kapitalwertes von Investitionsobjekten mit langen Zahlungsreihen. Oft ist die Investitionsdauer im voraus unbekannt, aber man geht davon aus, daß sie sehr lang ist (z.B. Kauf eines Mietshauses).

♦ **Beispiel:**

Eine Investition über 1.000 DM führt

a) in den nächsten

    aa) 20 Jahren

    ab) 50 Jahren

    ac) 100 Jahren

b) ewig

zu jährlichen Einzahlungsüberschüssen von 90 DM. Berechnen Sie die Kapitalwerte bei einem Kalkulationszinsfuß von 10%.

Lösung:

aa) $\quad C_0 = -1.000 + 90 \dfrac{1}{1{,}1^{20}} \dfrac{1{,}1^{20}-1}{0{,}1} = -233{,}78$

ab) $\quad C_0 = -1.000 + 90 \dfrac{1}{1{,}1^{50}} \dfrac{1{,}1^{50}-1}{0{,}1} = -107{,}67$

ac) $\quad C_0 = -1.000 + 90 \dfrac{1}{1{,}1^{100}} \dfrac{1{,}1^{100}-1}{0{,}1} = -100{,}07$

b) $\quad C_0 = -1.000 + 90 \dfrac{1}{0{,}1} = -100 \ . \qquad \blacklozenge$

Man erkennt, daß für lange Laufzeiten (n>50 Jahre) die Kapitalwertformel für zeitlich unbegrenzte Einzahlungsüberschüsse eine gute Annäherung an den tatsächlichen Kapitalwert für Zahlungsreihen mit konstanten, langfristigen Einzahlungsüberschüssen ergibt. Diese "ewige" Kapitalwertformel kann daher zur Überschlagsrechnung benutzt werden.

Im obigen Beispiel tritt ein negativer Kapitalwert auf. Wie ist ein solcher zu interpretieren?

1. Die gewünschte Verzinsung von 10% wird nicht erreicht; daher ist die Investition nicht durchzuführen, andernfalls würde ein Vermögensverlust zum Zeitpunkt t=0 in Höhe des negativen Kapitalwertes eintreten. Die Basisalternative wird gewählt.
2. Dem Investor müßte ein Betrag in Höhe des negativen Kapitalwertes geboten werden, damit er veranlaßt wird, die Investition durchzuführen.
3. Die ursprüngliche Investitionsauszahlung müßte um den Betrag des negativen Kapitalwertes geringer sein, damit sich die Investition lohnt.

2.3 Kapitalwert bei geometrisch-steigenden Einzahlungsüberschüssen

Steigen die Einzahlungsüberschüsse jährlich um einen bestimmten Prozentsatz g, dann lautet der Kapitalwert:

$$C_0 = -I_0 + \frac{c}{q} + \frac{cl}{q^2} + \frac{cl^2}{q^3} + \dots + \frac{cl^{n-1}}{q^n}$$

bzw.
$$C_0 = \begin{cases} -I_0 + c \frac{1}{q^n} \frac{q^n - l^n}{q - l}, & \text{falls } l \neq q, \\ -I_0 + \frac{c \cdot n}{q}, & \text{falls } l = q, \end{cases}$$

wobei $l = 1 + \frac{g}{100}$ ist (vgl. IHRIG/PFLAUMER (1994), S. 59 ff.).

♦ **Beispiel:**

Für den Kauf eines Mietshauses, dessen Wiederverkauf nach 10 Jahren erwogen wird, sind folgende Daten gegeben:

Investitionssumme:	1.000.000 DM
Nettomieteinnahmen im 1. Jahr	40.000 DM
Verkaufspreis nach 10 Jahren	1.340.000 DM
Kalkulationszinsfuß	9% .

Berechnen Sie den Kapitalwert, falls die Nettomieteinnahmen

a) nicht   b) jährlich um 3%   steigen.

Lösung:

a)
$$C_0 = -1.000.000 + 40.000 \frac{1}{1{,}09^{10}} \frac{1{,}09^{10}-1}{0{,}09} + \frac{1.340.000}{1{,}09^{10}}$$
$$= -177.263$$

b)
$$C_0 = -1.000.000 + 40.000 \frac{1}{1{,}09^{10}} \frac{1{,}09^{10}-1{,}03^{10}}{0{,}06} + \frac{1.340.000}{1{,}09^{10}}$$
$$= -145.759 \;.$$
◆

◆ **Beispiel:**

Um wieviel Prozent müßten ceteris paribus die Mieteinnahmen aus vorigem Beispiel jährlich steigen, damit sich die Investition lohnt?

Lösung:

$$C_0 = -1.000.000 + 40.000 \frac{1}{1{,}09^{10}} \frac{1{,}09^{10}-l^{10}}{1{,}09-l} + \frac{1.340.000}{1{,}09^{10}} = 0$$

$$\to l = 1{,}13 \quad \text{bzw.} \quad g = 13 \quad (\text{durch Probieren}) \;.$$
◆

Strebt $n \to \infty$, so ist

$$C_0 = -I_0 + c \lim_{n \to \infty} \left(\frac{1}{q^n} \frac{q^n - l^n}{q - l} \right)$$

bzw.

$$\boxed{C_0 = -I_0 + \frac{c}{q-l}} \quad, \text{ falls } q > l \;.$$

◆ **Beispiel:**

Welchen Preis sollte ein potentieller Käufer für ein Unternehmen maximal bezahlen, welches am Ende des ersten Jahres einen Jahresüberschuß von 1 Mio. DM erzielt, der dann jährlich um 5% wächst, bei einem Kalkulationszinsfuß von 10%?

Lösung:

Es wird angenommen, daß der Jahresüberschuß eine ewige Rente ist.

$$C_0 = 0 = -I_0 + \frac{1.000.000}{1,1-1,05}$$

$$\rightarrow I_0 = 20.000.000 \,.$$ ♦

2.4 Kapitalwertfunktion

Die Höhe des Kapitalwertes hängt unter anderem von der Höhe des Kalkulationszinsfußes ab.

Für die Reisebusinvestition soll der Kapitalwert in Abhängigkeit des Kalkulationszinsfußes berechnet werden

t	0	1	2	3	4
c_t	-660.000	124.600	149.000	173.400	503.400

Zu diesem Zweck wird eine Wertetabelle erstellt:

p	$C_0(p)$
0	290.400
2	233.834
4	182.027
6	134.487
8	90.778
10	50.520
12	13.374
14	-20.958
16	-52.741
18	-82.213
20	-109.581

Die graphische Darstellung der Kapitalwertfunktion ist in der Abb. 1 zu sehen.

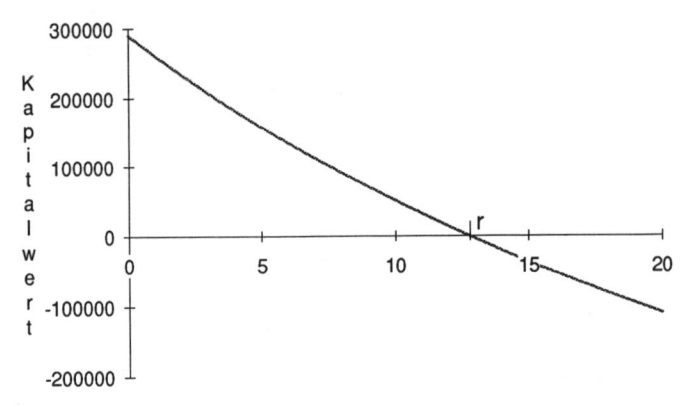

18 B. Beurteilung eines einzelnen Investitionsprojektes

[Diagramm: Kapitalwert als Funktion des Kalkulationszinsfußes, fallende Kurve, Nullstelle bei r ≈ 13-14]

Kalkulationszinsfuß

Abb. 1: Kapitalwertfunktion

Bei einem Kalkulationszinsfuß von 0% ist der Kapitalwert nichts anderes als die Differenz der Summe der Ein- und Auszahlungen, also 950.400 DM - 660.000 DM = 290.400 DM. Mit steigendem Zinsfuß fällt hier die Kapitalwertfunktion. Den Schnittpunkt der Funktion mit der p-Achse nennt man internen Zinsfuß r. Der interne Zinsfuß ist für die Investitionstheorie und -praxis ein wichtiges Maß für die Vorteilhaftigkeit einer Investition. Er wird in einem späteren Abschnitt besonders behandelt werden.

Der Verlauf der Kurve läßt erkennen, wie wichtig eine adäquate Festlegung des Kalkulationszinsfußes ist. Für einen Investor, der sein Kapital beispielsweise zu 14% anlegen kann, ist die vorliegende Investition nicht mehr rentabel.

Unterstellt man die Zahlungsreihe einer sogenannten konventionellen Investition, bei der auf eine Investitionsauszahlung nur noch positive Einzahlungsüberschüsse folgen, d.h. (- + + + ...), dann kann gezeigt werden, daß die Kapitalwertfunktion eine monoton fallende Funktion des Kalkulationszinsfußes ist. Wie man sieht, gilt

$$\lim_{p \to \infty} C_0 = -I_0$$

$$\lim_{p \to 0} C_0 = \sum c_t - I_0$$

$$\frac{dC_0}{dq} = -\frac{c_1}{q^2} - \frac{2c_2}{q^3} - \frac{3c_3}{q^4} - \frac{4c_4}{q^5} - \frac{5c_5}{q^6} + ... < 0.$$

Mit steigendem Zinsfuß nähert sich der Kapitalwert der Investitionsauszahlung. Ist die Summe der Einzahlungsüberschüsse größer als die Investitionsauszahlung (($\sum c_t - I_0$)>0), welches eine ökonomisch sinnvolle Forderung ist, dann schneidet die Kapitalwertfunktion die p-Achse genau einmal, und zwar beim internen Zinsfuß r.

2.5 Kapitalwertrate

Bezieht man den Kapitalwert auf die Investitionsauszahlung I_0, dann erhält man die Kapitalwertrate γ_0

$$\gamma_0 = \frac{C_0}{I_0} \; .$$

Für die Reisebusinvestition beträgt sie (p=10)

$$\gamma_0 = \frac{50.520,18}{660.000} = 0,0765 \; ;$$

d.h., eine DM Investitionsauszahlung erwirtschaftet 0,0765 DM Kapitalwert. Eine Investition ist vorteilhaft, falls $\gamma_0 > 0$ ist.

2.6 Äquivalente Annuität

Der Kapitalwert gibt bei gegebener Verzinsung den Vermögenszuwachs an, den ein Investor zum Zeitpunkt der Investition erfährt. Teilt man den Vermögenszuwachs in n (Investitionsdauer) gleich hohe nachschüssige Raten auf, so erhält man die äquivalente Annuität der Investition. Sie berechnet sich zu

$$a = C_0 \cdot q^n \frac{q-1}{q^n-1} \; .$$

Im Falle konstanter jährlicher Einzahlungsüberschüsse lautet sie:

$$a = \left(-I_0 + c\frac{1}{q^n}\frac{q^n-1}{q-1}\right) q^n \frac{q-1}{q^n-1}$$

$$= c - I_0 q^n \frac{q-1}{q^n-1}$$

$$= c - I_0 AF_p^n,$$

wobei AF_p^n der Annuitätenfaktor ist (vgl. Tab. B im Anhang II).

Die Annuität ist also die Differenz zwischen jährlichem Einzahlungsüberschuß und jährlicher Rate, die aus dem Investitionskapital bei gegebener Verzinsung n Jahre lang ausbezahlt werden kann.

♦ **Beispiel:**

Eine Investition über 100.000 DM bringt 5 Jahre lang jeweils zum Jahresende 30.000 DM an Einzahlungsüberschuß. Wie hoch ist der Kapitalwert bei einem Kalkulationszinsfuß von 7% ?

Lösung:

$$C_0 = -100.000 + 4,100 \cdot 30.000 = 23.000.$$ ♦

Verteilt man den Kapitalwert von 23.000 DM gleichmäßig auf die Laufzeit von 5 Jahren bei einem Zinssatz von 7%, so erhält man

$$a = 23.000 \cdot 1,07^5 \frac{0,07}{1,07^5-1} =$$

$$= 23.000 \cdot \underbrace{0,2439}_{\text{Annuitätenfaktor} \atop \text{(vgl. Tab. B im Anhang II)}} = 5.609,7$$

bzw.

$$a = 30.000 - 100.000 \cdot 0,2439 = 5.610.$$

Unterschiede ergeben sich wegen Rundungsfehlern.

♦ **Beispiel:**

Berechnen Sie die äquivalente Annuität für die Reisebusinvestition.

Lösung:

Da der Kapitalwert $C_0 = 50.520,18$ beträgt, ist

$$a = 50.520,18 \cdot 1,1^4 \frac{0,1}{1,1^4-1}$$

$$= 50.520,18 \cdot 0,3155 = 15.939,12 \; .$$ ♦

2.7* Kapitalwert bei unterjährlicher und stetiger Diskontierung

Einzahlungsüberschüsse fließen i.a. nicht am Ende eines Jahres, sondern über das Jahr verteilt dem Investor zu.

Im folgenden wird daher zunächst angenommen, daß sich die Zahlungen gleichmäßig auf die m Verzinsungsperioden pro Jahr verteilen. Zahlungs- und Zinsperioden sind identisch; die Zinsperiode ist $\frac{1}{m}$-tel Jahr. Der Periodenzinsfuß beträgt $p' = \frac{p}{m}$.

♦ **Beispiel:**

Eine Investition mit einer Laufzeit von 1 Jahr, die eine Investitionsauszahlung von 100 DM erfordert, führt zu folgenden Einzahlungsüberschüssen:

a) jährlich 120 DM
b) halbjährlich 60 DM
c) vierteljährlich 30 DM
d) monatlich 10 DM.

Der Kalkulationszinsfuß beträgt pro Jahr 12%.
Berechnen Sie die Kapitalwerte unter Verwendung des entsprechenden Periodenzinsfußes.

Lösung:

a)
$$C_0 = -100 + \frac{120}{1,12} = 7,14$$

b) Der Periodenzinsfuß beträgt $p' = \frac{12}{2} = 6$.
$$C_0 = -100 + \frac{60}{1,06} + \frac{60}{1,06^2} = 10.00$$

c) Der Periodenzinsfuß beträgt $p' = \frac{12}{4} = 3$.
$$C_0 = -100 + \frac{30}{1,03} + \frac{30}{1,03^2} + \frac{30}{1,03^3} + \frac{30}{1,03^4} = 11,51 \ .$$

d) Der Periodenzinsfuß beträgt $p' = \frac{12}{12} = 1$.
$$C_0 = -100 + \frac{10}{1,01} + \frac{10}{1,01^2} + \ldots + \frac{10}{1,01^{12}}$$
$$= -100 + 10 \left(\frac{1}{1,01} + \frac{1}{1,01^2} + \ldots + \frac{1}{1,01^{12}} \right)$$
$$= -100 + 10 \, \frac{1}{1,01^{12}} \, \frac{1,01^{12}-1}{0,01}$$
$$= 12,55 \ . \qquad \blacklozenge$$

Allgemein gilt für den Kapitalwert bei unterjährlicher Verzinsung bei einer Laufzeit von n=1

$$C_0 = -I_0 + \frac{c}{m} \, \frac{1}{\left(1 + \frac{p}{100 \cdot m}\right)^m} \, \frac{\left(1 + \frac{p}{100 \cdot m}\right)^m - 1}{\frac{p}{100 \cdot m}}$$

bzw.

$$C_0 = -I_0 + c \, \frac{1}{\left(1 + \frac{p}{100 \cdot m}\right)^m} \, \frac{\left(1 + \frac{p}{100 \cdot m}\right)^m - 1}{\frac{p}{100}} \ ,$$

wobei $c = \sum_{j=1}^{m} c_j$ (mit $c_j = \frac{c}{m}$) der jährlich nachschüssige Einzahlungsüberschuß ist.

Die obigen Ergebnisse lassen sich leicht auf n Jahre verallgemeinern. Man erhält dann

$$C_0 = -I_0 + c \, \frac{1}{\left(1 + \frac{p}{100 \cdot m}\right)^{m \cdot n}} \, \frac{\left(1 + \frac{p}{100 \cdot m}\right)^{m \cdot n} - 1}{\frac{p}{100}} \ .$$

♦ **Beispiel:**

Eine Investition über 100 DM führt zu sechs halbjährlichen Einzahlungsüberschüssen von 30 DM. Berechnen Sie den Kapitalwert bei einem Halbjahreszinssatz von 5%.

Lösung:

$$c_j = 30, \; c = 30 + 30 = 60, \; p' = 5 \; \text{bzw.} \; p = 10, \; m = 2, \; n = 3$$

$$C_0 = -100 + 60 \, \frac{1}{1{,}05^{2 \cdot 3}} \, \frac{1{,}05^{2 \cdot 3} - 1}{0{,}1}$$

$$= -100 + \frac{30}{1{,}05} + \frac{30}{1{,}05^2} + \frac{30}{1{,}05^3} + \frac{30}{1{,}05^4} + \frac{30}{1{,}05^5} + \frac{30}{1{,}05^6}$$

$$= 52{,}27 \; . \qquad \blacklozenge$$

Werden bei unterjährlicher Diskontierung die Verzinsungsperioden immer kleiner und somit die Anzahl der Diskontierungen immer größer, so nähert sich die diskontinuierliche Diskontierung einer stetigen; die Zinsperioden werden unendlich klein und somit ihre Anzahl im Jahr unendlich groß: $m \to \infty$.

$$C_0 = -I_0 + \lim_{m \to \infty} \left\{ c \, \frac{1}{\left(1 + \frac{p}{100 \cdot m}\right)^{m \cdot n}} \, \frac{\left(1 + \frac{p}{100 \cdot m}\right)^{m \cdot n} - 1}{\frac{p}{100}} \right\}$$

$$C_0 = -I_0 + \frac{c}{e^{\frac{p}{100} \cdot n}} \left(\frac{e^{\frac{p}{100} \cdot n} - 1}{\frac{p}{100}} \right) = -I_0 + 100 \, c \, \frac{\left(1 - e^{-\frac{p}{100} \cdot n}\right)}{p} \; .$$

Da der zweite Term die Lösung des bestimmten Integrals

$$\int_0^n c \, e^{-\frac{p}{100} \cdot t} \, dt$$

ist, kann der Kapitalwert auch in folgender Form geschrieben werden

$$\boxed{C_0 = -I_0 + \int_0^n c \, e^{-\frac{p}{100} \cdot t} \, dt} \; .$$

♦ **Beispiel:**

Eine Investition über 100 DM führt jährlich zu Einzahlungsüberschüssen von 50 DM. Die Investitionsdauer beträgt vier Jahre. Berechnen Sie bei einem Kalkulationszinsfuß von 10% den Kapitalwert, falls die Einzahlungsüberschüsse

a) jährlich nachschüssig
b) kontinuierlich bzw. stetig

eintreffen.

Lösung:

a) $$C_0 = -100 + 50 \frac{1}{1{,}1^4} \cdot \frac{1{,}1^4 - 1}{0{,}1} = 58{,}49$$

b) $$C_0 = -100 + 50 \int_0^4 e^{-0{,}1 \cdot t} \, dt$$
$$= -100 + \frac{100 \cdot 50}{10} - \frac{100 \cdot 50 \cdot e^{-0{,}4}}{10} =$$
$$= -100 + 500 - 335{,}16 = 64{,}84 \; . \qquad \blacklozenge$$

Allgemein kann der Kapitalwert bei kontinuierlichen bzw. stetigen Einzahlungsüberschüssen als

$$C_0 = -I_0 + \int_0^n c(t) \, e^{-\frac{p}{100} \cdot t} \, dt$$

definiert werden, wobei $c(t)$ das Einzahlungsüberschußprofil in Abhängigkeit von der Zeit darstellt; $c(t) \cdot dt$ ist der Einzahlungsüberschuß im Intervall dt.

Die Ähnlichkeit mit dem Kapitalwert bei diskontinuierlichen, jährlich nachschüssigen Einzahlungsüberschüssen ist offensichtlich, es ist nämlich

$$C_0 = -I_0 + \sum_{t=0}^{n} c_t \, q^{-t} \; .$$

Während beim diskontinuierlichen Fall die Einzahlungsüberschüsse für diskrete Zeitpunkte (üblicherweise am Ende eines Jahres) spezifiziert werden müssen, ist beim kontinuierlichen Fall die Angabe der Funktion $c(t)$ nötig.

♦ **Beispiel:**

Eine Investitionsauszahlung von 100 DM führt zu folgendem Profil der Einzahlungsüberschüsse:

$$c(t) = 20 \, t \qquad \text{für} \qquad 0 \leq t \leq 4 \; .$$

a) Berechnen Sie den gesamten Einzahlungsüberschuß sowie den Einzahlungsüberschuß im Jahr 4.
b) Berechnen Sie den Kapitalwert, falls der Kalkulationszinsfuß p=10 beträgt.

Lösung:

a) Gesamter Einzahlungsüberschuß:

$$\int_0^4 20\,t\,dt = 160$$

Einzahlungsüberschuß im 4. Jahr: $\int_3^4 20\,t\,dt = 70$

b)
$$C_0 = -100 + \int_0^4 20\,t\,e^{-0{,}1\cdot t}\,dt$$
$$= -100 + 2.000 - 2.800\,e^{-0{,}4} = 23{,}103.$$

Die folgende Tabelle gibt die Einzahlungsüberschüsse in den einzelnen Jahren wieder $EZÜ_t = \int_{t-1}^{t} 20t\,dt$:

t	1	2	3	4
$EZÜ_t$	10	30	50	70

Unterstellt man, daß die Einzahlungsüberschüsse jeweils am Jahresende anfallen, so ergibt sich als Kapitalwert

$$C_0 = -100 + \frac{10}{1{,}1} + \frac{30}{1{,}1^2} + \frac{50}{1{,}1^3} + \frac{70}{1{,}1^4} = 19{,}26.$$ ♦

Die Annahme, die Einzahlungsüberschüsse fallen jährlich nachschüssig an, ist eine Vereinfachung der Realität. Zwar werden Einzahlungsüberschüsse nicht stetig, aber bei vielen Investitionen zumindest täglich oder wöchentlich eingehen. Daher ist eine stetige Betrachtungsweise der Kapitalwertmethode eigentlich vorzuziehen. Neben der Höhe der jährlichen Einzahlungsüberschüsse muß auch das Zahlungsprofil geschätzt werden. Hat man keine Vorstellungen über das Profil, so wird man vernünftigerweise eine konstante Funktion annehmen, d.h. c(t)=c. Bei Erwartung steigender Einzahlungsüberschüsse im Laufe der Zeit wird man von linearen oder von exponentiellen Funktionen ausgehen, d.h. c(t)=at bzw. $c(t) = c_0\,e^{gt/100}$. Eine Übersicht über verschiedene Profile und ihre Barwerte findet man bei ZINN/LESSO (1977).

Beginnt beispielsweise ein Einzahlungsüberschuß zum Zeitpunkt t=0 mit c>0 und wächst kontinuierlich mit einer Wachstumsrate von g, dann lautet die Kapitalwertfunktion:

$$C_0 = -I_0 + \int_0^n c\, e^{\frac{g}{100}t}\, e^{-\frac{p}{100}t}\, dt$$

$$= -I_0 + \int_0^n c\, e^{\frac{g-p}{100}t}\, dt$$

$$= -I_0 + \frac{100c}{p-g}\left(1 - e^{-\frac{(p-g)n}{100}}\right) \quad \text{für } p \neq g.$$

Strebt $n \to \infty$, so vereinfacht sich der Kapitalwert zu

$$C_0 = -I_0 + \frac{100c}{p-g} \quad \text{für } p > g.$$

Ist $p=g$, dann ist $C_0 = -I_0 + n \cdot c$.

Bei einer Wachstumsrate von $g=0$ reduziert sich die Kapitalwertformel zu

$$C_0 = -I_0 + \frac{100c}{p}$$

bzw.

$$C_0 = -I_0 + \underbrace{\int_0^\infty c\, e^{-\frac{p}{100}t}\, dt}_{\text{Laplace-Transformierte der Funktion } c(t)=c}.$$

Handelt es sich bei den Einzahlungsüberschüssen um eine ewige Rente, dann unterscheidet sich diskontinuierlicher und stetiger Fall nicht (vgl. Abschnitte 2.2 und 2.3).

Soll gewährleistet werden, daß der Periodenzinsfuß zum vorgegebenen Jahres-Kalkulationszinsfuß p führt, dann muß der konforme Zinsfuß p_k pro Periode berechnet werden. Er berechnet sich für den diskreten Fall wie folgt:

$$\left(1 + \frac{p}{100}\right) = \left(1 + \frac{p_k}{100}\right)^m$$

bzw.

$$p_k = 100 \cdot \left(\sqrt[m]{1 + \frac{p}{100}} - 1\right).$$

Den stetigen konformen Zinsfuß (Verzinsungsintensität) erhält man aus der Gleichung

$$\left(1 + \frac{p}{100}\right) = e^{\frac{\rho}{100}}$$

bzw.

$$\rho = 100 \cdot \ln\left(1 + \frac{p}{100}\right).$$

♦ **Beispiel:**

Ein Unternehmer rechnet mit einem Jahres-Kalkulationszinsfuß von 20%. Wie hoch ist der konforme Zinsfuß bei
a) vierteljährlicher
b) stetiger Verzinsung?

Lösung:

a) $$p_k = 100 \cdot \left(\sqrt[4]{1{,}2} - 1\right) = 4{,}66$$
b) $$\rho = 100 \cdot \ln 1{,}2 = 18{,}23$$

Eine vierteljährliche Verzinsung von 4,66% bzw. eine stetige Verzinsung von 18,23% entspricht einer Effektivverzinsung von 20%. ♦

3. INTERNER ZINSFUSS

3.1 Begriff und Berechnung

Der interne Zinsfuß ist derjenige Kalkulationszinsfuß r, bei welchem die Investitionsauszahlung dem Barwert aller Einzahlungsüberschüsse entspricht, d.h.

$$I_0 = \sum_{t=1}^{n} \frac{c_t}{\left(1 + \frac{r}{100}\right)^t}$$

bzw.

$$C_0 = 0 = -I_0 + \sum_{t=1}^{n} \frac{c_t}{\left(1 + \frac{r}{100}\right)^t}.$$

Da für n>2 ein einfaches Auflösen der Gleichung nach r nicht möglich ist, müssen spezielle Lösungsverfahren (regula falsi, Newtonsches Näherungsverfahren) angewendet werden. Aber man erhält auch durch Probieren, d.h. Einsetzen geeigneter Werte in die obige Gleichung mit dem Taschenrechner, rasch gute Lösungsnäherungen. Da bei einer konventionellen Investition (- + + ... +) die Kapitalwertfunktion eine monoton fallende Funktion des Kalkulationszinsfußes (p>0) ist, existiert nur ein positiver interner Zinsfuß; vorausgesetzt werden muß, daß die Summe der nichtdiskontierten Einzahlungsüberschüsse größer ist als die Investitionsauszahlung.

Es soll der interne Zinsfuß der Reisebusinvestition berechnet werden. Gelöst werden muß folgende Gleichung:

$$C_0(q) = -660.000 + \frac{124.600}{q} + \frac{149.000}{q^2} + \frac{173.400}{q^3} + \frac{503.400}{q^4}$$
$$= 0.$$

Aus dem Verlauf der Kapitalwertfunktion weiß man, daß der interne Zinsfuß zwischen $p_1=12$ und $p_2=14$ liegen muß, da $C_{01}(1,12)=13.374$ und $C_{02}(1,14)=-20.958$ ist.

Als Startwert für das Probieren wählt man daher einen Wert zwischen 12 und 14 und setzt diesen in die Gleichung ein. Bei negativem $C_0(q)$ hat man q zu groß, bei positivem Wert zu klein angesetzt. Aus Gründen der Zweckmäßigkeit sollte man sich eine kleine Wertetabelle anlegen.

p	q	$C_0(q)$	Bemerkungen
13	1,13	-4126	zu groß
12,5	1,125	4538	zu klein
12,7	1,127	1052	etwas zu klein
12,8	1,128	-680	etwas zu groß
12,76	1,1276	11,76	Näherungslösung r

Der interne Zinsfuß beträgt r=12,76. In der Praxis dürfte eine Genauigkeit von 1/10 Prozent ausreichen, so daß das Verfahren nach der vierten Iteration beendet werden könnte; der interne Zinsfuß betrüge dann gerundet 12,8%.

Eine erste Näherung $\hat{r}$ für den internen Zinsfuß erhält man durch lineare Interpolation. $\hat{r}$ weicht aber von r ab, da die Kapitalwertfunktion keine Gerade ist. Zur Bestimmung von $\hat{r}$ muß eine Gerade

$$C_0 = a + bp$$

durch die Punkte (p_1, C_{01}) und (p_2, C_{02}) gelegt werden (vgl. Abb. 2).

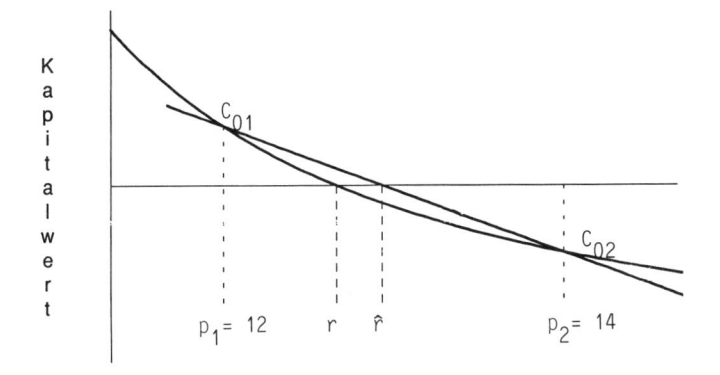

[Diagram: Kapitalwert vs Kalkulationszinsfuß, showing curve with points C_{01} at $p_1=12$, C_{02} at $p_2=14$, and approximation line intersecting axis at $\hat{r}$ between p_1 and p_2]

Abb. 2: Näherungslösung für den internen Zinsfuß

Die Steigung b der Geraden ist

$$b = \frac{C_{01}-C_{02}}{p_1-p_2} = \frac{13.374-(-20.958)}{12-14} = -17.166 \ .$$

Durch Einsetzen in das Punktepaar (p_1, C_{01}) erhält man den Achsenabschnitt a

$$a = C_{01} - \frac{C_{01}-C_{02}}{p_1-p_2} \cdot p_1 = 13.374 - (-17.166) \cdot 12 = 219.366 \ .$$

Die Geradengleichung lautet:

$$C_0 = C_{01} - \frac{C_{01}-C_{02}}{p_1-p_2} \cdot p_1 + \frac{C_{01}-C_{02}}{p_1-p_2} \cdot p$$

$$C_0 = 219.366 - 17.166 \cdot p$$

Für den Schnittpunkt der p-Achse gilt $C_0=0$, d.h.

$$\boxed{p = \hat{r} = p_1 - C_{01} \frac{p_1-p_2}{C_{01}-C_{02}}}$$

$$p = \hat{r} = 12 - 13.374 \, \frac{12-14}{13.374 - (-20.958)} = 12{,}78 \ .$$

Die Näherung ist um so besser, je näher p_1 und p_2 an r liegen.

3.2 Interpretation

Betrachtet man die Kapitalwertfunktion (vgl. Abb. 1), dann erkennt man, daß für p>r der Kapitalwert negativ und für p<r der Kapitalwert positiv ist. Daher lautet die Entscheidungsregel für die Durchführung einer Investition:

> Ist r>p, dann führe die Investition durch.
> Ist r<p, dann führe die Investition nicht durch und wähle die Basisalternative, d.h., lege das Kapital zum Kalkulationszinsfuß an.

Der interne Zinsfuß ist mit Hilfe eines Taschenrechners ohne große Schwierigkeiten zu berechnen. Aber was ist seine korrekte Interpretation? Zur Beantwortung dieser Frage soll folgendes Beispiel herangezogen werden.

Eine Bank vergibt einen Kredit (Finanzinvestition) über 248,69 DM, der in drei gleich hohen Raten (Annuitäten) von jeweils 100 DM zurückzuzahlen ist.

$$C_0 = 0 = -248{,}69 + \frac{100}{q} + \frac{100}{q^2} + \frac{100}{q^3}\ .$$

Wie man leicht ausrechnen kann, beträgt der interne Zinsfuß 10%. Im Zusammenhang mit Krediten wird der interne Zinsfuß auch als Effektivzins bezeichnet.

Der Tilgungsplan stellt sich bei einem Zinsfuß in Höhe des internen Zinsfußes wie folgt dar, wobei die Tilgung die Differenz aus Annuität und Zinsschuld ist:

t	Restschuld (Gebundenes Kapital)	Zinsen (p=10)	Tilgung	Annuität
0	248,69			
1	173,56	24,87	75,13	100
2	90,92	17,36	82,64	100
3	~ 0	9,09	90,91	100
		51,32	248,68	300

Der interne Zinsfuß gibt die Verzinsung des jeweils gebundenen Kapitals an, welches 248,69 DM in der ersten, 173,56 DM in der zweiten und 90,92 DM in der dritten Periode beträgt. Er ist nicht, wie oft irrtümlich interpretiert wird, die Verzinsung der Investitionszahlung I_0 (Kapitalrentabilität) über die drei Jahre. Nur wenn der Kalkulationszinsfuß dem internen Zinsfuß entspricht, also die Einzahlungsüberschüsse zum Zinssatz von p = r angelegt werden können, dann ist dieser mit der Kapitalrentabilität identisch. Diese Annahme ist jedoch meist nicht realistisch. Ist der Kalkulationszinsfuß der Bank beispielsweise 8%, so können die Rückflüsse von jährlich 100 DM nicht mehr zu 10%, sondern nur noch zu 8% angelegt werden.

Wird die Investitionsauszahlung durch Kreditaufnahme gedeckt, so gibt der interne Zinsfuß den Kreditzinsfuß an, bei dessen Anrechnung die nachfolgenden Einzahlungen gerade ausreichen, um die Schulden zu tilgen und zu verzinsen.

Eine weitere Interpretationsmöglichkeit des internen Zinsfußes folgt, wenn die durchschnittlichen Zinszahlungen auf das durchschnittliche gebundene Kapital bezogen werden:

$$r = \frac{\overline{Z}}{\overline{K}} \cdot 100 = \frac{(24{,}87+17{,}36+9{,}09):3}{(248{,}69+173{,}56+90{,}92):3} \cdot 100 = \frac{17{,}11}{171{,}06} \cdot 100 = 10.$$

Der interne Zinsfuß einer konventionellen Investition kann auch als Verzinsung des durchschnittlich gebundenen Kapitals eines Investitionsobjektes interpretiert werden.[14]

3.3 Reguläre und irreguläre Zahlungsreihen

Bisher wurden nur Investitionen mit konventionellen Zahlungsreihen betrachtet; auf eine Investitionsauszahlung folgten (positive) Einzahlungsüberschüsse (- + + ... +), wobei die Summe der Einzahlungsüberschüsse die Investitionsauszahlung überstieg. Bei diesen konventionellen Investitionen war die Kapitalwertfunktion eine fallende Funktion des Kalkulationszinsfußes, und es existierte nur ein reeller, positiver interner Zinsfuß.

Es gibt aber auch Investitionen, bei denen keine oder mehrere positive Werte für den internen Zinsfuß vorhanden sind.[1]

♦ **Beispiel:**

Folgende Zahlungsreihen von drei Investitionen, die mit einer Vorauszahlung beginnen, seien gegeben:

t	0	1	2
A	1000	-2300	1320
B	1000	-2300	1325
C	1000	-2300	1322,5

a) Berechnen Sie die internen Zinsfüße.
b) Berechnen Sie die Kapitalwerte bei einem Kalkulationszinsfuß von p=15 bzw. p=25.

Lösung:

Der Ansatz zur Berechnung lautet für Investition A:

$$C_0 = 1.000 - \frac{2300}{q} + \frac{1320}{q^2} = 0$$

bzw. $\quad q^2 - 2{,}3q + 1{,}32 = 0$.

Man erhält hier eine quadratische Gleichung zur Bestimmung des internen Zinsfußes mit den Lösungen:

$$q_1 = \frac{2{,}3 + \sqrt{2{,}3^2 - 4 \cdot 1{,}32}}{2} = 1{,}2$$

$$q_2 = \frac{2{,}3 - \sqrt{2{,}3^2 - 4 \cdot 1{,}32}}{2} = 1{,}1 \ .$$

Folglich hat die Investition zwei interne Zinsfüße $r_1=20$ und $r_2=10$.

Entsprechend lassen sich die internen Zinsfüße der Investitionen B und C bestimmen. Für Investition B existiert keine reelle Lösung, da unter dem Wurzelzeichen ein negativer Wert steht ($2{,}3^2 - 4 \cdot 1{,}325 < 0$). Die Investition C besitzt genau einen internen Zinsfuß $r=15$. ♦

Den Verlauf der Kapitalwertfunktionen zeigt Abb. 3.

Wie soll sich der Investor bei Vorliegen einer irregulären Kapitalwertfunktion verhalten? Der interne Zinsfuß eignet sich hier offensichtlich nicht als Maß für die Vorteilhaftigkeit einer Investition. Anders dagegen verhält es sich mit der Kapitalwertmethode. Die Investition B weist für alle Kalkulationszinsfüße positive Kapitalwerte auf, d.h., sie lohnt sich bei jedem Kalkulationszinsfuß. Ebenso besitzt die Investition C mit Ausnahme p=15 nur positive Kapitalwerte. Die Investition A ist nach dem Kapitalwertkriterium für Kalkulationszinsfüße p<10 und p>20 durchzuführen.

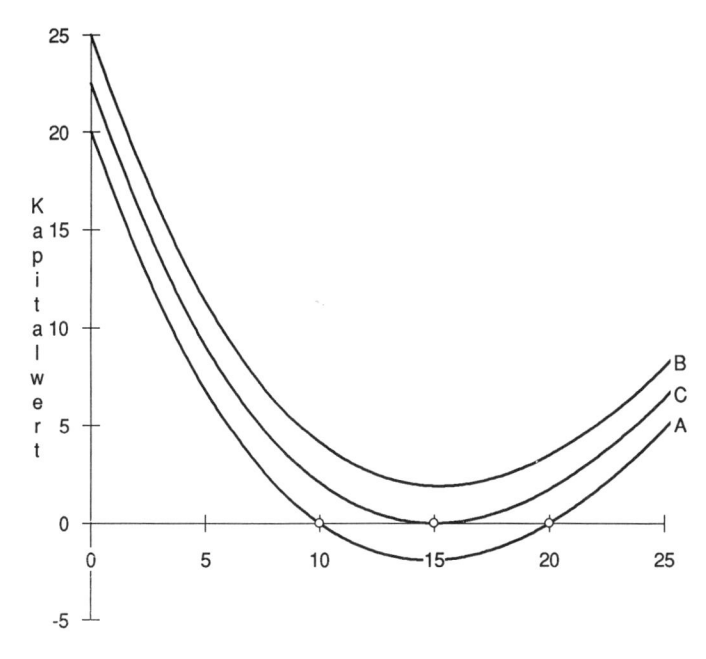

Abb. 3: Irreguläre Kapitalwertfunktionen

Die Tabelle 1 stellt die Kapitalwerte bei verschiedenen Kalkulationszinsfüßen dar.

Tab. 1: Kapitalwerte verschiedener Investitionsalternativen

	A	B	C
p = 15	-1,89	1,89	0
p = 25	4,80	8	6,40

Die Anwendung des internen Zinsfußes ist nur sinnvoll, wenn genau ein positiver interner Zinsfuß existiert. Im folgenden sollen daher die Bedingungen für die Existenz eines einzigen positiven Zinsfußes dargestellt werden.

NORSTRÖM (1972) hat gezeigt, daß sogenannte reguläre Investitionen genau einen positiven internen Zinsfuß haben. Reguläre Investitionen (vgl. FRANKE/HAX (1990)) sind dadurch gekennzeichnet, daß zuerst Kapital gebunden und später Kapital freigesetzt wird. Kapitalbindung liegt vor, wenn bis zu einem bestimmten Zeitpunkt τ die kumulierten Einzahlungsüberschüsse negativ sind. Danach erfolgt eine Kapitalfreisetzung; die kumulierten Einzahlungsüberschüsse werden positiv.

Formal lautet die hinreichende, aber nicht notwendige Bedingung für die Existenz eines positiven internen Zinsfußes nach NORSTRÖM (1972):

$$-I_0 = S_0 < 0;$$
$$S_t \leq 0 \quad \text{für} \quad t = 1,2,3,...,\tau-1$$
$$S_t \geq 0 \quad \text{für} \quad \tau, \tau+1,...,n-1$$
$$S_n > 0$$

wobei die kumulierten Einzahlungsüberschüsse mit $S_t = \sum_{j=0}^{t} c_t$ für t=0,1,2,..,n, bezeichnet werden.

Kommt es also bei den <u>kumulierten Einzahlungsüberschüssen</u> zu einem Vorzeichenwechsel von - nach +, dann existiert genau ein positiver interner Zinsfuß.[1]

Investitionen, die nicht durch o.a. Bedingungen gekennzeichnet sind, nennt man <u>irreguläre Investitionen</u>. Irreguläre Investitionen haben keinen, einen oder mehrere interne Zinsfüße (vgl. die Investitionen A, B und C aus vorigem Beispiel).

♦ **Beispiel:**

Folgende Investitionsalternativen seien gegeben:

t	0	1	2	3	4	5
I	-10.000	-101.524	60.000	171.000	24.024	-143.000
II	-10.000	60.000	-143.500	171.000	-101.524	24.024
III	-10.000	-101.524	60.000	171.000	24.024	-143.500

Prüfen Sie, ob es reguläre oder irreguläre Investitionen sind, und bestimmen Sie die internen Zinsfüße.

Lösung:

Die kumulierten Einzahlungsüberschüsse lauten:

t	0	1	2	3	4	5
I	-10.000	-111.524	-51.524	119.476	143.500	500
II	-10.000	50.000	-93.500	77.500	-24.024	0
III	-10.000	-111.524	-51.524	119.476	143.500	0

---

[1] Eine noch allgemeinere hinreichende Bedingung für das Vorhandensein eines positiven internen Zinsfußes findet man bei BERNHARD (1979).

I : reguläre Investition (- - - + + +)
II : irreguläre Investition (- + - + - 0)
III : irreguläre Investition (- - - + + 0) .

Zwar weist Investition III nur einen Vorzeichenwechsel von - nach + auf, aber der letzte kumulierte Einzahlungsüberschuß ist nicht positiv; bei einer regulären Investition muß $S_n > 0$ sein.

Es folgt:

I : genau ein positiver interner Zinsfuß,

II : maximal 5 interne Zinsfüße, da ein Polynom 5. Grades, nämlich

$$C_0 = 0 = -10.000 + \frac{60.000}{q} - \frac{143.500}{q^2} + \frac{171.000}{q^3} - \frac{101.524}{q^4} + \frac{24.024}{q^5}$$

zu lösen ist,

III : maximal 5 interne Zinsfüße.

Bei irregulären Investitionen ist es zweckmäßig, die Kapitalwertfunktion in Abhängigkeit vom Kalkulationszinsfuß zu skizzieren.

Die Abbildung 4 zeigt den Verlauf der Kapitalwertfunktion der Investition II. Sie besitzt fünf interne Zinsfüße, und zwar $r_1=0$, $r_2=10$, $r_3=20$, $r_4=30$ und $r_5=40$. Die Kapitalwertfunktion der Investition I weist zuerst einen steigenden und dann einen fallenden Verlauf auf (vgl. Abbildung 5). Der interne Zinsfuß beträgt r=20,3.

Die irreguläre Investition III hat einen internen Zinsfuß bei 19,9%. ♦

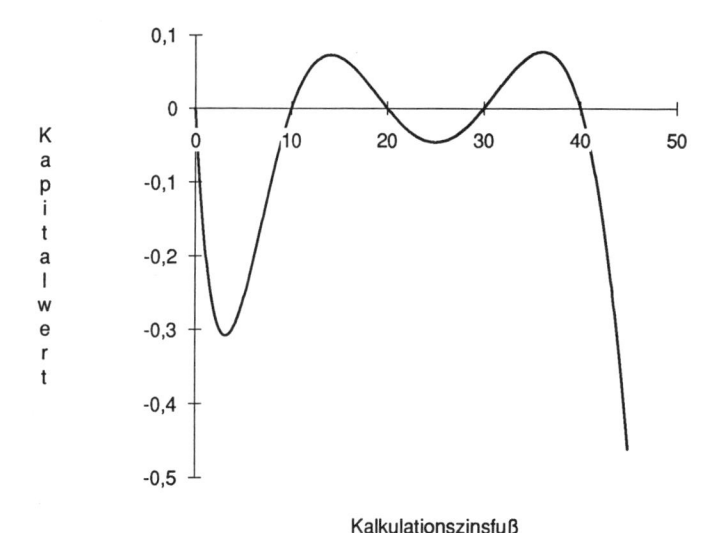

Abb. 4: Kapitalwertfunktion der irregulären Investition II

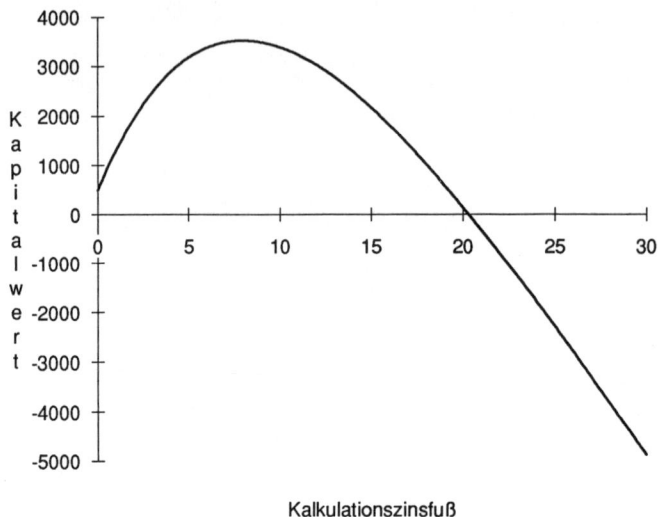

```
  4000
  3000
K 2000
a
p 1000
i
t   0 ─┼───┼───┼───┼───┼───┼───┼
a     0   5   10  15  20  25  30
l -1000
w
e -2000
r
t -3000
  -4000
  -5000
```

Kalkulationszinsfuß

Abb. 5:   Kapitalwertfunktion der regulären Investition I

Als Spezialfall der regulären Investition ist die <u>Normalinvestition</u> zu nennen. Sie beginnt mit Auszahlungsüberschüssen, denen dann (positive) Einzahlungsüberschüsse folgen. Das Vorzeichen der nicht-kumulierten sowie der kumulierten Einzahlungsüberschüsse wechselt einmal von - nach + (- - - + + + ... +).

Ein besonderer Fall der Normalinvestition ist die <u>konventionelle Investition</u>. Ihre Kapitalwertfunktion fällt monoton mit steigendem Kalkulationszinsfuß. Auf eine Investitionsauszahlung folgen unmittelbar nur noch positive Einzahlungsüberschüsse (- + + + +). Investition I aus dem vorigen Beispiel ist zwar eine reguläre Investition, aber keine Normalinvestition. Im Braunkohlen-Tagebau gibt es reguläre Investitionen, die keine Normalinvestitionen sind. Auszahlungen treten für die Erschließung auf. Danach folgen Einzahlungsüberschüsse während des Abbaus. Am Ende müssen Auszahlungen für die Rekultivierung des Geländes getätigt werden.

♦ **Beispiel:**

Um welche Investitionen handelt es sich bei folgenden Zahlungsreihen?

t	0	1	2	3	4
X	-100	-50	50	50	40
Y	-100	-20	50	50	40

Lösung:

X : irreguläre Investition
 (kein Vorzeichenwechsel der kumulierten Einzahlungsüberschüsse)
Y : reguläre Investition und Normalinvestition
 (ein Vorzeichenwechsel der kumulierten und der nicht-kumulierten Einzahlungsüberschüsse).

Investition X ist leicht als irreguläre Investition zu erkennen. Den Gesamtauszahlungen von 150 stehen nur Gesamteinzahlungen von 140 gegenüber! ♦

Irreguläre Zahlungsreihen können im Zusammenhang mit Ersatzinvestitionen auftreten.

♦ **Beispiel:**

Eine alte Maschine mit einem Wiederverkaufswert von Null soll durch eine neue ersetzt werden. Die Zahlungen sind der folgenden Tabelle zu entnehmen.

t	0	1	2	3
Neue Maschine	-100	300	200	100
Alte Maschine		100	100	330
Differenzinvestition	-100	200	100	-230

Lohnt sich die Ersatzinvestition bei einem Kalkulationszinsfuß von 20%?

Lösung:

Man nennt die Differenz der Zahlungsreihen der neuen und der alten Maschine Differenzinvestition (vgl. auch C.2). Die Zahlungsreihe der Differenzinvestition ist irregulär. Ihre Kapitalwertfunktion ist in der Abbildung 6 zu sehen. Die beiden internen Zinsfüße betragen $r_1=16,6$ und $r_2=88,2$. (Die Lösung erfolgt durch Probieren.) Bei r=20 ist $C_0=3$. Obwohl die Summe der Nettoeinzahlungen bei der alten Maschine größer ist als bei der neuen, sollte die neue Maschine bei einem Kalkulationszinsfuß von 20% angeschafft werden.

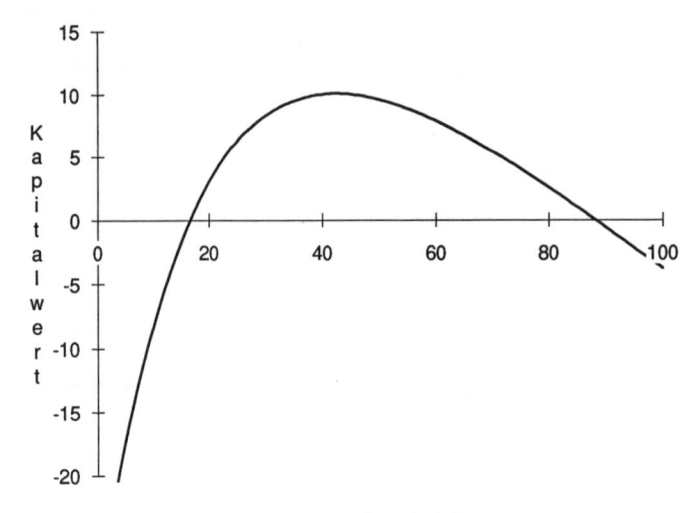

Kapitalwert

```
15
10
 5
 0 ────┼────┼────┼────┼────
 0    20   40   60   80  100
-5
-10
-15
-20
```

Kalkulationszinsfuß

Abb. 6: Differenzinvestition

Der parabelförmige Verlauf der Kapitalwertfunktion erklärt sich wie folgt (vgl. auch ALBACH (1959), S. 40 f.): Bei kleinem Kalkulationszinsfuß ist die Summe der diskontierten Auszahlungen größer als die der diskontierten Einzahlungen. Bei steigendem Zins verliert die letzte Auszahlung der Zahlungsreihe an Bedeutung, d.h., der Kapitalwert wird positiv. Steigt der Zinsfuß über 88,2%, dann werden auch die davor liegenden positiven Zahlungen in ihrer Bedeutung vermindert, und die Investitionsauszahlung wird so gewichtig, daß der Kapitalwert wieder negativ wird. ♦

3.4 Berechnung des internen Zinsfußes für spezielle Zahlungsreihen

3.4.1 Konstante Einzahlungsüberschüsse

Im Falle konstanter Einzahlungsüberschüsse lautet die Kapitalwertfunktion:

$$C_0 = -I_0 + \underbrace{c + c + c + \ldots + c}_{n \text{ mal}}$$

$$= -I_0 + c \frac{1}{q^n} \frac{q^n - 1}{q - 1}$$

$$= -I_0 + c \cdot \text{RBF}_p^n .$$

Zur Bestimmung des internen Zinsfußes setzt man $C_0=0$ und erhält

$$RBF_r^n = \frac{I_0}{c}.$$

Ist beispielsweise $I_0 = 1.000$, $c = 250$ und $n = 5$, so ist der Rentenbarwertfaktor

$$RBF_r^5 = \frac{1.000}{250} = 4.$$

In der Tabelle der Rentenbarwertfaktoren sucht man in der Zeile für 5 Jahre den Rentenbarwert 4. Für p=7 ist $RBF_7^5 = 4{,}100$ und für p=8 ist $RBF_8^5 = 3{,}993$. Folglich muß der interne Zinsfuß zwischen 7% und 8% liegen. Da 4 näher bei 3,993 als bei 4,100 liegt, beträgt er etwas weniger als 8%. Durch lineare Interpolation gewinnt man

$$r = 7 + \frac{4{,}100 - 4}{4{,}100 - 3{,}993} = 7{,}9346 \approx 7{,}9$$

oder allgemein für $p < r < p+1$

$$\boxed{r = p + \frac{RBF_p^n - RBF_r^n}{RBF_p^n - RBF_{p+1}^n}},$$

wobei man hier mit p den größten ganzzahligen Zinsfuß bezeichnet, der kleiner als der nichtganzzahlige interne Zinsfuß r ist. Die lineare Interpolation führt mit den Werten der Tabelle A zu einer Genauigkeit von mindestens 1/10 Prozentpunkten, falls $1 < p < 30$.

Bei einem Abstand der Tabellenwerte in Tabelle A von 5 Prozentpunkten ist die Interpolationsformel entsprechend zu modifizieren. Sie lautet für p=30, 35, 40, 45

$$r = p + \frac{RBF_p^n - RBF_r^n}{RBF_p^n - RBF_{p+5}^n} \cdot 5.$$

Die Genauigkeit ist jetzt wegen des größeren Interpolationsabstandes etwas geringer.

3.4.2 Rechnerische Ermittlung des internen Zinsfußes

Der interne Zinsfuß kann für viele Zahlungsreihen nur durch Probieren ermittelt werden. Für bestimmte Zahlungsreihen (vgl. Übersicht 1) kann er aber explizit berechnet werden, indem man die Kapitalwertfunktion gleich Null setzt und nach q bzw. r auflöst, wobei $q = 1 + \frac{r}{100}$ ist.

Übersicht 1: Kapitalwertfunktionen und interne Zinsfüße

Fall	Kapitalwertfunktion	interner Zinsfuß	Bemerkungen
1	$C_0 = -I_0 + \dfrac{c_1}{q}$	$r = \dfrac{c_1 - I_0}{I_0} \cdot 100$	interne Verzinsung entspricht der Kapitalrentabilität
2	$C_0 = -I_0 + \dfrac{c_1}{q} + \dfrac{c_2}{q^2}$	$r_{1/2} = \left(\dfrac{c_1 \pm \sqrt{c_1^2 + 4 c_2 I_0}}{2 I_0} - 1 \right) \cdot 100$	Bei einer regulären Investition existiert eine positive und eine negative Lösung
3	$C_0 = -I_0 + \dfrac{c_n}{q^n}$	$r = \left(\sqrt[n]{\dfrac{c_n}{I_0}} - 1 \right) \cdot 100$	Interne Verzinsung entspricht der Kapitalrentabilität
4	$C_0 = -I_0 + \dfrac{c}{q^1} + \dfrac{c}{q^2} + \dfrac{c}{q^3} \dots$ $= -I_0 + \dfrac{c}{q-1}$	$r = \dfrac{c}{I_0} \cdot 100$	Ewige Rente; interne Verzinsung entspricht der Kapitalrentabilität
5	$C_0 = -I_0 + \dfrac{c}{q^1} + \dfrac{cl}{q^2} + \dfrac{cl^2}{q^3} \dots$ $= -I_0 + \dfrac{c}{q-l}$, falls $q>l$	$r = \left[\dfrac{c}{I_0} + (l-1) \right] \cdot 100$	Interner Zinsfuß einer ewigen Rente mit geometrischem Wachstum $l = 1 + \dfrac{g}{100}$
6	$C_0 = -I_0 + \dfrac{c}{q} + \dfrac{c}{q^2} + \dots + \dfrac{c}{q^n} + \dfrac{I_0}{q^n}$ $= -I_0 + c \dfrac{1}{q^n} \dfrac{q^n - 1}{q - 1} + \dfrac{I_0}{q^n}$, falls $q \neq 1$	$r = \dfrac{c}{I_0} \cdot 100$	Interne Verzinsung entspricht der Kapitalrentabilität
7	$C_0 = -I_0 + \dfrac{c}{q} + \dfrac{cl}{q^2} + \dots + \dfrac{cl^{n-1}}{q^n} + \dfrac{I_0 \cdot l^n}{q^n}$ $= -I_0 + c \dfrac{1}{q^n} \dfrac{q^n - l^n}{q - l} + I_0 \dfrac{l^n}{q^n}$, falls $q \neq l$	$r = \left[\dfrac{c}{I_0} + (l-1) \right] \cdot 100$	vgl. Beispiel zu 7 $l = 1 + \dfrac{g}{100}$

♦ **Beispiel** (Fall 3):

Ein Investor kauft eine Nullkupon-Anleihe zu 29 DM. Die Rückzahlung beträgt in 16 Jahren 100 DM. Wie groß ist die interne Verzinsung?

Lösung:

$$r = \left(\sqrt[16]{\frac{100}{29}} - 1\right) \cdot 100 = 8{,}04 \, .$$

Da das gebundene Kapital bis zur Kapitalrückzahlung 29 DM beträgt, entspricht die interne Verzinsung hier der Kapitalrentabilität; es ist 29 DM · 1,0804^{16} = 100 DM. ♦

♦ **Beispiel** (Fall 4):

Ein Investor kauft ein Mietshaus für 800.000 DM. Er rechnet jährlich mit Nettomieteinnahmen von 30.000 DM. Die Laufzeit der Investition ist unbekannt, wird aber als lang angenommen. Wie hoch ist ungefähr die interne Verzinsung (Kapitalrentabilität)?

Lösung:

$$r = \frac{30.000}{800.000} \cdot 100 = 3{,}75 \,.^{2)}$$

♦

♦ **Beispiel** (Fall 5):

Ein Investor kauft ein Mietshaus für 800.000 DM. Er rechnet im ersten Jahr mit Nettomieteinnahmen von 30.000 DM. Er nimmt an, daß die Mieten im Durchschnitt jährlich um 3% steigen. Die Laufzeit der Investition ist unbekannt, wird aber als lang angenommen. Wie hoch ist ungefähr die interne Verzinsung?

Lösung:

$$r = (0{,}0375 + 0{,}03) \cdot 100 = 6{,}75 \,.^{3)}$$

♦

♦ **Beispiel** (Fall 6):

a) Eine Anleihe mit einer Nominalverzinsung von 5% wird zu einem Kurs von 95% erworben und nach sechs Jahren zu einem Kurs von 95% wieder verkauft. Wie hoch ist die interne Verzinsung (Rendite) der Finanzinvestition?

b) Der Verkauf erfolgt zu einem Kurs von 100%. Wie hoch ist die Rendite?

Lösung:

a)
$$C_0 = -95 + 5\frac{1}{q^6}\frac{q^6-1}{q-1} + \frac{95}{q^6} = 0$$
$$\rightarrow r = \frac{5}{95} \cdot 100 = 5{,}26.$$

b)
$$C_0 = -95 + 5 \cdot \frac{1}{q^6}\frac{q^6-1}{q-1} + \frac{100}{q^6}.$$

Die Lösung kann nur durch Probieren gefunden werden. Als Lösung erhält man r=6. ◆

In der Bank- und Börsenpraxis existiert zur Berechnung des internen Zinsfußes von Anleihen jedoch eine einfache Faustformel. Zur Nominalverzinsung c wird eine Korrekturgröße addiert, welche die Differenz zwischen dem Kaufkurs und dem Rückzahlungskurs von 100 gleichmäßig auf die Laufzeit verteilt.

$$\boxed{\hat{r} = \frac{c + \frac{100-I_0}{n}}{I_0} \cdot 100\ .}$$

Zu dieser Faustformel gelangt man, indem man berücksichtigt, daß für kleine Werte von p

$$q^n = \left(1 + \frac{p}{100}\right)^n \approx 1 + n\frac{p}{100}$$

gilt.

Setzt man nämlich in die Kapitalwertformel

$$C_0 = -I_0 + c\frac{1}{q^n}\frac{q^n-1}{q-1} + \frac{100}{q^n} = 0$$

für q^n die Approximation $1+n\cdot\frac{p}{100}$ ein, so erhält man

$$C_0 = -I_0 + c\frac{1}{1+n\cdot\frac{p}{100}} \cdot \frac{1+n\cdot\frac{p}{100}-1}{\frac{p}{100}} + \frac{100}{1+n\cdot\frac{p}{100}} = 0$$

bzw.
$$0 = -I_0 + \frac{c\cdot n}{1+n\cdot\frac{p}{100}} + \frac{100}{1+n\cdot\frac{p}{100}}$$

$$\rightarrow p = \hat{r} = \frac{c + \frac{100-I_0}{n}}{I_0} \cdot 100$$

$$\hat{r} = 6{,}1\ .$$

♦ **Beispiel (Fall 7):**

a) Eine Eigentumswohnung kostet 170.000 DM. Die Nettomietrendite des ersten Jahres beträgt 3,5%. Es wird erwartet, daß sowohl der Wert der Eigentumswohnung als auch die Mieteinnahmen jährlich durchschnittlich um 3% steigen. Berechnen Sie die interne Verzinsung, falls ein Wiederverkauf nach   aa) 10   ab) 50   Jahren erwogen wird.

Lösung:

$$C_0 = -170 + 5{,}95 \frac{1}{q^n} \frac{q^n - 1{,}03^n}{q - 1{,}03} + \frac{170 \cdot 1{,}03^n}{q^n} = 0$$

$\rightarrow \quad -170\,q^n(q-1{,}03) + 5{,}95(q^n - 1{,}03^n) + 170 \cdot 1{,}03^n(q-1{,}03) = 0$

$$170(q-1{,}03)(1{,}03^n - q^n) - 5{,}95(1{,}03^n - q^n) = 0$$

$$(1{,}03^n - q^n)(170(q-1{,}03) - 5{,}95) = 0$$

$\rightarrow \quad 170(q-1{,}03) - 5{,}95 = 0$, da $1{,}03^n - q^n \neq 0$.

Man erhält $q = 1{,}065$

bzw. $r = 6{,}5$

b) Erwartet man für die Mieteinnahmen und den Wert der Eigentumswohnung verschiedene Preissteigerungen, dann kann die interne Verzinsung nur noch durch Probieren gelöst werden. Unterstellt man bei der Miete eine Steigerungsrate von 3%, dann ist die interne Verzinsung von der Preissteigerungsrate der Eigentumswohnung und von n abhängig.

	Interne Verzinsung			
	Preissteigerungsrate der Eigentumswohnung (%)			
	0	3	5	8
n = 10	4	6,5	8,2	10,9
n = 50	5,7	6,5	7,5	9,6
n = 100	6,4	6,5	7,0	9,0

Zu den Ergebnissen gelangt man, indem man

$$C_0 = -170 + 5{,}95 \cdot \frac{1}{q^n} \frac{q^n - 1{,}03^n}{q - 1{,}03} + \frac{170 \cdot l^n}{q^n} = 0$$

durch Probieren löst.   ♦

3.5 Interner Zinsfuß bei unterjährlichen Zahlungen und/oder bei gebrochenen Laufzeiten

In diesem Falle sind mehrere Verfahren zur Berechnung des internen Zinsfußes möglich. Im folgenden sollen jedoch nur der Effektivzins nach der Preisangabenverordnung (PAngV) und der internationale Effektivzins der Association of International Bond Dealers (AIBD) kurz erörtert werden (vgl. beispielsweise SCHIERENBECK/ROLFES (1986)). Für beide Verfahren gelte folgendes Ausgangsbeispiel:

♦ **Beispiel:**

Eine Investition über 10.000 DM führe nach einem Vierteljahr zu einer Einzahlung von 2.000 DM, nach einem Jahr zu einer Einzahlung von 6.000 DM und nach 1 1/2 Jahren zu einer Einzahlung von 5.000 DM, jeweils gerechnet vom Zeitpunkt der Investitionsauszahlung. Die Laufzeit der Investition betrage zwei Jahre.[4] Wie hoch ist der interne Zinsfuß?

Lösung:

Die Zahlungsreihe der Investition hat folgendes Aussehen:

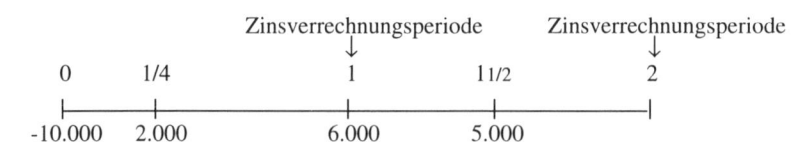

```
                          Zinsverrechnungsperiode    Zinsverrechnungsperiode
                                    ↓                          ↓
        0        1/4          1            1 1/2              2
        |---------|------------|-------------|-----------------|
     -10.000    2.000        6.000         5.000
```

I) Internationaler Effektivzins

Die Zahlungen werden entsprechend ihrer Laufzeit auf den Zeitpunkt Null abgezinst; die Diskontierung führt zu einer Bestimmungsgleichung mit gebrochenen Exponenten:

$$C_0 = 0 = -10.000 + \frac{2.000}{q^{1/4}} + \frac{6.000}{q} + \frac{5.000}{q^{3/2}} .$$

Durch Probieren erhält man q=1,2825, d.h., der interne Zinsfuß beträgt 28,25%.

II) Effektivzins nach Preisangabenverordnung

Die Zurechnung der Zinsschuld zum Zinskapital erfolgt jeweils nach 1 Jahr bzw. 360 Tagen, d.h., die Zinsverrechnungsperiode ist ein Jahr. Die erste Einzahlung von 2.000 DM kann nicht mit einem Vierteljahr abgezinst werden, weil sie nicht mit einer Zinsverrechnung zusammenfällt. Vielmehr muß sie gemäß der einfachen Zinsrechnung (vgl.

IHRIG/PFLAUMER (1994), S. 63ff.) auf das Ende des 1. Jahres aufgezinst werden ($\hat{=} \frac{3}{4}$ Jahr bzw. 270 Tage), bevor die Abzinsung anfällt. Entsprechend ist die Schlußzahlung vor der Abzinsung aufzuzinsen, und zwar ein halbes Jahr bzw. 180 Tage.

Die Gleichung zur Bestimmung des internen Zinsfußes hat nun folgendes Aussehen:

$$C_0 = 0 = -10.000 + \frac{2.000\left(1 + \frac{270}{360} \cdot \frac{r}{100}\right)}{\left(1 + \frac{r}{100}\right)} + \frac{6.000}{\left(1 + \frac{r}{100}\right)} + \frac{5.000\left(1 + \frac{180}{360} \cdot \frac{r}{100}\right)}{\left(1 + \frac{r}{100}\right)^2}.$$

Durch Probieren, oder in diesem Spezialfall durch Lösen folgender quadratischen Gleichung

$$-\frac{500\left(17 r^2 + 1600 r - 60.000\right)}{(r + 100)^2} = 0$$

bzw.

$$17 r^2 + 1600 r - 60.000 = 0,$$

erhält man für den internen Zinsfuß r=28,73. (Die negative Lösung der quadratischen Gleichung lautet r_1= -122,85.) ♦

In der Bundesrepublik Deutschland ist seit dem 1. September 1985 für Kreditinstitute bei der Berechnung des Effektivzinses bzw. internen Zinsfußes § 4 der Preisangabenverordnung (PAngV) verbindlich. Bei jährlichen Zahlungen führen beide erwähnten Effektivzinsverfahren zum selben Ergebnis. Unterschiede ergeben sich aufgrund verschiedener Annahmen bei unterjährlichen Zahlungen bzw. bei gebrochenen Laufzeiten.

♦ **Beispiel:**

Ein Versicherungsbeitrag über 1.000 DM, der am Anfang eines Jahres fällig ist, kann in vorschüssigen Vierteljahresraten bezahlt werden. Bei vierteljährlicher Zahlungsweise berechnet die Versicherung einen Aufschlag von 5%. Welchem internen Zinsfuß entspricht dieser Aufschlag?

Lösung:

I) Internationaler Effektivzins: Implizit wird unterstellt, daß Zahlungs- und Verzinsungsperiode identisch sind, d.h. ein Vierteljahr betragen,

$$C_0 = 0 = -1.000 + 262,50 + \frac{262,50}{q^{1/4}} + \frac{262,50}{q^{2/4}} + \frac{262,50}{q^{3/4}}.$$

Durch Probieren erhält man q=1,1410 bzw. r=14,10.

II) Preisangabenverordnung:

$$C_0 = 0 = -1.000 + \frac{262{,}50\left(1 + \frac{360}{360} \cdot \frac{r}{100}\right)}{\left(1 + \frac{r}{100}\right)} + \frac{262{,}50\left(1 + \frac{270}{360} \cdot \frac{r}{100}\right)}{\left(1 + \frac{r}{100}\right)} + \frac{262{,}50\left(1 + \frac{180}{360} \cdot \frac{r}{100}\right)}{\left(1 + \frac{r}{100}\right)}$$

$$+ \frac{262{,}50\left(1 + \frac{90}{360} \cdot \frac{r}{100}\right)}{\left(1 + \frac{r}{100}\right)}.$$

Die Gleichung kann explizit nach r aufgelöst werden. Man erhält als internen Zinsfuß r=14,54. ♦

Man kann leicht zeigen (vgl. IHRIG/PFLAUMER (1994), S. 63ff.), daß für m Perioden pro Jahr der interne Zinsfuß nach der Preisangabenverordnung im obigen Beispiel

$$r = 100\left(\frac{c \cdot m - I_0}{I_0 - c\frac{m+1}{2}}\right)$$

bei vorschüssiger und

$$r = 100\left(\frac{c \cdot m - I_0}{I_0 - c\frac{m-1}{2}}\right)$$

bei nachschüssiger Zahlungsweise lautet.

♦ **Beispiel:**

Welche interne Verzinsung ergibt sich im obigen Beispiel bei vierteljährlicher nachschüssiger Zahlungsweise?

Lösung:

$$r = 100\,\frac{262{,}50 \cdot 4 - 1.000}{1.000 - 262{,}50\,\frac{3}{2}} = 8{,}25\,.$$

Zum selben Ergebnis führt die Lösung von

$$C_0 = 0 = -1.000 + \frac{262{,}50\left(1 + \frac{270}{360} \cdot \frac{r}{100}\right)}{\left(1 + \frac{r}{100}\right)} + \frac{262{,}50\left(1 + \frac{180}{360} \cdot \frac{r}{100}\right)}{\left(1 + \frac{r}{100}\right)}$$

$$+ \frac{262{,}50\left(1 + \frac{90}{360} \cdot \frac{r}{100}\right)}{\left(1 + \frac{r}{100}\right)} + \frac{262{,}50}{\left(1 + \frac{r}{100}\right)}\,. \qquad ♦$$

3.6* Interne Verzinsung bei stetiger Diskontierung

Geht man von kontinuierlichen Zahlungsströmen aus, dann gilt für die interne Verzinsungsintensität ρ

$$C_0 = 0 = -I_0 + \int_0^n c(t)\, e^{-\frac{\rho}{100}t}\, dt,$$

wobei c(t) das Einzahlungsüberschußprofil in Abhängigkeit von der Zeit ist.

Vor allem bei Realinvestitionen ist die Annahme, daß die Einzahlungsüberschüsse jährlich nachschüssig anfallen, nicht sehr realistisch. Vielmehr fließen Zahlungen dem Unternehmen laufend zu. Sind die Zahlungen in gleicher Höhe über das Jahr verteilt, dann ist c(t)=c.

♦ **Beispiel:**

Eine Investition über 1.000 DM führt 5 Jahre lang zu jährlichen Einzahlungsüberschüssen von 250 DM.
Berechnen Sie die interne Verzinsung unter der Annahme, daß die Einzahlungsüberschüsse dem Unternehmen
    a) jährlich nachschüssig   b) kontinuierlich in gleicher Höhe
zufließen.

Lösung:

a)
$$C_0 = 0 = -1.000 + 250 \cdot \frac{1}{q^5} \cdot \frac{q^5-1}{q-1}$$

$\rightarrow$ p = 7,93   (durch Probieren)

b)
$$C_0 = 0 = -1.000 + 250\int_0^1 e^{-\frac{\rho}{100}t} dt + 250\int_1^2 e^{-\frac{\rho}{100}t} dt$$
$$+ 250\int_2^3 e^{-\frac{\rho}{100}t} dt + 250\int_3^4 e^{-\frac{\rho}{100}t} dt + 250\int_4^5 e^{-\frac{\rho}{100}t} dt$$
$$= -1.000 + 250\int_0^5 e^{-\frac{\rho}{100}t} dt$$

$\rightarrow \dfrac{25.000}{\rho} - \dfrac{25.000\, e^{-\frac{\rho}{20}}}{\rho} - 1.000 = 0$

$\rightarrow \rho = 9{,}28$ (durch Probieren).

Eine Verzinsungsintensität von $\rho=9{,}28$ entspricht einer jährlichen Verzinsung von $(e^{0,0928}-1)\,100 = 9{,}72$.   ♦

Man erkennt, daß die Annahme einer jährlichen nachschüssigen Zahlungsweise zu einer Unterschätzung der internen Verzinsung führt, wenn die Zahlungen tatsächlich gleichmäßig verteilt über das Jahr anfallen.

Im Falle eines kontinuierlichen Zahlungseinganges in konstanter Höhe kann die interne Verzinsung - ohne Verwendung der Integralrechnung - approximativ bestimmt werden, wenn als Diskontierungszeitpunkt nicht das jeweilige Jahresende, sondern die jeweilige Jahresmitte gewählt wird, da für nicht allzu große Zinssätze folgende Beziehung zwischen stetigem und diskretem Abzinsungsfaktor besteht:

$$\int_k^{k+1} e^{-\frac{\rho}{100}t} dt \approx \left(1 + \frac{\rho}{100}\right)^{-\left(k+\frac{1}{2}\right)} \qquad 1)$$

♦ **Beispiel:**

Berechnen Sie den internen Zinsfuß, indem jeweils die Jahresmitte als Diskontierungszeitpunkt gewählt wird.

---

1) Aus

$$\left(1+\frac{\rho}{100}\right)^x = e^{\frac{\rho}{100}x} = \int_k^{k+1} e^{-\frac{\rho}{100}t} dt$$

ergibt sich

$$x = \frac{\ln \int_k^{k+1} e^{-\frac{\rho}{100}t} dt}{\frac{\rho}{100}}$$

bzw.

$$x = \frac{\ln\left(\frac{1 - e^{-\frac{\rho}{100}}}{\rho/100}\right)}{\frac{\rho}{100}} - k .$$

Da

$$\ln\left(\frac{1 - e^{-\frac{\rho}{100}}}{\rho/100}\right) \approx -\frac{\rho}{200}$$

ist, folgt

$$x \approx -\left(k + \frac{1}{2}\right).$$

Lösung:

$$C_0 = 0 = -1.000 + \frac{250}{q^{0,5}} + \frac{250}{q^{1,5}} + \frac{250}{q^{2,5}} + \frac{250}{q^{3,5}} + \frac{250}{q^{4,5}}$$

$$= -1.000 + 250 \frac{1}{q^{4,5}} \frac{q^5-1}{q-1}$$

→ $r = 9{,}71$ (durch Probieren).   ♦

Falls Zahlungen zu einem bestimmten Zeitpunkt auftreten, so ist eine Kombination aus stetiger und diskreter Betrachtungsweise vorzunehmen.

♦ **Beispiel:**

Berechnen Sie die interne Verzinsung für das Reisebusbeispiel. Die laufenden Zahlungen sollen kontinuierlich in konstanter Höhe anfallen. Der Resterlös fließt dem Unternehmen zum Zeitpunkt t=4 zu.

Lösung:

exakt:

$$C_0 = 0 = -660.000 + 124.600 \int_0^1 e^{-\frac{\rho}{100}t} dt + 149.000 \int_1^2 e^{-\frac{\rho}{100}t} dt$$

$$+ 173.400 \int_2^3 e^{-\frac{\rho}{100}t} dt + 173.000 \int_3^4 e^{-\frac{\rho}{100}t} dt + 330.000\, e^{-\frac{\rho}{100} 4}$$

→ $\rho = 13{,}66$ bzw. $r = \left(e^{-0{,}1366}-1\right) \cdot 100 = 14{,}64$ (durch Probieren).

approximativ:

$$C_0 = 0 = -660.000 + \frac{124.600}{q^{0,5}} + \frac{149.000}{q^{1,5}} + \frac{173.400}{q^{2,5}} + \frac{173.400}{q^{3,5}} + \frac{330.000}{q^4}$$

→ $q = 1{,}1461$ bzw. $r = 14{,}61$ (durch Probieren).   ♦

Die Annahme, daß die Zahlungen jährlich nachschüssig anfallen, ist eine Vereinfachung der Realität. Der interne Zinsfuß wird unterschätzt, wenn die Zahlungen kontinuierlich in konstanter Höhe dem Unternehmen zufließen. Die Berechnungen in folgender Tabelle unterstellen einen internen Zinsfuß von 10% bei jährlicher nachschüssiger Zahlungsweise. Es wurde der entsprechende interne Zinsfuß bei kontinuierlicher Zahlungsweise (c(t)=c) sowohl approximativ als auch exakt berechnet. In Klammern steht die jeweilige Verzinsungsintensität.

Tab. 2: Vergleich der internen Verzinsung bei diskreter und stetiger Zahlungsweise

n	Interner Zinsfuß (jährlich nachschüssig)	Interner Zinsfuß (kontinuierlich) approximativ	exakt
1	10	21	21,38 (19,38)
2	10	15,54	15,65 (14,54)
3	10	13,74	13,79 (12,92)
4	10	12,85	12,89 (12,12)
5	10	12,31	12,34 (11,64)
6	10	11,96	11,99 (11,32)
7	10	11,71	11,73 (11,09)
8	10	11,52	11,54 (10,92)
9	10	11,38	11,39 (10,79)
10	10	11,26	11,27 (10,68)
⋮	⋮	⋮	⋮
100	10	10,51	10,52 (10,00)

Wie Tabelle 2 zeigt, nimmt die Unterschätzung mit zunehmender Lebensdauer ab. Daher ist bei längerfristigen Investitionen die vereinfachende Annahme eines jährlichen nachschüssigen Zahlungseinganges vertretbar.

Für unendliche Laufzeit ist

$$C_0 = -I_0 + \underbrace{\int_0^\infty e^{-\frac{\rho}{100}t} c \, dt}_{\text{Laplace-Transformierte von c(t)=c}}$$

bzw.

$$C_0 = -I_0 + \frac{c}{\rho/100}.$$

Setzt man $C_0=0$, so erhält man für die Verzinsungsintensität:

$$\rho = \frac{c}{I_0} \cdot 100.$$

4. SONSTIGE VERZINSUNGSMETHODEN

4.1 Baldwin-Verzinsung

Eine Modifizierung der internen Zinsfußmethode ist von BALDWIN (1959) vorgeschlagen worden. Es wird unterstellt, daß die Einzahlungsüberschüsse bis zum Ende der Laufzeit zum Kalkulationszinsfuß p angelegt werden. Als Endkapital (Vermögensendwert) der Rückflüsse ergibt sich bei einem Kalkulationszinsfuß von p

$$K_n = c_1 \cdot q^{n-1} + c_2 \cdot q^{n-2} + \dots + c_{n-1} \cdot q + c_n$$
$$= \sum_{t=1}^{n} c_t \cdot q^{n-t} \ .$$

Nun wird der Zinsfuß r_B (Baldwin-Zinsfuß, modifizierter interner Zinsfuß) gesucht, bei welchem das Anfangskapital I_0 (Investitionsauszahlung) nach n Jahren auf das Endkapital K_n wächst

$$K_n = \left(1 + \frac{r_B}{100}\right)^n \cdot I_0 \ .$$

Daraus erhält man[5)]

$$r_B = 100 \cdot \left(\sqrt[n]{\frac{K_n}{I_0}} - 1 \right) = 100 \cdot \left(\sqrt[n]{\frac{(C_0+I_0)q^n}{I_0}} - 1 \right)$$

bzw.

$$\boxed{r_B = 100 \cdot \left(\sqrt[n]{\frac{\sum_{t=1}^{n} c_t q^{n-t}}{I_0}} - 1 \right)} \ .$$

Fallen die Investitionsanschaffungsauszahlungen über mehrere Perioden an, so wird deren Barwert

$$I_0 + \frac{I_1}{q} + \frac{I_2}{q^2} + \dots + \frac{I_n}{q^n}$$

ermittelt, wobei I_k die Investitionsanschaffungsauszahlung im Jahr k bedeutet.
Der Baldwin-Zinsfuß ergibt sich nun als

$$r_B = 100 \cdot \left(\sqrt[n]{\frac{\sum_{t=1}^{n} c_t q^{n-t}}{\sum_{t=0}^{n} I_t q^{-t}}} - 1 \right) \ .$$

Im Gegensatz zum internen Zinsfuß gibt der Baldwin-Zinsfuß die Verzinsung des Anfangskapitals (Kapitalrentabilität) an.

Da für den Baldwin-Zinsfuß

$$\frac{K_n}{\left(1 + \frac{r_B}{100}\right)^n} - I_0 = 0$$

und für den Kapitalwert

$$\frac{K_n}{\left(1 + \frac{p}{100}\right)^n} - I_0 = \sum_{t=1}^{n} c_t \cdot q^{-t} - I_0 = C_0$$

gilt, folgt aus dem Vergleich der beiden Gleichungen (vgl. LIN (1976))

$$\boxed{\begin{array}{l} r_B = p \leftrightarrow C_0 = 0 \\ r_B > p \leftrightarrow C_0 > 0 \\ r_B < p \leftrightarrow C_0 < 0 \end{array}} \; .$$

Daher lohnt sich eine Investition, wenn der Baldwin-Zinsfuß größer als der Kalkulationszinsfuß ist.

♦ **Beispiel:**

Berechnen Sie den Baldwin-Zinsfuß für die Reisebusinvestition.

Lösung:

$$K_4 = 124.600 \cdot 1{,}1^3 + 149.000 \cdot 1{,}1^2 + 173.400 \cdot 1{,}1 + 503.400$$
$$= 1.040.272{,}60$$

$$\rightarrow r_B = 100 \cdot \left(\sqrt[4]{\frac{1.040.272{,}60}{660.000}} - 1\right) = 100 \cdot \left(\sqrt[4]{\frac{(50.520{,}18 + 660.000)1{,}1^4}{660.000}} - 1\right) = 12{,}047 \; .$$

Werden die jährlichen Rückflüsse zu 10% bis zum Ende der Nutzungsdauer der Investition angelegt, dann verzinst sich der ursprüngliche Kapitaleinsatz von 660.000DM mit 12,047%. ♦

4.2 Initialverzinsung

Ausgangspunkt der von HAX (1985) vorgeschlagenen Initialverzinsung ist eine Zahlungsreihe, die mit einer Investitionsauszahlung beginnt. Die nachfolgenden Einzahlungsüberschüsse werden mit dem Kalkulationszinsfuß p auf den Zeitpunkt t=1 diskontiert. Der Barwert der Einzahlungsüberschüsse zum Zeitpunkt t=1 lautet:

$$K_1 = c_1 + \frac{c_2}{q^1} + \frac{c_3}{q^2} + \ldots + \frac{c_n}{q^{n-1}}$$

$$= \sum_{t=1}^{n} \frac{c_t}{q^{t-1}} \; .$$

Die Initialverzinsung r_I ist der Zinsfuß, für den gilt

$$K_1 = I_0 \left(1 + \frac{r_I}{100}\right)$$

bzw.

$$\boxed{r_I = 100 \left(\frac{K_1}{I_0} - 1\right)} \; .$$

Die Initialverzinsung gibt die Verzinsung des in der ersten Periode eingesetzten Kapitals unter der Voraussetzung an, daß das in späteren Perioden noch gebundene Kapital eine Verzinsung in Höhe des Kalkulationszinsfußes erbringt (vgl. HAX (1985), S. 25).

Zwischen Baldwin-Verzinsung und Initialverzinsung besteht folgende Beziehung:
- Baldwin-Verzinsung:

$$\left(1 + \frac{r_B}{100}\right)^n = \frac{c_1 \cdot q^{n-1} + c_2 \cdot q^{n-2} + \ldots + c_{n-1} \cdot q + c_n}{I_0} \; .$$

- Initialverzinsung:

$$\left(1 + \frac{r_I}{100}\right) = \frac{c_1 + \frac{c_2}{q} + \frac{c_3}{q^2} + \ldots + \frac{c_n}{q^{n-1}}}{I_0}$$

$$= \frac{1}{q^{n-1}} \cdot \frac{c_1 \cdot q^{n-1} + c_2 \cdot q^{n-2} + \ldots + c_{n-1} \cdot q + c_n}{I_0}$$

$$= \frac{1}{q^{n-1}} \left(1 + \frac{r_B}{100}\right)^n \; .$$

Daraus folgt

$$\left(1 + \frac{r_I}{100}\right)\left(1 + \frac{p}{100}\right)^{n-1} = \left(1 + \frac{r_B}{100}\right)^n$$

bzw.

$$\boxed{r_I = 100 \left(\frac{\left(1 + \frac{r_B}{100}\right)^n}{\left(1 + \frac{p}{100}\right)^{n-1}} - 1\right)} \; .$$

Daher gilt

$$\begin{array}{|l|} r_I > p \leftrightarrow C_0 > 0 \\ r_I = p \leftrightarrow C_0 = 0 \\ r_I < p \leftrightarrow C_0 < 0 \end{array}$$

♦ **Beispiel:**

Berechnen Sie die Initialverzinsung für die Reisebusinvestition.

Lösung:

i)
$$K_1 = 124.600 + \frac{149.000}{1{,}1} + \frac{173.400}{1{,}1^2} + \frac{503.400}{1{,}1^3}$$

$$= 781.572{,}20$$

$$\to r_I = 100\left(\frac{781.572{,}20}{660.000} - 1\right) = 18{,}42$$

ii)
$$r_I = 100\left(\frac{1{,}12047^4}{1{,}1^3} - 1\right) = 18{,}42$$

iii)
$$660.000\left(1 + \frac{r_I}{100}\right)1{,}1^3 = 1.040.272{,}60$$

$$\to r_I = 18{,}42 \, . \qquad ♦$$

C. BEURTEILUNG EINANDER AUSSCHLIESSENDER INVESTITIONSPROJEKTE

1. INTERNE ZINSFUSS- ODER KAPITALWERTMETHODE?

Bisher wurden nur Entscheidungen bezüglich eines Projektes getroffen. Die Frage war, ob das Projekt durchgeführt werden sollte oder nicht (Ja-nein-Entscheidung). Alle Kennzahlen zur Beurteilung der Vorteilhaftigkeit einer Investition führten zum selben Ergebnis. Im folgenden geht es um Projekte, die sich gegenseitig ausschließen. Beispielsweise kann ein Investor nicht gleichzeitig ein Bürohaus und ein Mietshaus auf dem gleichen Grundstück errichten.

Ein weiteres Beispiel für einander ausschließende Projekte ist die Alternative Kauf oder Leasing derselben Maschine. Hierbei handelt es sich um eine Entweder-oder-Entscheidung. An Fälle, bei denen sich die Projekte aus finanziellen Gründen gegenseitig ausschließen, ist hier nicht gedacht, da angenommen wird, daß Kapital in genügendem Umfang zur Verfügung steht. Die Diskussion wird sich zunächst auf Investitionen mit konventionellen Zahlungsreihen beschränken. Man wird zeigen, daß die Anwendungen der internen Zinsfußmethode zu falschen Entscheidungen führen kann.

♦ **Beispiel:**

Zwei Projekte C und D mit folgenden Zahlungen stehen zur Auswahl. Welches der beiden Projekte soll durchgeführt werden, falls der Kalkulationszinsfuß 10% beträgt?

t	0	1
Projekt C	-10.000	13.000
Projekt D	-10.000	15.000

Lösung:

Kapitalwerte und interne Zinsfüße sind für dieses Beispiel leicht zu berechnen. Man erhält:

	Kapitalwert	int. Zinsfuß
Projekt C	1.818,18	30%
Projekt D	3.636,36	50%

♦

Den Verlauf der beiden Kapitalwertfunktionen zeigt Abbildung 1.

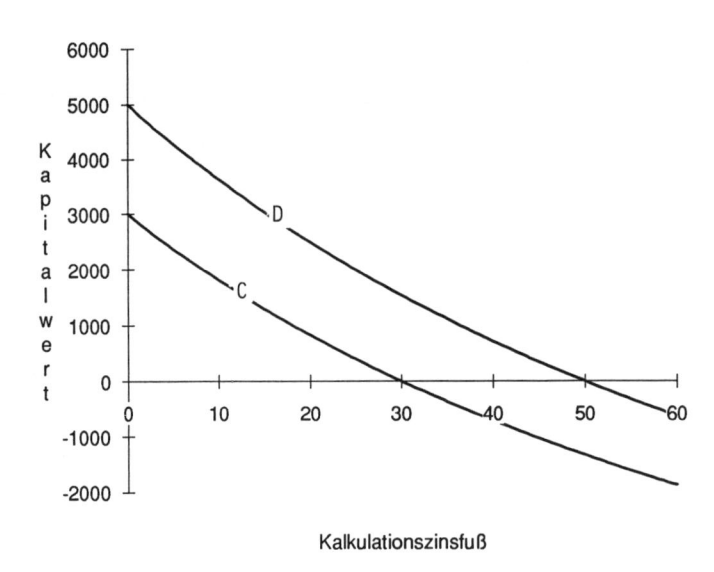

Abb. 1: Kapitalwertfunktionen von C und D

Sowohl Kapitalwert als auch interner Zinsfuß zeigen, daß die Investition D vorteilhafter ist. Man hätte die Überlegenheit von D auch ohne Investitionsrechnung erkennen können, da die Investionsauszahlungen beider Projekte gleich hoch, die Einzahlungen aber unterschiedlich hoch sind. Nicht mehr ganz so eindeutig ist die Vorteilhaftigkeit eines Projektes im nächsten Beispiel zu identifizieren.

♦ **Beispiel:**

Zwei Projekte A und B stehen zur Auswahl. Der Kalkulationszinsfuß ist 8%. Für welches der Projekte soll man sich entscheiden?

1. Interne Zinsfuß- oder Kapitalwertmethode?

t	0	1
Projekt A	-10.000	13.000
Projekt B	-20.000	24.000

Lösung:

	Kapitalwert	int. Zinsfuß
Projekt A	2.037,04	30%
Projekt B	2.222,22	20%

♦

Könnte man beide Projekte durchführen, so wären beide vorteilhaft. Die Kapitalwerte sind positiv und die internen Zinsfüße sind größer als der Kalkulationszinsfuß.

Da es sich aber um einander ausschließende Projekte handeln soll, kann nur ein Projekt, entweder A oder B, gewählt werden. Nimmt man als Grundlage die Kapitalwertmethode, dann ist es B, nimmt man dagegen als Grundlage die interne Zinsfußmethode, dann ist es A. Kapitalwertmethode und interne Zinsfußmethode führen hier zu verschiedenen Reihenfolgen der Vorteilhaftigkeit einer Investition. Zeichnet man die beiden Kapitalwertfunktionen, so sieht man, daß sich die beiden Kurven beim sogenannten kritischen Zinsfuß p_{krit} schneiden.

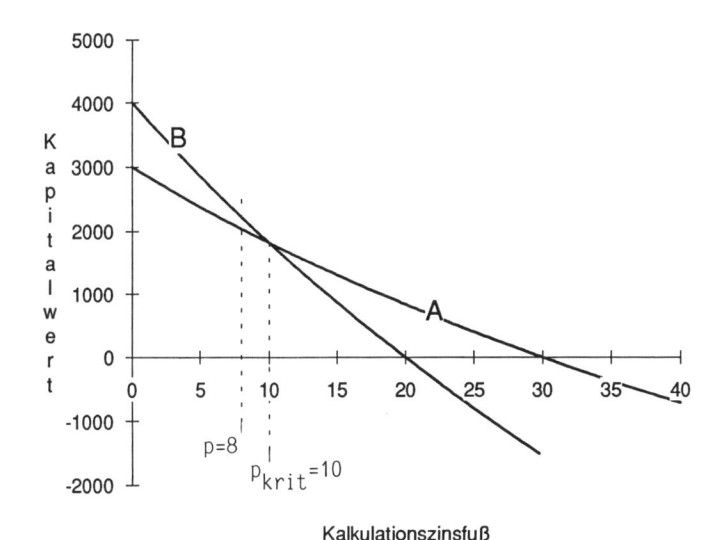

Abb. 2: Kapitalwertfunktionen von A und B

Da beim kritischen Zinsfuß p_{krit} die beiden Kapitalwerte gleich hoch sein müssen, berechnet sich p_{krit} im vorliegenden Fall aus

$$-10.000 + \frac{13.000}{q_{krit}} = -20.000 + \frac{24.000}{q_{krit}}$$

bzw. $\quad q_{krit} = 1,1 \quad$ oder $\quad p_{krit} = 10$.

Schneiden sich Kapitalwertfunktionen im positiven Quadranten des Diagramms, so führen Kapitalwertmethode und interne Zinsfußmethode bei Kalkulationszinsfüßen, die kleiner als der kritische Zinsfuß sind, zu verschiedenen Reihenfolgen der Bewertung.

Welche Alternative sollte der Investor bei einem Kalkulationszinsfuß von 8% vorziehen?

Da der Kapitalwert den Vermögenszuwachs bei der Durchführung des Investitionsprojektes zum Zeitpunkt Null angibt, ist die Alternative, die den höchsten Vermögenszuwachs bzw. Kapitalwert erbringt, auszuwählen. Bis zum kritischen Zinsfuß muß der rationale Investor die Alternative B und ab dem kritischen Zinsfuß die Alternative A wählen, wie folgende Vergleichsrechnung verdeutlicht.

	A	B
Investitionsauszahlung	10.000	20.000
Anlage zum Kalkulationszinsfuß	10.000	---
Insgesamt	20.000	20.000
$p = 8$		
Einzahlungsüberschuß	13.000	24.000
Endwert der Anlage zum Kalkulationszinsfuß	10.000 · 1,08	---
Vermögensendwert	23.800	24.000
Vermögensendwert der Basisalternative	20.000 · 1,08	20.000 · 1,08
Differenz	2.200	2.400
Kapitalwert	$\frac{2.200}{1,08} = 2.037,04$	$\frac{2.400}{1,08} = \boxed{2.222,22}$

Fortsetzung

	A	B
p = 10		
Einzahlungsüberschuß	13.000	24.000
Endwert der Anlage zum Kalkulationszinsfuß	10.000 · 1,1	---
Vermögensendwert	24.000	24.000
Vermögensendwert der Basisalternative	20.000 · 1,1	20.000 · 1,1
Differenz	2.000	2.000
Kapitalwert	$\frac{2.000}{1,1} = 1.818,18$	$\frac{2.000}{1,1} = 1.818,18$
p = 12		
Einzahlungsüberschuß	13.000	24.000
Endwert der Anlage zum Kalkulationszinsfuß	10.000 · 1,12	---
Vermögensendwert	24.200	24.000
Vermögensendwert der Basisalternative	20.000 · 1,12	20.000 · 1,12
Differenz	1.800	1.600
Kapitalwert	$\frac{1.800}{1,12} = \boxed{1.607,14}$	$\frac{1.600}{1,12} = 1.428,57$

Bei kleinem Kalkulationszinsfuß p ist A ungünstiger, weil nur die Hälfte der gesamten Anlagesumme zum hohen internen Zinsfuß r angelegt werden kann. Der Rest, nämlich 10.000 DM, wird mit dem niedrigen Kalkulationszinsfuß p verzinst.

Die obigen Berechnungen zeigen deutlich, daß der Investor bei der Auswahl von einander ausschließenden Investitionen die Kapitalwertmethode als Grundlage für Investitionsentscheidungen wählen muß, damit immer gewährleistet wird, daß der höchste Vermögenszuwachs erzielt wird. Die Anwendung der internen Zinsfußmethode kann zu nicht-optimalen Investitionsentscheidungen führen.

2. INTERNE ZINSFUSSMETHODE UND DIFFERENZINVESTITION

Die ausschließliche Verwendung der internen Zinsfußmethode erfordert die Berechnung der Differenzinvestition, damit die optimale Investitionsentscheidung getroffen wird.

♦ **Beispiel:**

Die Differenzinvestition der Zahlungsreihe A und B soll berechnet werden.

Lösung:

t	0	1
Projekt A	-10.000	13.000
Projekt B	-20.000	24.000
Projekt (B-A)	-10.000	11.000

♦

Der Kapitalwert der Differenzinvestition entspricht der Differenz der Kapitalwerte von B und A (p=8)

$$C_{0_{(B-A)}} = C_{0_B} - C_{0_A}$$
$$= -10.000 + \frac{11.000}{1,08} = 2.222 - 2.037 = 185.$$

Nehmen wir an, der Investor plant die Durchführung der Alternative A, also die Investition mit dem größten internen Zinsfuß. Nun muß er prüfen, ob es sich lohnt, die Differenzinvestition (B-A) zusätzlich zu berücksichtigen. Ist die Antwort positiv, dann ist die Investition A + (B-A) = B zu akzeptieren, d.h., der Investor führt nicht Projekt A, sondern Projekt B durch.

Die Kapitalwertfunktion der Differenzinvestition ist in Abbildung 3 zu sehen.

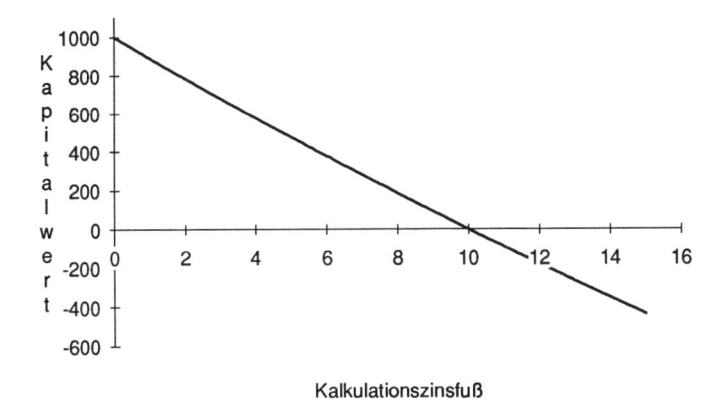

```
1000
 800
 600
 400
 200
   0
-200    0   2   4   6   8   10   12   14   16
-400
-600
```
Kapitalwert (y-axis) / Kalkulationszinsfuß (x-axis)

Abb. 3:   Kapitalwertfunktion der Differenzinvestition (B-A)

Der interne Zinsfuß der Differenzinvestition (= p_{krit}) ist 10%. Da sowohl der interne Zinsfuß von A als auch der interne Zinsfuß von (B-A) größer ist als der Kalkulationszinsfuß, wird A + (B-A) = B durchgeführt. Bei einem Kalkulationszinsfuß von 12% würde man die Differenzinvestition aufgrund ihres negativen Kapitalwertes nicht akzeptieren. Folglich würde man die Investitionsalternative A auswählen.

Bei der ausschließlichen Verwendung der internen Zinsfußmethode zur Bestimmung der Vorteilhaftigkeit von Investitionsalternativen ist der interne Zinsfuß der Differenzinvestition zu berücksichtigen. Nur wenn dieser kleiner ist als der Kalkulationszinsfuß, dann ist die Investitionsalternative mit dem größeren internen Zinsfuß vorteilhaft. Mit anderen Worten, die Investition mit dem größeren internen Zinsfuß ist nur dann vorzuziehen, wenn die Differenzinvestition sich nicht lohnt, d.h. ihr Kapitalwert negativ ist. Der relevante Zinsfuß für die Wahl zwischen A und B ist nicht r_A oder r_B, sondern $r_{(B-A)}$ (vgl. NORSTRÖM (1990), S. 111). B ist gegenüber A vorteilhaft, wenn p < 10, A ist auszuwählen, falls 10<p≤30. Bei einem Kalkulationszinsfuß von 10% sind beide Investitionen gleichwertig.

♦ Beispiel:

Ein Unternehmen hat die Wahl zwischen den Investitionen E und F. Welches Projekt ist bei einem Kalkulationszinsfuß von 30% auszuwählen?

t	0	1	2
Projekt E	-10.000	0	22.500
Projekt F	-10.000	8.000	12.800

Lösung:

Zur Ermittlung der internen Zinsfüße müssen folgende quadratische Gleichungen gelöst werden:

$$10.000 = \frac{22.500}{q^2}$$

und

$$10.000 = \frac{8.000}{q} + \frac{12.800}{q^2}.$$

Als Ergebnis erhält man:

	Kapitalwert	int. Zinsfuß
Projekt E	3.313,61	50%
Projekt F	3.727,81	60%

F ist dann zu wählen, wenn $r_{E-F} < 30$ ist.

t	0	1	2
Projekt E-F	0	-8.000	9.700

Aus

$$C_0 = 0 = -\frac{8.000}{q} + \frac{9.700}{q^2}$$

folgt

$$r_{E-F} = 21{,}25 \ .$$

Da $r_{E-F}<p$ ist, wird Investition F gewählt.

Zum selben Ergebnis gelangt man, wenn man die beiden Kapitalwerte vergleicht, die $C_{0_E}=3.313{,}61$ und $C_{0_F}=3.727{,}81$ ergeben. ♦

Den Zusammenhang zwischen den Investitionen E, F und (E-F) verdeutlicht Abbildung 4.

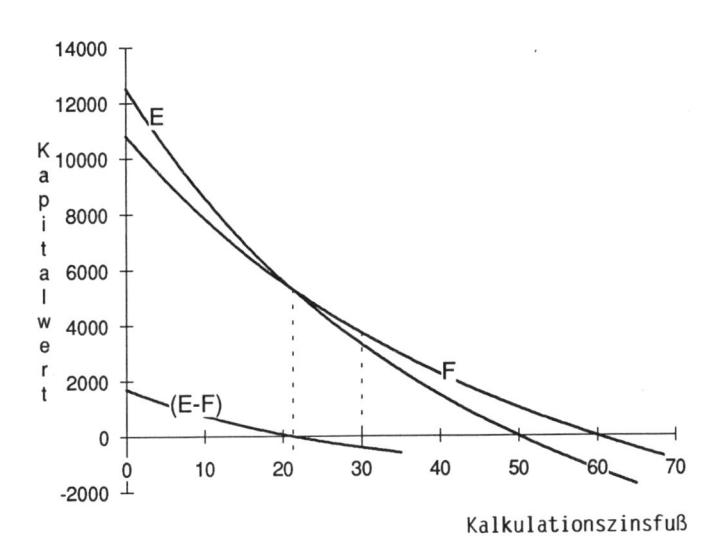

Abb. 4:   Kapitalwertfunktionen von E, F und (E-F)

Folgende Vergleichsrechnung zeigt den Grund für den Wechsel der Vorteilhaftigkeit.

	E	F
$\boxed{p = 10}$		
Vermögensendwert	22.500	12.800+8.000·1,1 = 21.600
Vermögensendwert der Basisalternative	10.000 · 1,1²	10.000 · 1,1²
Differenz	10.400	9.500
Kapitalwert	$\frac{10.400}{1,1^2} = \boxed{8.595,04}$	$\frac{9.500}{1,1^2} = 7.851,24$
$\boxed{p = 30}$		
Vermögensendwert	22.500	12.800+8.000·1,3 = 23.200
Vermögensendwert der Basisalternative	10.000 · 1,3²	10.000 · 1,3²
Differenz	5.600	6.300
Kapitalwert	$\frac{5.600}{1,3^2} = 3.313,1$	$\frac{6.300}{1,3^2} = \boxed{3.727,81}$

Bei hohem Kalkulationszinsfuß p ist die Alternative F günstiger, weil Einzahlungsüberschüsse teilweise früher anfallen, die dann zum hohen Kalkulationszinsfuß angelegt werden können.

3. IRREGULÄRE INVESTITIONEN

Bei irregulären Investitionen, d.h. bei Investitionen, bei denen das Vorzeichen der kumulierten Zahlungsreihe mehrmals wechselt, sind mehrere interne und kritische Zinsfüße möglich, wie das folgende Beispiel zeigt.

♦ Beispiel:

Welche der beiden Investitionsalternativen sollte man bei einem Kalkulationszinsfuß von 20% wählen? (Dieses Beispiel ist dem Buch von LEVARY/SEITZ (1990), S. 31, entnommen.)

t	0	1	2
Projekt G	-1.000	2.600	-1.650
Projekt H	1.000	-2.600	1.650

Lösung:

Der Verlauf der beiden Kapitalwertfunktionen ist der Abbildung 5 zu entnehmen.

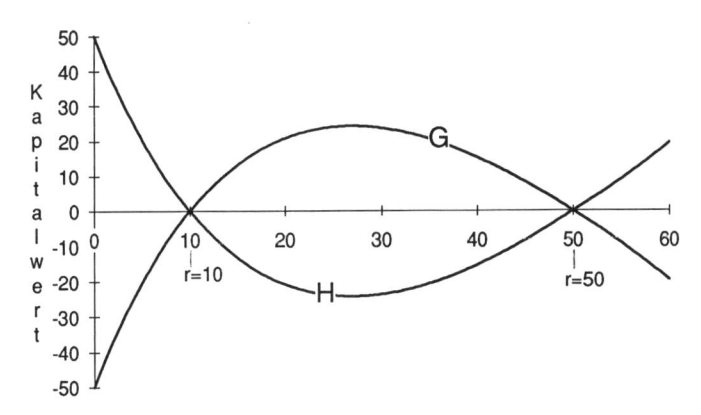

Abb. 5: Kapitalwertfunktionen von G und H

Die interne Zinsfußmethode liefert keine eindeutigen Ergebnisse. Es gibt zwei interne Zinsfüße $r_1=10$ und $r_2=50$. Ebenso existieren zwei kritische Zinsfüße, die mit den internen Zinsfüßen identisch sind. Zur Beurteilung der Vorteilhaftigkeit der beiden Investitionen eignet sich nur die Kapitalwertmethode. Bei einem Kalkulationszinsfuß von 20% ist die Investition G der Investition H vorzuziehen. Der Leser überzeuge sich, daß die Differenzinvestitionen (G-H) bzw. (H-G) ebenfalls zwei interne Zinsfüße bei $r_1=10$ und $r_2=50$ haben. ♦

Auch im nächsten Beispiel würde die Anwendung der internen Zinsfußmethode zu keinen Resultaten führen, da die Kapitalwertfunktion der Differenzinvestition einen irregulären Verlauf aufweist. Nur mit Hilfe der Kapitalwertmethode können bei irregulären Investitionen die richtigen Entscheidungen getroffen werden.

♦ **Beispiel:**

Ein Investor habe die Wahl zwischen folgenden beiden Investitionen. Welche Investition ist bei einem Kalkulationszinsfuß von 20% vorzuziehen?

t	0	1	2
Projekt I	-1.000	2.600	-1.550
Projekt H	1.000	-2.600	1.650
Projekt (H-I)	2.000	-5.200	3.200

Lösung:

Die Abbildung 6 zeigt den Verlauf der Kapitalwertfunktionen.

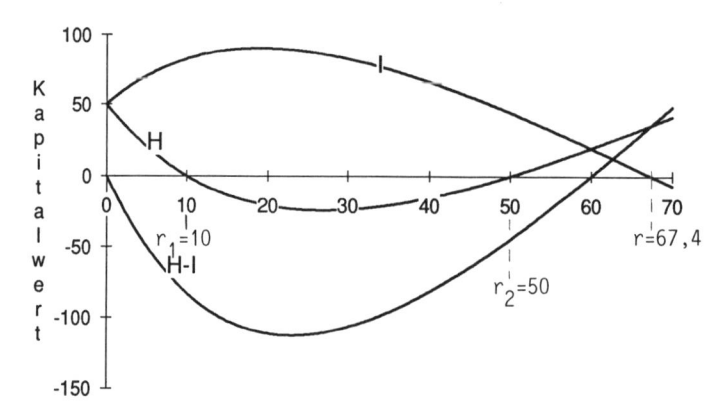

Kapitalwert

Kalkulationszinsfuß

Abb. 6: Kapitalwertfunktionen von I, H und (H-I)

Bei einem Kalkulationszinsfuß von 20% ist Alternative I vorteilhafter, da sie einen positiven Kapitalwert besitzt. ♦

4. INVESTITIONSOBJEKTE MIT UNTERSCHIEDLICHER LEBENSDAUER

Bei der Auswahl von Investitionsobjekten mit unterschiedlicher Lebensdauer ist zu prüfen, ob die Investitionen wiederholbar sind.

♦ **Beispiel:**

Zwei Investitionsalternativen A und B stehen zur Auswahl. Welche Alternative soll bei einem Kalkulationszinsfuß von 10% gewählt werden?

t	0	1	2	3	4
Projekt A	-10.000	0	0	0	20.736
Projekt B	-10.000	6.500	8.450	0	0

Lösung:

Man erhält bei einer einmaligen Durchführung:

	Kapitalwert	int. Zinsfuß
Projekt A	4.162,97	20%
Projekt B	2.892,56	30%

Die Investition A ist bei p=10 nur dann vorteilhafter, wenn nicht nach zwei Jahren erneut in B investiert werden kann. Beispielsweise könnte der Weiterbetrieb der Anlage B bis zum Ende des vierten Jahres notwendig sein, weil vertragliche Verpflichtungen bestehen. Kann jedoch nach Ablauf des zweiten Jahres die Investition B erneut getätigt werden, dann ergeben sich folgende Zahlungsreihen:

t	0	1	2	3	4
Projekt B: Ursprüngliche Investition	-10.000	6.500	8.450		
Projekt B: Nachfolge-Investition			-10.000	6.500	8.450
Projekt B*: Insgesamt	-10.000	6.500	-1.550	6.500	8.450

Kapitalwerte und interne Zinsfüße berechnen sich zu:

	Kapitalwert	int. Zinsfuß
Projekt A	4.162,97	20%
Projekt B*	5.283,11	30%

Ist also eine Wiederholbarkeit möglich, so ist die Alternative B bzw. B* der Alternative A vorzuziehen. ♦

Die Berechnung der Kapitalwerte nach obigem Beispiel erweist sich in vielen Fällen als zu mühsam, da u.U. Reinvestitionen für lange Perioden betrachtet werden müssen, damit die Projekte zum gleichen Zeitpunkt enden. Daher berechnet man die äquivalente Annuität. Werden zwei Alternativen anhand ihrer Annuität verglichen, so ist dies nur dann sinnvoll, wenn sie entweder dieselbe Laufzeit haben, oder wenn beide Alternativen (theoretisch) unendlich oft wiederholbar bzw. so oft wiederholbar sind, daß sie zu einem Zeitpunkt enden.

♦ **Beispiel:**

Soll Alternative C (Nutzungsdauer 7 Jahre) oder Alternative D (Nutzungsdauer 9 Jahre) bei einem Kalkulationszinsfuß von 15% gewählt werden? Nach Ablauf der Nutzungsdauer werden die Investitionen wiederholt.

	0	1	2	3	4	5	6	7	8	9
Projekt C	-1.000	300	300	300	300	300	300	300		
Projekt D	-1.650	400	400	400	400	400	400	400	400	400

Lösung:

Es müßten Reinvestitionen für eine Periode von 63 Jahren betrachtet werden, damit die Projekte zum gleichen Zeitpunkt enden. Einfacher gestaltet sich die Lösung mit Hilfe der äquivalenten Annuität

$$a = c - I_0 q^n \frac{q-1}{q^n-1} = C_0 q^n \frac{q-1}{q^n-1}.$$

	Äquivalente Annuität	Kapitalwert
Projekt C	300 - 240,36 = 59,64	248,13 (n = 7)
Projekt D	400 - 345,80 = 54,20	258,63 (n = 9)

Sind unendlich oft, bzw. für einen Zeitraum von 63 Jahren, Reinvestitionen unter den gleichen Bedingungen möglich, dann ist Investition C der Investition D vorzuziehen, da die Annuität von C größer ist als die von D. Wird jedoch nur einmal, d.h. 7 bzw. 9 Jahre investiert, dann ist D wegen des höheren Kapitalwertes vorteilhafter. Bei einer hypothetischen Laufzeit von 63 Jahren würden die Kapitalwerte

$$C_{0C} = 59{,}64/AF_{15}^{63\,J.} = \frac{59{,}64}{0{,}1500} = 397{,}6 \quad \text{und} \quad C_{0D} = 54{,}20/AF_{15}^{63\,J.} = \frac{54{,}20}{0{,}1500} = 361{,}33$$

betragen. ♦

5. OPTIMALE NUTZUNGSDAUER

Der folgende Abschnitt behandelt die Optimierung der Nutzungsdauer von Investitionsprojekten, also die Festlegung optimaler Zeitpunkte für Investition und Desinvestition. Von der technisch höchstmöglichen Nutzungsdauer ist die wirtschaftlich optimale Nutzungsdauer zu unterscheiden, die in der Regel kleiner als die technisch höchstmögliche ist. Die wirtschaftliche Nutzungsdauer hängt von der Entwicklung der Zahlungsströme ab.

♦ **Beispiel:**

Alternative A: Eine Maschine, die 12.000 DM kostet und eine technische Nutzungsdauer von 6 Jahren aufweist, führt jährlich zu einem Einzahlungsüberschuß von 4.000 DM. Der Restverkaufserlös der Maschine hängt vom Zeitpunkt des Verkaufs ab und ist wie folgt verteilt:

Jahr	1	2	3	4	5	6
Restverkaufserlös	10.000	8.000	6.000	4.000	2.000	-1.000

Negative Restverkaufserlöse können als Folge von Abbruchkosten auftreten. Nach Ablauf der Investition wird keine Ersatzinvestition durchgeführt. Bestimmen Sie die optimale Nutzungsdauer für einen Kalkulationszinsfuß von 10%.

Lösung:

Zu bestimmen sind die Kapitalwerte

$$C_0(\tau) = -I_0 + \sum_{t=1}^{\tau} \frac{c_t}{q^t} + \frac{R_\tau}{q^\tau}$$

für $\tau=1,2,...,n$.

Optimal ist die Alternative mit dem höchsten Kapitalwert.

Es sind

$\tau=1$: $C_0(1) = -12.000 + \dfrac{4.000+10.000}{1,1}$ $= 727,27$

$\tau=2$: $C_0(2) = -12.000 + \dfrac{4.000}{1,1} + \dfrac{4.000+8.000}{1,1^2}$ $= 1.553,72$

$\tau=3$: $C_0(3) = -12.000 + \dfrac{4.000}{1,1} + \dfrac{4.000}{1,1^2} + \dfrac{4.000+6.000}{1,1^3}$ $= 2.455,30$

$\tau=4$: $C_0(4) = -12.000 + \dfrac{4.000}{1,1} + \dfrac{4.000}{1,1^2} + \dfrac{4.000}{1,1^3} + \dfrac{4.000+4.000}{1,1^4}$ $= 3.411,52$

$\tau=5$: $C_0(5) = -12.000 + \dfrac{4.000}{1,1} + \dfrac{4.000}{1,1^2} + \dfrac{4.000}{1,1^3} + \dfrac{4.000}{1,1^4} + \dfrac{4.000+2.000}{1,1^5}$ $= 4.404,99$

$\tau=6$: $C_0(6) = -12.000 + \dfrac{4.000}{1,1} + \dfrac{4.000}{1,1^2} + \dfrac{4.000}{1,1^3} + \dfrac{4.000}{1,1^4} + \dfrac{4.000}{1,1^5} + \dfrac{4.000-1.000}{1,1^6} = 4.856,57$

♦

Bei diesem Beispiel stimmt die wirtschaftlich optimale Nutzungsdauer mit der technischen Nutzungsdauer überein. Sie beträgt 6 Jahre. Sinken dagegen die Einzahlungsüberschüsse, weil ein Ansteigen der Instandhaltungs- und Reparaturkosten oder ein Sinken der Einzahlungen aufgrund zurückgehender Absatzpreise oder Absatzmengen zu beobachten ist, kann die wirtschaftlich optimale Nutzungsdauer durchaus unter der technischen Nutzungsdauer liegen.

♦ **Beispiel:**

Alternative B: Die Einzahlungsüberschüsse aus dem vorigen Beispiel sollen nach 4.000 zum Zeitpunkt t=1 in jedem Folgejahr um 500 sinken. Wie hoch ist jetzt die wirtschaftlich optimale Nutzungsdauer?

Lösung:

Wieder sind die Kapitalwerte $C_0(\tau)$ zu berechnen.

$\tau=1$: $C_0(1) = -12.000 + \dfrac{4.000+10.000}{1,1}$ = 727,27

$\tau=2$: $C_0(2) = -12.000 + \dfrac{4.000}{1,1} + \dfrac{3.500+8.000}{1,1^2}$ = 1.140,50

$\tau=3$: $C_0(3) = -12.000 + \dfrac{4.000}{1,1} + \dfrac{3.500}{1,1^2} + \dfrac{3.000+6.000}{1,1^3}$ = $\boxed{1.290,76}$

$\tau=4$: $C_0(4) = -12.000 + \dfrac{4.000}{1,1} + \dfrac{3.500}{1,1^2} + \dfrac{3.000}{1,1^3} + \dfrac{2.500+4.000}{1,1^4}$ = 1.222,46

$\tau=5$: $C_0(5) = -12.000 + \dfrac{4.000}{1,1} + \dfrac{3.500}{1,1^2} + \dfrac{3.000}{1,1^3} + \dfrac{2.500}{1,1^4} + \dfrac{2.000+2.000}{1,1^5}$ = 974,09

$\tau=6$: $C_0(6) = -12.000 + \dfrac{4.000}{1,1} + \dfrac{3.500}{1,1^2} + \dfrac{3.000}{1,1^3} + \dfrac{2.500}{1,1^4} + \dfrac{2.000}{1,1^5} + \dfrac{1.500-1.000}{1,1^6}$ = 14,49

Optimal ist hier eine Nutzungsdauer von 3 Jahren. ♦

Nun wird der Fall betrachtet, daß die vorhandene Anlage unendlich oft durch eine neue ersetzt werden kann. Von technologischen Veränderungen wird abgesehen. Ein- und Auszahlungsströme der Ersatzanlage sollen im Zeitablauf konstant bleiben.

Die Ergebnisse der optimalen Nutzungsdauer bei einmaliger Durchführung können in diesem Fall nicht angewendet werden, da die verschiedenen Alternativen τ unterschiedliche Lebensdauern haben. Beispielsweise liefert die Alternative $\tau=6$ (Alternative A) einen Kapitalwert von 4.856,57 DM, während die Alternative $\tau=2$ nur einen Kapitalwert von 1.553,72 DM ergibt. Beim Vergleich der Kapitalwerte muß berücksichtigt werden, daß die Alternative $\tau=2$ nach Ablauf des zweiten Jahres erneut getätigt werden kann. Innerhalb der Lebensdauer von $\tau=6$ kann sie dreimal wiederholt werden. Um die verschiedenen Ersatzpolitiken vergleichen zu können, müssen die Investitionsalternativen auf einen gleichen Zeitraum bezogen werden. Der einfachste Fall ist der einer beliebig oft oder unendlich oft möglichen Wiederholbarkeit.

Wird bei Alternative A jeweils nach einem Jahr die alte durch eine neue Maschine ersetzt, so erhält man als Kapitalwert

$$C_{0W}(1) = C_0(1) + \frac{C_0(1)}{q} + \frac{C_0(1)}{q^2} + \frac{C_0(1)}{q^3} + \ldots$$

$$= C_0(1) \underbrace{\left(1 + \frac{1}{q} + \frac{1}{q^2} + \frac{1}{q^3} + \ldots\right)}_{\text{unendliche geometrische Reihe}}$$

$$= C_0(1) \frac{q}{q-1}$$

$$= 727{,}27 \frac{1{,}1}{0{,}1} = 7.999{,}97 \;. \qquad \blacklozenge$$

Bei einer zweijährlichen Ersatzpolitik wird als Kapitalwert

$$C_{0W}(2) = C_0(2) + \frac{C_0(2)}{q^2} + \frac{C_0(2)}{q^4} + \frac{C_0(2)}{q^6} + \ldots$$

$$= C_0(2) \underbrace{\left(1 + \frac{1}{q^2} + \frac{1}{q^4} + \frac{1}{q^6} + \ldots\right)}_{\text{unendliche geometrische Reihe}}$$

$$= C_0(2) \frac{q^2}{q^2-1}$$

$$= 1.553{,}72 \frac{1{,}1^2}{1{,}1^2-1} = 8.952{,}39 \qquad \blacklozenge$$

berechnet. Allgemein gilt

$$C_{0W}(\tau) = C_0(\tau) + \frac{C_0(\tau)}{q^\tau} + \frac{C_0(\tau)}{q^{2\tau}} + \frac{C_0(\tau)}{q^{3\tau}} + \frac{C_0(\tau)}{q^{4\tau}} + \ldots$$

$$C_{0W}(\tau) = C_0(\tau) \underbrace{\left(1 + \frac{1}{q^\tau} + \frac{1}{q^{2\tau}} + \frac{1}{q^{3\tau}} + \ldots\right)}_{\text{unendliche geometrische Reihe}}$$

$$\boxed{C_{0W}(\tau) = C_0(\tau) \frac{q^\tau}{q^\tau-1}} \;.$$

Die Berechnung der Kapitalwerte bei unendlicher Wiederholung führt zu folgenden Ergebnissen:

τ	Alternative A $C_{0W}(\tau)$	Alternative B $C_{0W}(\tau)$
1	7.999,97	7.999,97
2	8.952,39	6.571,45
3	9.873,12	5.190,34
4	10.762,35	3.856,50
5	11.620,25	2.569,62
6	11.151,04	33,27

5. Optimale Nutzungsdauer

Der optimale Ersatzzeitpunkt beträgt bei Alternative A 5 Jahre und bei Alternative B 1 Jahr. Somit unterscheiden sich die Ersatzzeitpunkte gegenüber dem Fall bei einmaliger Durchführung.

Der optimale Ersatzzeitpunkt läßt sich auch mittels der äquivalenten Annuität bestimmen. Formal handelt es sich bei den verschiedenen Investitionsalternativen $\tau=1,2,3,...,n$ um Investitionsobjekte mit unterschiedlicher Lebensdauer, die wiederholbar sind. Daher kann man auf die Resultate des vorigen Abschnittes zurückgreifen. Die Kapitalwerte $C_0(\tau)$ werden in äquivalente Annuitäten

$$a(\tau) = C_0(\tau)\, q^\tau \frac{q-1}{q^\tau-1}$$

umgerechnet.

Für das Beispiel (Alternative A) ergeben sich folgende Werte:

τ	$C_0(\tau)$	$C_{0W}(\tau)$	$a(\tau)$
1	727,27	7.999,97	800,00
2	1.553,72	8.952,39	895,24
3	2.455,30	9.873,12	987,31
4	3.411,52	10.762,35	1.076,23
5	4.404,99	11.620,25	1.162,03
6	4.856,57	11.151,04	1.115,10

Berücksichtigt man, daß aus

$$a(\tau) = C_0(\tau)\, q^\tau \frac{q-1}{q^\tau-1}$$

$$C_0(\tau) = a(\tau)\, \frac{1}{q^\tau} \frac{q^\tau-1}{q-1}$$

resultiert, so kann der Kapitalwert bei unendlicher Wiederholung auch wie folgt geschrieben werden:

$$C_{0W}(\tau) = a(\tau)\, \frac{1}{q^\tau} \frac{q^\tau-1}{q-1} \left(\frac{q^\tau}{q^\tau-1}\right)$$

bzw.

$$C_{0W}(\tau) = \frac{a(\tau)}{q-1}\,.$$

Der Kapitalwert bei unendlicher Wiederholung entspricht also dem Barwert einer ewigen Rente in Höhe der Annuität, die sich aus dem Kapitalwert $C_0(\tau)$ berechnet.

♦ **Beispiel:**

Eine Maschine kostet neu 14.000 DM. Die Restverkaufserlöse und die laufenden Betriebskosten sind der folgenden Tabelle zu entnehmen. Der Preis für gebrauchte Maschinen auf dem Markt entspreche dem Restverkaufserlös. Der Kalkulationszinsfuß beträgt 15%.

a) Bestimmen Sie die optimale Nutzungsdauer für neue Maschinen bei unendlicher Wiederholbarkeit.

b) Sollen aus Rentabilitätsgründen neue oder gebrauchte Maschinen gekauft werden? Welches Alter ist bei den gebrauchten Maschinen optimal, und wie lange sollen diese Maschinen genutzt werden?

Jahr	Restverkaufserlös	lfd. Betriebskosten (Auszahlungen)
1	10.000	2.300
2	8.500	2.900
3	7.100	3.800
4	5.000	5.200
5	700 (Schrottpreis)	6.000

Lösung:

a) $C_0(1) = -14.000 - \frac{2.300}{1,15} + \frac{10.000}{1,15}$ = -7.304,35

$C_0(2) = -14.000 - \frac{2.300}{1,15} - \frac{2.900}{1,15^2} + \frac{8.500}{1,15^2}$ = -11.765,60

$C_0(3) = -14.000 - \frac{2.300}{1,15} - \frac{2.900}{1,15^2} - \frac{3.800}{1,15^3} + \frac{7.100}{1,15^3}$ = -16.023,01

$C_0(4) = -14.000 - \frac{2.300}{1,15} - \frac{2.900}{1,15^2} - \frac{3.800}{1,15^3} - \frac{5.200}{1,15^4} + \frac{5.000}{1,15^4}$ = -20.805,73

$C_0(5) = -14.000 - \frac{2.300}{1,15} - \frac{2.900}{1,15^2} - \frac{3.800}{1,15^3} - \frac{5.200}{1,15^4} - \frac{6.000}{1,15^5} + \frac{700}{1,15^5}$ = -26.299,53

$a(1) = -8.400,00$

$a(2) = -7.237,21$

$\boxed{a(3) = -7.017,71}$

$a(4) = -7.287,53$

$a(5) = -7.845,56$

Die optimale Nutzungsdauer ist bei den neuen Maschinen 3 Jahre.

b)
1. Kauf von Maschinen, die ein Jahr alt sind (kein Unterschied zwischen Kauf- und Verkaufspreis von gebrauchten Maschinen) - Kaufpreis: 10.000 DM

Jahr	Restverkaufserlös	lfd. Betriebskosten (Auszahlungen)
1	8.500	2.900
2	7.100	3.800
3	5.000	5.200
4	700	6.000

Lösung:

$$C_0(1) = -10.000 - \frac{2.900}{1,15} + \frac{8.500}{1,15} = -5.130,43$$

$$C_0(2) = -10.000 - \frac{2.900}{1,15} - \frac{3.800}{1,15^2} + \frac{7.100}{1,15^2} = -10.026,47$$

$$C_0(3) = -10.000 - \frac{2.900}{1,15} - \frac{3.800}{1,15^2} - \frac{5.200}{1,15^3} + \frac{5.000}{1,15^3} = -15.526,59$$

$$C_0(4) = -10.000 - \frac{2.900}{1,15} - \frac{3.800}{1,15^2} - \frac{5.200}{1,15^3} - \frac{6.000}{1,15^4} + \frac{700}{1,15^4} = -21.844,46$$

$$\boxed{a(1) = -5.900,00}$$
$$a(2) = -6.167,44$$
$$a(3) = -6.800,29$$
$$a(4) = -7.651,36$$

2. Kauf von Maschinen, die 2 Jahre alt sind - Kaufpreis: 8.500 DM

Jahr	Restverkaufserlös	lfd. Betriebskosten (Auszahlungen)
1	7.100	3.800
2	5.000	5.200
3	700	6.000

Lösung:

$$C_0(1) = -8.500 - \frac{3.800}{1,15} + \frac{7.100}{1,15} = -5.630,43$$

$$C_0(2) = -8.500 - \frac{3.800}{1,15} - \frac{5.200}{1,15^2} + \frac{5.000}{1,15^2} = -11.955,58$$

$$C_0(3) = -8.500 - \frac{3.800}{1,15} - \frac{5.200}{1,15^2} - \frac{6.000}{1,15^3} + \frac{700}{1,15^3} = -19.221,13$$

$$\boxed{a(1) = -6.475,00}$$

$$a(2) = -7.354,07$$

$$a(3) = -8.418,41$$

3. Kauf von Maschinen, die 3 Jahre alt sind - Kaufpreis: 7.100 DM

Jahr	Restverkaufs-erlös	lfd. Betriebs-kosten (Auszahlungen)
1	5.000	5.200
2	700	6.000

Lösung:

$$C_0(1) = -7.100 - \frac{5.200}{1,15} + \frac{5.000}{1,15} = -7.273,91$$

$$C_0(2) = -7.100 - \frac{5.200}{1,15} - \frac{6.000}{1,15^2} + \frac{700}{1,15^2} = -15.629,30$$

$$\boxed{a(1) = -8.365,00}$$

$$a(2) = -9.613,84$$

4. Kauf von Maschinen, die vier Jahre alt sind - Kaufpreis: 5.000 DM

Jahr	Restverkaufs-erlös	lfd. Betriebs-kosten (Auszahlungen)
1	700	6.000

Lösung:

$$C_0(1) = -5.000 - \frac{6.000}{1,15} + \frac{700}{1,15} = -9.608,70$$

$$a(1) = -11.050,00$$

Faßt man die Ergebnisse in einer Tabelle zusammen, so ergeben sich folgende Annuitäten a(τ):

τ	Neue Maschine	Gebrauchte Maschinen im Alter von ... Jahren			
		1	2	3	4
1	- 8.400,00	- 5.900,00	- 6.475,00	- 8.365,00	- 11.050,00
2	- 7.237,21	- 6.167,44	- 7.354,07	- 9.613,84	
3	- 7.017,71	- 6.800,29	- 8.418,41	---	
4	- 7.287,53	- 7.651,35	---	---	
5	- 7.845,56	---	---	---	
Ersatz nach ... Jahren	3	1	1	1	1

Die optimale Ersatzpolitik ist unter den gemachten Annahmen der Kauf von gebrauchten Maschinen im Alter von einem Jahr, die dann ein Jahr genutzt werden, bevor sie wieder veräußert werden. ♦

D. DER EINFLUSS WEITERER FAKTOREN AUF DIE INVESTITIONSENTSCHEIDUNG

1. STEUERN

1.1 Kapitalwert nach Steuern

Steuern sind als tatsächlich entstehende Auszahlungen bei der Investitionsentscheidung miteinzubeziehen. Grundsätzlich ist die Berücksichtigung aller Steuern in der Investitionsrechnung möglich; durch die vielen Details im deutschen Steuerrecht wird das Investitionskalkül dann aber sehr komplex. Außerdem ändern sich die Steuergesetze sehr schnell. Daher wird in diesem Abschnitt nicht auf Einzelheiten des deutschen Steuersystems bei der Investitionsrechnung eingegangen, sondern es wird vielmehr ein grundlegendes Schema zur Berücksichtigung der Steuern bei der Investitionsentscheidung präsentiert, das im Einzelfall leicht modifiziert und auf spezielle steuerliche Probleme übertragen werden kann.

Der Einfachheit halber wird ein konstanter Gewinn bzw. Einkommensteuersatz T angenommen, wobei $0 \leq T < 1$ ist. Steuerschulden sollen als Auszahlungen und Steuerrückerstattungen sollen als Einzahlungen unmittelbar am Ende der jeweiligen Periode ihres Entstehens wirksam werden.

Bei einer Proportionalsteuer kann T als Grenzsteuersatz interpretiert werden. Der Grenzsteuersatz gibt an, wieviel DM an Steuern zu zahlen sind, falls das Einkommen um 1 DM steigt. Steigt beispielsweise das Einkommen um 1.000 DM, so sind bei einem (konstanten) Grenzsteuersatz von 40% (T=0,4) 400 DM mehr an Steuern abzuführen. Im deutschen Steuerrecht, dem ein progressiver Tarif zugrundeliegt, ist der Grenzsteuersatz zur Zeit zwischen 0% und 53%.

Da nicht die Einzahlungsüberschüsse, sondern die Einkommen bzw. die Gewinne in den einzelnen Jahren zu versteuern sind, müssen von den Einzahlungsüberschüssen vor Steuern die Abschreibungen A_t abgezogen werden, um die Besteuerungsgrundlage zu erhalten.

♦ **Beispiel:**

Vor Steuern hat das Reisebusunternehmen folgende Einzahlungsüberschüsse ermittelt, wobei im Cash Flow des Jahres 4 der Restverkaufserlös des Busses in Höhe von 330.000 DM enthalten ist (p=10).

t	0	1	2	3	4
c_t	-660.000	124.600	149.000	173.400	503.400

Ermitteln Sie die Einzahlungsüberschüsse nach Steuern, falls jährlich eine lineare Abschreibung von 82.500 DM anfällt und der Steuersatz T=0,6 beträgt.

Lösung:

Die Einzahlungsüberschüsse nach Steuern lassen sich anhand nachfolgenden Schemas ermitteln:

Jahr	1	2	3	4	t
Einzahlungsüberschüsse vor Steuern	124.600	149.000	173.400	173.400 + 330.000*	c_t
Abschreibung	-82.500	-82.500	-82.500	-82.500	$-A_t$
Gewinn vor Steuern	42.100	66.500	90.900	90.900	$= c_t - A_t$
Steuern	-25.260	-39.900	-54.540	-54.540	$-T(c_t - A_t)$
Gewinn nach Steuern	16.840	26.600	36.360	36.360	$= (1-T)(c_t - A_t)$
Abschreibung	82.500	82.500	82.500	82.500	$+A_t$
Einzahlungsüberschüsse nach Steuern	99.340	109.100	118.860	118.860 +330.000* ⎵ 448.860	$= (1-T)(c_t - A_t) + A_t$

*Restverkaufserlös ♦

Nach der Ermittlung des Gewinnes nach Steuern werden die Abschreibungen wieder hinzugerechnet, um den Einzahlungsüberschuß nach Steuern zu erhalten. Der Restverkaufserlös von 330.000 DM unterliegt nicht der Einkommensteuer, da dieser mit dem Buchwert übereinstimmt. Er ist daher bei der Ermittlung der Einzahlungsüberschüsse nach Steuern gesondert zu betrachten. Die Einzahlungsüberschüsse nach Steuern lauten wie oben gezeigt:

$$c_t^* = (1-T)(c_t - A_t) + A_t$$
$$= (1-T) c_t + T A_t.$$

Der Einzahlungsüberschuß nach Steuern besteht aus einer Komponente TA_t, der von Einzahlungsüberschüssen vor Steuern unabhängig ist. Ist in einzelnen Jahren $c_t=0$, dann entsteht ein Verlust in Höhe A_t. Erzielt der Investor Gewinne aus anderen Projekten, dann führt der Verlust der Investition zu einer Verringerung der Steuerschuld in Höhe TA_t (= Steuersatz mal Verlust); mit anderen Worten, die Investition wird vom Finanzamt in Höhe von TA_t "subventioniert". Die Steuerersparnis TA_t führt zu einer Auszahlungsminderung.

Da die Zinserträge der Basisalternative (Kauf einer Anleihe mit einer Verzinsung vor Steuern von 10%) ebenfalls der Einkommensteuer unterliegen, reduziert sich der Kalkulationszinsfuß nach Steuern auf

$$p^* = p - Tp = (1 - T)p = (1 - 0{,}6) \cdot 10 = 4.$$

Allgemein läßt sich der Kapitalwert nach Berücksichtigung der Steuern wie folgt definieren:

$$C_0^* = -I_0 + \sum_{t=1}^{n} \frac{c_t^*}{q^{*t}}$$

bzw.

$$C_0^* = -I_0 + \sum_{t=1}^{n} \frac{(1-T)(c_t-A_t)+A_t}{q^{*t}}$$

oder

$$\boxed{C_0^* = -I_0 + \sum_{t=1}^{n} \frac{(1-T)c_t}{q^{*t}} + \sum_{t=1}^{n} \frac{TA_t}{q^{*t}}}$$

mit

T = konstanter Steuersatz

A_t = Abschreibungsbetrag in t $\left(= \dfrac{I_0}{n} = \text{konst. bei linearer Abschreibung}\right)$

q^* = $1 + \dfrac{p^*}{100} = 1 + \dfrac{(1-T)p}{100} = (1-T)q + T$

p^* = Kalkulationszinsfuß nach Steuern.

Der Kapitalwert nach Steuern setzt sich aus zwei Komponenten zusammen. Die erste Komponente enthält die vom Markt bestimmten Einzahlungsüberschüsse, die in der Realität mit Unsicherheiten behaftet sind. Die zweite Komponente ist der Barwert der Steuerersparnisse TA_t, die als sichere Einzahlungsüberschüsse gelten. Dieser Barwert kann als Subvention des Staates zur Investitionsauszahlung betrachtet werden, d.h.

$$C_0^* = \underbrace{-I_0 + \sum_{t=1}^{n} \frac{TA_t}{q^{*t}}}_{\substack{\text{Nettoauszahlung = Investitionsauszahlung}\\ \text{./. Barwert der Steuerrückerstattungen}}} + \sum_{t=1}^{n} \frac{(1-T)c_t}{q^{*t}}$$

◆ **Beispiel:**

Berechnen Sie Kapitalwert und internen Zinsfuß nach Steuern für das Reisebusbeispiel. Der Kalkulationszinsfuß vor Steuern ist 10%.

Lösung:

$$T A_t = 0{,}6 \cdot 82.500 = 49.500$$

$$C_0^* = -660.000 + \frac{99.340}{1{,}04} + \frac{109.100}{1{,}04^2} + \frac{118.860}{1{,}04^3} + \frac{448.860}{1{,}04^4}$$

$$= -660.000 + 49.500 \left(\frac{1}{1{,}04} + \frac{1}{1{,}04^2} + \frac{1}{1{,}04^3} + \frac{1}{1{,}04^4}\right)$$

$$+ \frac{49.840}{1{,}04} + \frac{59.600}{1{,}04^2} + \frac{69.360}{1{,}04^3} + \frac{69.360+330.000}{1{,}04^4}$$

$$= -660.000 + 179.679{,}81 + 506.062{,}02 = 25.741{,}83\,.$$

Der interne Zinsfuß nach Steuern beträgt etwa 5,3% (durch Probieren). ◆

1.2 Interner Zinsfuß nach Steuern und Vergleichsrendite vor Steuern

◆ **Beispiel:**

Eine Bundesanleihe mit einer Nominalverzinsung von 5,75% und mit einer Restlaufzeit von 6 Jahren wird als Investitionsalternative in Betracht gezogen. Der Kaufkurs beträgt 87,72% und der Rückzahlungskurs 100%. Die Zinseinkünfte sind zu versteuern.
Berechnen Sie die Rendite (interne Verzinsung) der Anlage vor und nach Steuern bei einem konstanten Steuersatz von   a) 50%   b) 30%.

Lösung:

1. Einzahlungsüberschuß vor Steuern

t	0	1	2	3	4	5	6
c_t	-87,72	5,75	5,75	5,75	5,75	5,75	105,75

→ Durch Probieren erhält man r=8,4 .

2. Einzahlungsüberschuß nach Steuern (T=0,5)

t	0	1	2	3	4	5	6
c_t^*	-87,72	2,875	2,875	2,875	2,875	2,875	102,875

Die Einzahlungsüberschüsse nach Steuern betragen in den Jahren 1 bis 5 2,875 (0,5·5,75); im Fälligkeitsjahr 6 ist der Einzahlungsüberschuß 102,875. Abschreibungen fallen keine an, d.h. $c_t^* = (1-T)c_t$. Der Kursgewinn zwischen Kauf- und Rückzahlungskurs ist bei festverzinslichen Wertpapieren im Privatvermögen steuerfrei, da er keinen Zinsertrag, sondern einen Verkaufserlös darstellt. Eine Ausnahme bilden lediglich Spekulationsgewinne, das sind Kursgewinne, die innerhalb der Spekulationsfrist von 6 Monaten anfallen. Bei Grundstücken beträgt diese Frist 2 Jahre.

Durch Probieren erhält man $r_{T=0,5}^* = 5,3$.

3. Einzahlungsüberschüsse nach Steuern (T=0,3)

t	0	1	2	3	4	5	6
c_t^*	-87,72	4,025	4,025	4,025	4,025	4,025	104,025

→ $r_{T=0,3}^* = 6,6$ (durch Probieren). ♦

Wie man sieht, läßt sich der interne Zinsfuß nach Steuern nicht aus der Multiplikation des internen Zinsfußes vor Steuern mit (1-T) ermitteln.
Es ist im allgemeinen

$$r^* \neq (1 - T) r ;$$
$$5,3 \neq 0,5 \cdot 8,4 .$$

Der Zinsfuß, für den gilt

$$r^* = (1 - T) p_V$$

bzw.

$$p_V = \frac{r^*}{(1-T)},$$

nennt man Vergleichsrendite vor Steuern. Sie gibt den Zinssatz vor Steuern an, den ein Investor mit einer anderen Anlage erzielen müßte, um nach Abzug von Steuern genau r^* zu erhalten.

Für das Beispiel erhält man:

	T=0,5	T=0,3	T=0
Vergleichsrendite vor Steuern	10,6	9,43	8,4
Interner Zinsfuß nach Steuern	5,3	6,6	8,4

Die Vergleichsrendite vor Steuern dient dem Vergleich verschiedener Anlagen mit unterschiedlicher Besteuerung. Der Investor mit einem Steuersatz von T=0,5 müßte beispielsweise bei den Alternativen Kauf eines Sparbriefes oder Anlage von Festgeld (vgl. Fall 6, Übersicht 1, S. 40) einen Jahreszinssatz von 10,6% vor Steuern erzielen, damit er nicht schlechter gestellt ist als beim Kauf der Bundesanleihe. Die Vergleichsrendite p_V ist abhängig vom Steuersatz und daher eine rein hypothetische Rendite vor Steuern. Letztlich und endlich ist bei Steuerehrlichkeit nur die Rendite nach Steuern entscheidend.

♦ **Beispiel:**

Berlin-Darlehen (§ 16 Berlin FG)[6]

Bei den Berlin-Darlehen handelt es sich um festverzinsliche Tilgungsdarlehen, d.h., der gewährte Darlehensbetrag wird während der Laufzeit des Darlehens in gleich hohen Raten getilgt. Zusätzlich werden halbjährlich Zinsen ausbezahlt. Die Zinsen sind niedrig. Die Berlin-Darlehen werden durch die Einbeziehung von Steuervergünstigungen attraktiv. Für das Jahr, in welchem das Darlehen gewährt wird, ermäßigt sich die Einkommensteuerschuld um 12% der Darlehenssumme, wobei die Steuerschuld maximal um 50% gekürzt werden kann.

Ein Investor überlegt sich, ob er ein Berlin-Darlehen über 10.000 DM gewähren soll.
Seine Steuerschuld ist größer als 2.400 DM.

     Laufzeit: 8 Jahre

     Verzinsung: 4% jährlich (der Einfachheit halber wird eine jährliche Verzinsung unterstellt, obwohl beim Berlin-Darlehen die Verzinsungsperiode eigentlich halbjährlich ist)

     Tilgung: 2.000 DM jährlich nach 3 tilgungsfreien Jahren.

Ermitteln Sie die Vergleichsrenditen vor Steuern für T=0,2; T=0,3 und T=0,5. Es wird hier unterstellt, daß die Kürzung der Steuerschuld sofort als Auszahlungsminderung wirksam wird. Die Zinseinkünfte sind zu versteuern.

Lösung:

Auszahlung in t=0: 10.000 - 0,12 · 10.000 = 8.800. Die Einzahlungen betragen:

t	Zinsen vor Steuern	Tilgung	Annuität nach Steuern		
			T = 0,2	T = 0,3	T = 0,5
1	400	---	320	280	200
2	400	---	320	280	200
3	400	---	320	280	200
4	400	2.000	2.320	2.280	2.200
5	320	2.000	2.256	2.224	2.160
6	240	2.000	2.192	2.168	2.120
7	160	2.000	2.128	2.112	2.080
8	80	2.000	2.064	2.056	2.040

→

	interner Zinsfuß nach Steuern	Vergleichsrendite vor Steuern
T = 0,2	5,6	7
T = 0,3	5,2	7,4
T = 0,5	4,3	8,6

♦

Im Falle einer ewigen Rente ist

$$r = \frac{c}{I_0} \cdot 100$$

und

$$r^* = \frac{(1-T)c}{I_0} \cdot 100,$$

da

$$\lim_{n \to \infty} c^* = \lim_{n \to \infty} \left\{ (1-T)c + T \cdot \underbrace{\frac{I_0}{n}}_{A_t} \right\} = (1-T)c .$$

Bei konstanten Einzahlungsüberschüssen und sehr langen Laufzeiten fallen die linearen Abschreibungsbeträge $A_t = I_0/n$ nicht mehr ins Gewicht, so daß

$$r^* \approx (1-T)r$$

bzw.

$$p_V \approx r$$

ist.

♦ **Beispiel:**

Stellen Sie den Zusammenhang zwischen r und r^* bei einer Investition mit einer Laufzeit von $n=1$ dar.

Lösung:

Für r gilt:
$$-I_0 + \frac{c_1}{(1 + \frac{r}{100})} = 0$$

$$\rightarrow r = \frac{c_1 - I_0}{I_0} \cdot 100 .$$

Für r^* gilt:
$$-I_0 + \frac{(1-T)(c_1 - I_0) + I_0}{(1 + \frac{r^*}{100})} = 0$$

$$\rightarrow 1 + \frac{r^*}{100} = \frac{(1-T)c_1}{I_0} + T$$

bzw.
$$r^* = (1-T)\frac{c_1 - I_0}{I_0} \cdot 100 .$$

Es folgt:
$$r^* = (1-T)r .$$ ♦

1.3 Einfluß der Abschreibungsmethode

Durch die Vorverlegung der Abschreibung wird der Gewinn von früheren auf spätere Perioden verlegt. Steuerauszahlungen werden in die Zukunft verschoben. Es entsteht ein Zinsgewinn. Der Kapitalwert der Investition steigt. Der Vorteil ist um so geringer, je kleiner der Kalkulationszinsfuß ist. Wird der Kapitalwert nach Steuern in folgender Weise geschrieben

$$C_0^* = -I_0 + \sum_{t=1}^{n} \frac{(1-T)c_t}{q^{*t}} + \sum_{t=1}^{n} \frac{T A_t}{q^{*t}}$$

$$= -I_0 + \sum_{t=1}^{n} \frac{(1-T)c_t}{q^{*t}} + T \sum_{t=1}^{n} \frac{A_t}{q^{*t}} ,$$

so ist bei gegebenem Steuersatz T die Abschreibungsmethode zu wählen, die

$$\sum_{t=1}^{n} \frac{A_t}{q^{*t}}$$

maximiert, um den Kapitalwert zu maximieren.

Wird auf Null abgeschrieben, dann ist $\sum_{t=1}^{n} A_t = I_0$. Die diskontierte Summe der Abschreibungsbeträge ist um so größer, je früher die Abschreibungsbeträge A_t geltend gemacht werden.

♦ **Beispiel:**

Folgende Angaben über ein Investitionsobjekt seien gegeben:

$c_t = 5.000$ $I_0 = 12.000$ $n = 4$ Jahre $T = 0,6$.

Skizzieren Sie die Kapitalwertfunktionen bei   a) linearer Abschreibung   b) digitaler Abschreibung   c) Sonderabschreibung im 1. Jahr von 100%.

Lösung:

a) lineare Abschreibung

t	0	1	2	3	4
Einzahlungsüberschüsse vor Steuern	-12.000	5.000	5.000	5.000	5.000
Abschreibung		-3.000	-3.000	-3.000	-3.000
Gewinn vor Steuern		2.000	2.000	2.000	2.000
Steuern		-1.200	-1.200	-1.200	-1.200
Gewinn nach Steuern		800	800	800	800
Abschreibung		3.000	3.000	3.000	3.000
Einzahlungsüberschuß nach Steuern		3.800	3.800	3.800	3.800

b) digitale Abschreibung

t	0	1	2	3	4
Einzahlungsüberschüsse vor Steuern	-12.000	5.000	5.000	5.000	5.000
Abschreibung		-4.800	-3.600	-2.400	-1.200
Gewinn vor Steuern		200	1.400	2.600	3.800
Steuern		-120	-840	-1.560	-2.280
Gewinn nach Steuern		80	560	1.040	1.520
Abschreibung		4.800	3.600	2.400	1.200
Einzahlungsüberschuß nach Steuern		4.880	4.160	3.440	2.720

c) Sonderabschreibung

t	0	1	2	3	4
Einzahlungsüber- schüsse vor Steuern	-12.000	5.000	5.000	5.000	5.000
Abschreibung		12.000	0	0	0
Gewinn vor Steuern		-7.000	5.000	5.000	5.000
Steuern		4.200*	-3.000	-3.000	-3.000
Gewinn nach Steuern		-2.800	2000	2000	2000
Abschreibung		12.000	0	0	0
Einzahlungsüberschuß nach Steuern		9.200	2.000	2.000	2.000

*Aus anderen Investitionsobjekten werden Gewinne erzielt, so daß sich die Steuerschuld um 4.200 DM verringert.

In der Abbildung 1 ist der Verlauf der Kapitalwertfunktionen wiedergegeben. Die internen Zinsfüße betragen r_a=10,17 (lineare Abschreibung), r_b=11,34 (digitale Abschreibung) und r_c=14,83 (Sonderabschreibung).

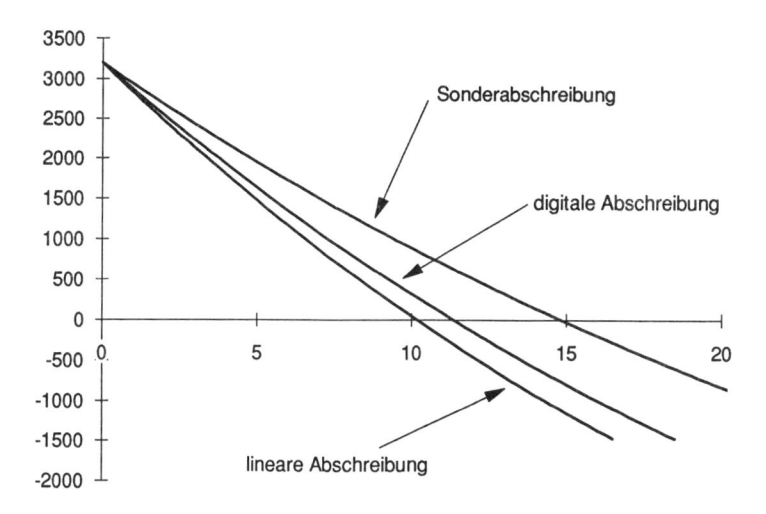

Abb. 1: Kapitalwertfunktionen nach Steuern bei verschiedenen Abschreibungsmethoden

♦

Die Wahl der Abschreibungsmethode bestimmt die Struktur der Zahlungsreihe nach Steuern und damit die Vorteilhaftigkeit der Investition. Die Summe der Einzahlungsüberschüsse ist bei allen drei Methoden gleich, nämlich 15.200 DM. Während bei der Zahlungsreihe der Sonderabschreibung zuerst ein hoher Einzahlungsüberschuß anfällt, dem dann niedrige Einzahlungsüberschüsse folgen, verteilen sich die Einzahlungsüberschüsse bei der Zahlungsreihe der linearen Abschreibung gleichmäßig über die Laufzeit der Investition.

2. FINANZIERUNG

2.1 Unterschiedliche Höhe von Haben- und Sollzinsfuß

Unterstellt man wie bisher, daß Soll- und Habenzinssatz übereinstimmen, dann hat der Anteil des Fremdkapitals auf die Höhe des Kapitalwertes keinen Einfluß.

◆ **Beispiel:**

Die Reisebusinvestition, die eine Auszahlung von 660.000 DM erfordert, muß zu 30% fremdfinanziert werden. Der Sollzinsfuß betrage 10% und ist damit genau so hoch wie der Kalkulationszinsfuß. Der Kredit und die anfallenden Zinsen werden am Ende der Laufzeit der Investition zurückbezahlt. Bestimmen Sie den Kapitalwert.

Lösung:

t	Zahlungsreihe der Investition	Zahlungsreihe der Finanzierung	Zahlungsreihe nach Finanzierung
0	-660.000	+198.000	-462.000
1	124.600		124.600
2	149.000		149.000
3	173.400		173.400
4	503.400	-289.891,8	213.508,2
C_0 (p=10)	50.520,18	0	50.520,18

Zum Zeitpunkt 0 wird ein Kredit in Höhe von 198.000 DM ($\hat{=}$ 30% von 660.000) aufgenommen. Zurückzuzahlen sind der Kredit sowie die angefallenen Zinsen und Zinseszinsen zum Zeitpunkt 4, nämlich 198.000 · $1{,}1^4$ = 289.891,8. Der Kapitalwert der Zahlungsreihe nach Berücksichtigung der Finanzierung ändert sich nicht, da der Kapitalwert der Finanzierungs-Zahlungsreihe Null ist.[7] ♦

Die Finanzierung beeinflußt dagegen den Kapitalwert, wenn sich der Kalkulationszinsfuß p und der Sollzinsfuß p_s, wie in der Realität üblich, unterscheiden.

♦ **Beispiel:**

Fall 1: $p_s > p$

Der Sollzinsfuß betrage für das obige Beispiel 12%. Wie gestaltet sich nun die Zahlungsreihe und der Kapitalwert nach Berücksichtigung der Finanzierung?

Lösung:

t	Zahlungsreihe der Investition	Zahlungsreihe der Finanzierung	Zahlungsreihe nach Finanzierung
0	-660.000	+198.000	-462.000
1	124.600		124.600
2	149.000		149.000
3	173.400		173.400
4	503.400	-311.556,83	191.843,17
C_0 (p=10)	50.520,18	-14.797,51	35.722,67

Fall 2: $p_s < p$

Der Sollzinsfuß betrage nun 8%. Bestimmen Sie den Kapitalwert nach Berücksichtigung der Finanzierung.

Lösung:

t	Zahlungsreihe der Investition	Zahlungsreihe der Finanzierung	Zahlungsreihe nach Finanzierung
0	- 660.000	+ 198.000	- 462.000
1	124.600		124.600
2	149.000		149.000
3	173.400		173.400
4	503.400	- 269.376,81	234.023,19
C_0 (p=10)	50.520,18	14.012,01	64.532,19

♦

Ist der Kalkulationszinsfuß größer als der Kreditzinssatz, so ist es vorteilhaft, den Anteil des Fremdkapitals zu erhöhen. Kapitalwert und interner Zinsfuß sind um so größer, je höher der Anteil des Fremdkapitals an der Investitionssumme ist. Dieser Effekt heißt Leverage-Effekt (vgl. auch F 3.4). In der Realität wird man sich allerdings nur bis zu einem bestimmten Grad verschulden. Erstens werden Banken nicht jeden beliebig hohen Kredit gewähren, zweitens wird aufgrund von fluktuierenden Soll- und Habenzinsen das Verlustrisiko mit steigendem Verschuldungsgrad immer größer.[8]

2.2 Einfluß der Finanzierungsform

Die Rückzahlung des Kredits kann entweder in einem Betrag oder in Form von regelmäßigen Teilbeträgen erfolgen. Man unterscheidet <u>Raten-</u> und <u>Annuitätentilgung</u>. Bei der Ratentilgung fallen während der Laufzeit konstante Tilgungsbeträge (Tilgung = $\frac{\text{Schuld}}{\text{Laufzeit}}$) an. Wegen der fallenden Schuld und den dadurch abnehmenden Zinsen sinkt der Aufwand der Zahlungen (Annuität = Tilgung + Zinsen). Die Annuitätentilgung ist durch konstante Zahlungsbeträge während der Laufzeit gekennzeichnet; im Laufe der Zeit werden wegen der abnehmenden Schuld die Zinsen geringer. Die Verringerung der Zinsbelastung kommt der Tilgung zugute, die in gleichem Maße ansteigt.

Die Annuität eines Annuitätenkredites berechnet sich zu

$$a = S\, q_s^n\, \frac{q_s-1}{q_s^n-1}$$

mit

S : Schuld (Kreditbetrag)

p_s : Sollzinsfuß; $q_s = 1 + \frac{p_s}{100}$.

♦ **Beispiel:**

Die Reisebusinvestition von 660.000 DM soll zu 30% fremdfinanziert werden. Der Kreditzinssatz betrage $p_s=8$. Die Tilgung des Kredits erfolge

    a) in einem Betrag am Ende der Laufzeit
    b) in vier gleich hohen Tilgungsbeträgen
    c) in vier gleich hohen Annuitäten.

Welche Finanzierungsart ist bei Kalkulationszinsfüßen von p=6, p=8 und p=10 zu wählen?

Lösung:

Der Tilgungsplan für den Ratenkredit gestaltet sich wie folgt:

Jahr	Restschuld am Anfang	Tilgung	Zinsen	Annuität
1	198.000	49.500	15.840	65.340
2	148.500	49.500	11.880	61.380
3	99.000	49.500	7.920	57.420
4	49.500	49.500	3.960	53.460
		198.000	39.600	237.600

Der jährliche Tilgungsbetrag ist $\frac{198.000}{4}$ = 49.500. Die Zinsen berechnen sich aus der jeweiligen Restschuld, z.B. 15.840 = 198.000 · $\frac{8}{100}$.

Die Annuität der Annuitätentilgung beträgt

$$a = 198.000 \cdot 1{,}08^4\, \frac{0{,}08}{1{,}08^4-1} = 59.780\,.$$

Der entsprechende Tilgungsplan sieht wie folgt aus:

Jahr	Restschuld am Anfang	Annuität	Zinsen	Tilgung
1	198.000	59.780	15.840	43.940
2	154.060	59.780	12.325	47.455
3	106.605	59.780	8.528	51.252
4	55.353	59.780	4.428	55.352
		239.120	41.121	197.999

Nach der Berechnung der Annuität werden die Zinsen von der jeweiligen Restschuld ermittelt. Der Tilgungsbetrag ergibt sich aus der Differenz von Annuität und Zinsen. Die neue Restschuld erhält man aus der Differenz von alter Restschuld und Tilgungsbetrag. Aufgrund von Rundungsungenauigkeiten können beim Tilgungsplan kleine Differenzen auftreten.

Faßt man die Zahlungsreihe der Investition und der Finanzierung zusammen, so erhält man folgende Ergebnisse:

t	Zahlungsreihe der Investition	Nettozahlungsreihe		
		Tilgung in einem Betrag	Raten-tilgung	Annuitäten-tilgung
0	-660.000	-462.000	-462.000	-462.000
1	124.600	124.600	59.260	64.820
2	149.000	149.000	87.620	89.220
3	173.400	173.400	115.980	113.620
4	503.400	234.023	449.940	443.620

Es ergeben sich folgende Kapitalwerte und interne Zinsfüße ($p_s = 8$):[9]

	Zahlungsreihe der Investition	Tilgung in einem Betrag	Raten-tilgung	Annuitäten-tilgung
p = 6	134.487	119.115	125.661	125.342
p = 8	90.778	90.778	90.778	90.778
p = 10	50.520	64.532	58.739	59.025
r	12,76	15,66	14,22	14,16

♦

Aus den Resultaten des Beispiels wird ersichtlich, daß es sich lohnt, den Kredit so spät wie möglich zurückzuzahlen, wenn der Fremdkapitalzinsfuß p_s kleiner ist als der Kalkulationszinsfuß p; fremde Mittel sind dann billiger als eigene. Übersteigt dagegen der Sollzinsfuß den Kalkulationszinsfuß, dann sollte der Kredit möglichst schnell getilgt werden.

♦ **Beispiel:**

Eine Investitionsauszahlung im Jahre 0 von 2.500 DM führt im Jahre 1 zu Einzahlungsüberschüssen von 2.000 DM und im Jahre 3 zu Einzahlungsüberschüssen von 3.631 DM. Im Jahre 2 fällt durch eine Großreparatur ein Auszahlungsüberschuß von 1.500 DM an. Es steht kein Eigenkapital zur Verfügung.

Jedoch kann die Investition durch einen Kontokorrentkredit mit einem Sollzinsfuß von 10% finanziert werden. Der Kalkulationszinsfuß beträgt 5%

a) Wie hoch ist der Kapitalwert?

b) Ab welchem Sollzinsfuß würde sich die Investition nicht mehr lohnen?

(Die Zahlungsreihe des Beispiels ist SCHIRMEISTER (1991), S. 806 entnommen.)

Lösung:

a)

t	Zahlungsreihe der Investition	Restschuld	Tilgung	Zinsen	Annuität	Zahlungsreihe der Finanzierung	Nettozahlungsreihe
0	-2.500	2.500				2.500	0
1	2.000	750	1.750	250	2.000	-2.000	0
2	-1.500	2.325	-1.575	75	-1.500	1.500	0
3	+3.631	0	2.325	232,5	2.557,5	-2.557,5	1.073,5

Den Kapitalwert erhält man in diesem Falle, indem man den Vermögensendwert diskontiert

$$C_0 = \frac{1.073,5}{1,05^3} = 927,33 \, .$$

Da der Sollzinsfuß größer ist als der Kalkulationszinsfuß, ist der Kredit so schnell wie möglich zurückzuzahlen.

b) Die Investition lohnt sich dann nicht mehr, wenn der Sollzinsfuß größer ist als der interne Zinsfuß. Der interne Zinsfuß der Zahlungsreihe der Investition beträgt ca. 25% (durch Probieren). Bei einem Sollzinsfuß von 25% lautet die Zahlungsreihe der Nettoinvestition {0, 0, 0, 0}, wie man leicht nachprüfen kann. ♦

2.3 Steuerliche Abzugsfähigkeit der Schuldzinsen

Schuldzinsen, die mit den Betriebseinnahmen in unmittelbarem wirtschaftlichen Zusammenhang stehen, sind nach deutschem Steuerrecht als Betriebsausgaben steuerlich abzugsfähig. Ebenso gilt bei Schuldzinsen für Kredite, die für den Kauf von Wertpapieren aufgenommen werden, die steuerliche Abzugsfähigkeit.

♦ **Beispiel:**

1.000 5,75%-Bundesanleihen mit einem Nominalwert von je 100 DM, einer Restlaufzeit von 6 Jahren und einem Rückzahlungskurs von 100% sollen zu einem Kurs von 87,72% gekauft werden. Zu diesem Zweck wird ein Darlehen von 60.000 DM zu 8% Zinsen aufgenommen, welches in sechs Jahren mit gleich hohen Tilgungsraten zurückzuzahlen ist. Die Zinseinkünfte sind zu versteuern. Der (konstante) Grenzsteuersatz des Anlegers betrage 50%. Berechnen Sie die Vergleichsrendite vor Steuern.

Lösung:

Es ergeben sich folgende Zahlungsreihen:

| t | Zahlungsreihe der Investition | Zahlungsreihe des Darlehens | | | Nettozinserträge | | Zahlungsreihe nach Finanzierung (nach Steuern) |
		Restschuld	Tilgung	Zinsen	vor Steuern	nach Steuern	
0	-87.720	60.000					-27.720
1	5.750	50.000	10.000	4.800	950	475	-9.525*
2	5.750	40.000	10.000	4.000	1.750	875	-9.125
3	5.750	30.000	10.000	3.200	2.550	1.275	-8.725
4	5.750	20.000	10.000	2.400	3.350	1.675	-8.325
5	5.750	10.000	10.000	1.600	4.150	2.075	-7.925
6	105.750	0	10.000	800	4.950	2.475	+92.475**

* $-9.525 = \underbrace{(5.750-4.800) \cdot 0{,}5}_{\text{Nettozinsertrag}} - 10.000$

** $92.475 = (5.750-800) \cdot 0{,}5 - 10.000 + 100.000$.

Durch Probieren erhält man

$$r^* = 6{,}2$$

bzw.

$$p_V = 12{,}4 \ . \qquad \blacklozenge$$

Im Falle der vollständigen Eigenfinanzierung betrug der interne Zinsfuß $r^* = 5{,}3$ (vgl. D 1.2). Da der interne Zinsfuß nach Steuern größer ist als der Sollzinsfuß nach Steuern ($r^*=5{,}3>p_S=4$), erhöht sich die Eigenkapitalrentabilität ($r^*=6{,}2$) durch die Kreditaufnahme. Die hohe interne Verzinsung nach Steuern beruht sowohl auf der Hebelwirkung als auch auf der Tatsache, daß Kursgewinne bei festverzinslichen Wertpapieren steuerfrei sind.

3. KAUF ODER LEASING?

3.1 Grundbegriffe

Der Einsatzbereich des Leasings umfaßt alle Investitionsgüter. Das Schwergewicht liegt bei Fahrzeugen, Büromaschinen, Gebäuden und Produktionsanlagen. An einem Leasing-Geschäft sind gewöhnlich drei Parteien beteiligt: der Hersteller oder Lieferant, der Leasing-Geber und der Leasing-Nehmer. Zwischen Leasing-Nehmer und Lieferant werden die Verkaufsgespräche geführt, wobei der Preis festgesetzt wird und der Kaufvertrag abgeschlossen wird. Zur Finanzierung wendet sich der Leasing-Nehmer an eine Leasing-Gesellschaft (Leasing-Geber). Diese tritt nach Prüfung auf Bonität in den Vertrag ein, erwirbt das Leasing-Objekt und zahlt den Kaufpreis.

Das Leasing-Objekt wird an den Leasing-Nehmer geliefert. Zwischen Leasing-Nehmer und Leasing-Geber wird über eine bestimmte Zeit ein Vertrag abgeschlossen. Die Grundmietzeit beträgt in der Regel 40% bis 90% der betriebsgewöhnlichen Nutzungsdauer. Während dieser Zeit kann der Vertrag bei vertragsgemäßer Erfüllung nicht gekündigt werden. Zur Deckung der Kosten des Leasing-Gebers, die Anschaffungs-, Betriebs- und Finanzierungskosten umfassen, zahlt der Leasing-Nehmer eine Leasing-Rate an den Leasing-Geber. Das Investitionsrisiko trägt der Leasing-Nehmer.

Für den Abschluß eines Leasing-Geschäftes gibt es mehrere Motive. Die Liquidität des Unternehmens wird positiv beeinflußt. Da die Grundmietzeit kürzer ist als die betriebsgewöhnliche Nutzungsdauer, erfolgt eine schnellere Amortisation der Anlage und dadurch eine schnellere Anpassung an den technischen Fortschritt. Die Frage, inwieweit Leasing aus Rentabilitätsgründen, beispielsweise wegen steuerlicher Aspekte, vorteilhafter als Kauf ist, wird im folgenden behandelt werden.

3.2 Basismodelle

Ein Investor steht vor der Entscheidung, ob er eine Maschine kaufen oder leasen soll.
Beim Kauf beträgt der Kapitalwert nach Steuern, wie in Abschnitt D 2.1 gezeigt,

$$C^*_{0,K} = -I_0 + \sum_{t=1}^{n} \frac{(1-T)c_t}{q^{*t}} + \sum_{t=1}^{n} \frac{T A_t}{q^{*t}} \ .$$

Leasing beeinflußt die Einzahlungsüberschüsse nicht. Die als konstant angenommenen jährlichen Leasing-Raten L können von der Steuer abgezogen werden. Für die Alternative Leasing ergibt sich daher folgender Kapitalwert

$$C^*_{0,L} = \sum_{t=1}^{n} \frac{(1-T)c_t}{q^{*t}} - \sum_{t=1}^{n} \frac{(1-T)L}{q^{*t}} \ .$$

Der Investor wählt die Alternative, die zu einem höheren Kapitalwert führt.
Kauf ist günstiger als Leasing, wenn

$$C^*_{0,K} > C^*_{0,L}$$

bzw.

$$C^*_{0,D} = C^*_{0,K} - C^*_{0,L} > 0$$

ist, wobei der Kapitalwert der Differenzinvestition $C^*_{0,D}$ sich zu

$$\boxed{C^*_{0,D} = \sum_{t=1}^{n} \frac{T A_t}{q^{*t}} + \sum_{t=1}^{n} \frac{(1-T)L}{q^{*t}} - I_0}$$

berechnet.

Nimmt man konstante Abschreibungsbeträge A an, so vereinfacht sich der Kapitalwert der Differenzinvestition zu

$$\boxed{C^*_{0,D} = \left(TA + (1-T)L\right) \frac{1}{q^{*n}} \frac{q^{*n}-1}{q^*-1} - I_0} \ .$$

Kauf ist günstiger als Leasing, wenn der Barwert der Leasing-Raten nach Steuern größer ist als die um den Barwert der Steuerersparnis gekürzte Investitionsauszahlung, d.h.

bzw.
$$C_{0,D}^* > 0$$

bzw.
$$(1-T)L \frac{1}{q^{*n}} \frac{q^{*n}-1}{q^*-1} > I_0 - TA \frac{1}{q^{*n}} \frac{q^{*n}-1}{q^*-1}$$

$$\underbrace{(1-T)L \, RBF_{p^*}^n}_{\text{Barwert der Leasing-Raten}} > \underbrace{I_0 - TA \, RBF_{p^*}^n}_{\text{Investitionsauszahlung ./. Barwert der Steuerersparnis}}$$

♦ **Beispiel:**

Folgende Angaben seien zu einem Investitionsobjekt gegeben:

I_0 = 10.000
n = 10
A = 1.000 (linear)
L = 2.000
p^* = 10
T = 0,5 .

Ist Kauf oder Leasing günstiger?

Lösung:

- Barwert der Leasing-Zahlungen

$$0,5 \cdot 2.000 \cdot \frac{1}{1,1^{10}} \frac{1,1^{10}-1}{0,1} = 6.144,57$$

- Barwert der Steuerersparnis

$$0,5 \cdot 1.000 \cdot \frac{1}{1,1^{10}} \frac{1,1^{10}-1}{0,1} = 3.072,28$$

- Investitionsauszahlung ./. Barwert der Steuerersparnis

$$10.000 - 3.072,28 = 6.927,72 \, .$$

Leasing ist hier vorteilhafter. ♦

Ceteris paribus hängt das Ergebnis von der Höhe des Kalkulationszinsfußes ab. Die Kapitalwertfunktion der Differenzinvestition in Abhängigkeit von p, berechnet aus Daten des obigen Beispiels, ist in Abbildung 2 zu sehen. Mit steigendem Kalkulationszinsfuß nimmt der Kapitalwert der Differenzinvestition ab. Bis zu einem Kalkulationszinsfuß (nach Steuern) von 8,1% ist Kauf günstiger; bei höheren Kalkulationszinsfüßen ist Leasing günstiger.

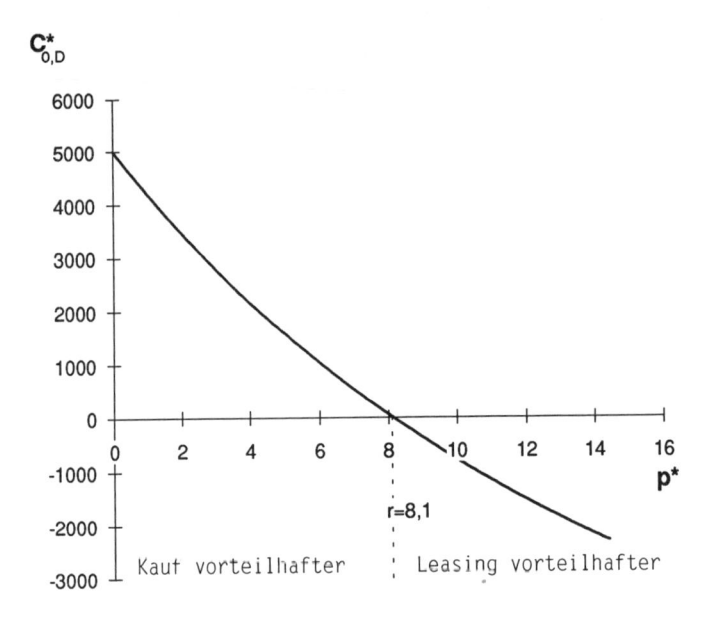

Abb. 2: Kapitalwertfunktion der Differenzinvestition $C_{0,D}^* = C_{0,K}^* - C_{0,L}^*$

Will man wissen, wie hoch die Leasing-Rate höchstens sein darf, daß sich Leasing gerade noch rentiert, dann muß die kritische Leasing-Rate L_{krit} berechnet werden. Man erhält sie, indem die Kapitalwertfunktion der Differenzinvestition gleich Null gesetzt und nach L aufgelöst wird:

$$(1-T) L \, RBF_{p^*}^n = I_0 - TA \, RBF_{p^*}^n$$

$$\boxed{L_{krit} = \frac{I_0}{(1-T)RBF_{p^*}^n} - \frac{T}{1-T} A}$$

♦ **Beispiel:**

Setzt man die Werte aus vorigem Beispiel ein, so berechnet sich die kritische Leasing-Rate zu

$$L_{krit} = \frac{10.000}{0{,}5 \cdot 6{,}145} - 1.000 = 2.254{,}68.$$

Bei gegebenem Kalkulationszinsfuß ist Leasing immer vorteilhafter, solange die Raten 2.254,68 DM nicht übersteigen. ♦

Bei Vorhandensein von Resterlöswerten ist die obige Formel entsprechend zu modifizieren; von der Investitionsauszahlung muß der abgezinste Resterlös abgezogen werden.

♦ **Beispiel:**

Ein Hotelbesitzer überlegt sich, ob er 50 Orientteppiche zu je 10.000 DM kaufen oder zu einem Jahresbetrag von je 1.650 DM leasen soll. Nach Ablauf der Grundmietzeit von 7 Jahren hat der Besitzer die Möglichkeit, die Teppiche zu einem Restbuchwert von 30% zu kaufen. Der Kalkulationszinsfuß vor Steuern beträgt 15%. Der Steuersatz beläuft sich auf T=0,6. Die Teppiche werden linear auf den Restbuchwert abgeschrieben. Ist Leasing oder Kauf günstiger?

Lösung:

- Barwert der Leasing-Raten

$$0{,}4 \cdot 1.650 \cdot \frac{1}{1{,}06^7} \cdot \frac{1{,}06^7 - 1}{0{,}06} = 3.684{,}37$$

- Barwert der Steuerersparnis

$$0{,}6 \cdot 1.000 \cdot \frac{1}{1{,}06^7} \cdot \frac{1{,}06^7 - 1}{0{,}06} = 3.349{,}43.$$

Da in diesem Beispiel ein Restwert von 3.000 DM anfällt, muß dieser abgezinst und von der Investitionsauszahlung abgezogen werden. Die Nettoinvestitionsauszahlung beträgt daher $10.000 - 3.000/1{,}06^7 = 8.004{,}83$.

- Nettoinvestitionsauszahlung ./. Barwert der Steuerersparnis

$$8.004{,}83 - 3.349{,}43 = 4.655{,}40.$$

Da der Barwert der Leasing-Raten kleiner ist als die Differenz aus Nettoinvestitionsauszahlung und Barwert der Steuerersparnis, ist in diesem Falle Leasing günstiger. ♦

Beim privaten Auto-Leasing (Privat-Leasing) ist es üblich, zu Beginn der Leasing-Zeit eine Mietsonderzahlung von 20% bis 40% des Anschaffungswertes zu verlangen. Durch die Sonderzahlung werden die monatlichen Leasing-Raten niedrig gehalten.

♦ **Beispiel:**

Aus einer Anzeige eines Leasing-Angebotes für einen PKW:

Neupreis:	24.375 DM
Anzahlung:	7.125 DM
Leasing-Rate pro Monat:	273 DM
Restwert:	9.500 DM
Laufzeit:	36 Monate
Fahrleistung:	15.000 km p.a.

Frau X hat 25.000 DM zu 5% nach Steuern in festverzinsliche Wertpapiere angelegt. Der PKW soll ausschließlich privat genutzt werden. Soll sie den PKW kaufen oder leasen?

Lösung:

Die monatliche Leasing-Rate muß zuerst in eine nachschüssige Jahresrate umgerechnet werden. Bei 5% Zinsen beträgt diese

$$c = 273\left(12 + \frac{5}{100} \cdot \frac{11}{2}\right) = 3.351{,}08 \ .$$

(Zur Umrechnung von Monats- in Jahresraten vgl. IHRIG/PFLAUMER (1994), S. 50 ff.)

Da der PKW privat genutzt wird, ist der relevante Steuersatz T=0;

- Barwert der Leasing-Raten zuzüglich Anzahlung

$$3.351{,}08 \cdot \frac{1}{1{,}05^3} \cdot \frac{1{,}05^3 - 1}{0{,}05} + 7.125 = 9.125{,}82 + 7.125 = 16.250{,}82$$

- Barwert der Steuerersparnis

$$0$$

- Investitionsauszahlung ./. Barwert des Resterlöses

$$24.375 - \frac{9.500}{1{,}05^3} = 16.168{,}54 \ .$$

Aus den Ergebnissen folgt, daß Kauf in diesem Fall vorteilhafter ist. ♦

4. INFLATION

4.1 Inflation ohne Berücksichtigung von Steuern

Inflation bewirkt ein Sinken der Kaufkraft. Bei einer jährlichen Preissteigerungsrate von 5% besitzen 100 DM (nomineller Wert) in einem Jahr nur noch eine Kaufkraft von $\frac{100DM}{1{,}05}$ = 95,24DM (realer Wert). Ein nominaler Einzahlungsüberschuß s_t wird daher in t Jahren real nur noch $c_t = s_t/((1+(i/100))^t)$ wert sein, wenn man eine konstante jährliche Inflationsrate i annimmt. Der nominale Einzahlungsüberschuß wird mit der Inflationsrate i abgezinst. Unterstellt man, daß alle Preise und Kosten mit derselben Inflationsrate i steigen, dann kann der Kapitalwert mit nominalen Einzahlungsüberschüssen wie folgt dargestellt werden:

$$C_0 = -I_0 + \frac{s_1}{\left(1+\frac{p_n}{100}\right)} + \frac{s_2}{\left(1+\frac{p_n}{100}\right)^2} + \frac{s_3}{\left(1+\frac{p_n}{100}\right)^3} + \ldots$$

$$= -I_0 + \frac{s_1}{\left[\left(1+\frac{i}{100}\right)\left(1+\frac{p}{100}\right)\right]} + \frac{s_2}{\left[\left(1+\frac{i}{100}\right)\left(1+\frac{p}{100}\right)\right]^2} + \frac{s_3}{\left[\left(1+\frac{i}{100}\right)\left(1+\frac{p}{100}\right)\right]^3} + \ldots$$

$$= -I_0 + \frac{c_1}{\left(1+\frac{p}{100}\right)} + \frac{c_1}{\left(1+\frac{p}{100}\right)^2} + \frac{c_1}{\left(1+\frac{p}{100}\right)^3} + \ldots ,$$

da $s_t = c_t \left(1 + \frac{i}{100}\right)^t$ ist.

Folgende Bezeichnungen gelten:

s_t = Nominaler Einzahlungsüberschuß in t
c_t = Realer Einzahlungsüberschuß in t
p = Realer Kalkulationszinsfuß
p_n = Nominaler Kalkulationszinsfuß

Zwischen realem und nominalem Kalkulationszinsfuß bestehen dabei folgende Beziehungen

$$\left(1+\frac{p_n}{100}\right) = \left[\left(1+\frac{p}{100}\right)\left(1+\frac{i}{100}\right)\right]$$

bzw.

$$\boxed{p_n = \left(\left(1+\frac{p}{100}\right)\left(1+\frac{i}{100}\right) - 1\right) \cdot 100} .$$

Durch Umformung erhält man

$$p_n = i + p + \frac{p \cdot i}{100}.$$

Hieraus läßt sich für kleine Inflationsraten als Näherungsformel

$$p_n \approx p + i$$

gewinnen.

♦ **Beispiel:**

Berechnen Sie den nominalen Kalkulationszinsfuß bei einem realen Kalkulationszinsfuß von 10% und einer Inflationsrate von 5%.

Lösung:

Exakt:
$$p_n = (1{,}1 \cdot 1{,}05 - 1) \cdot 100 = 15{,}5.$$

Näherung:
$$p_n \approx 10 + 5 = 15. \qquad ♦$$

Wie man erkennt, beeinflußt die Höhe der Inflationsrate den Kapitalwert nicht, wenn alle Preise und Kosten mit derselben Rate steigen und wenn der Kalkulationszinsfuß die Inflationsrate berücksichtigt.

Rechnet beispielsweise ein Investor mit einem Kalkulationszinsfuß von 10% bei Preisstabilität, so muß er seinen nominalen Kalkulationszinsfuß entsprechend der Preissteigerungsrate anpassen. Das Investitionskalkül kann entweder mit nominalen Größen (s_t und p_n) oder mit realen Größen (c_t und p) durchgeführt werden. Es ergeben sich keine Unterschiede beim Ergebnis. Existieren jedoch unterschiedliche Inflationsraten von Verkaufs- und Faktorpreisen, dann beeinflußt die Höhe der Inflationsrate den Kapitalwert. Je höher die Preissteigerungsrate der Faktorkosten im Vergleich zur Preissteigerungsrate der Verkaufspreise ist, um so geringer ist ceteris paribus der Kapitalwert.

4.2 Inflation mit Berücksichtigung von Steuern

Im deutschen Handels- und Steuerrecht darf die Summe der Abschreibungsbeträge den Anschaffungs- bzw. Herstellungswert eines Gutes nicht übersteigen. Auch im Falle von hohen Inflationsraten darf nicht vom höheren Wiederbeschaffungswert, sondern nur vom Anschaffungswert abgeschrieben werden. Folglich lautet der Kapitalwert bei Inflation nach Berücksichtigung von Steuern:

$$C^*_{0,i} = -I_0 + \sum_{t=1}^{n} \frac{(1-T)\, s_t}{\left(\left(1+\frac{p^*}{100}\right)\left(1+\frac{i}{100}\right)\right)^t} + \sum_{t=1}^{n} \frac{T\, A_t}{\left(\left(1+\frac{p^*}{100}\right)\left(1+\frac{i}{100}\right)\right)^t}.$$

Da $s_t = c_t \left(1 + \frac{i}{100}\right)^t$ ist, folgt

$$\boxed{C^*_{0,i} = -I_0 + \sum_{t=1}^{n} \frac{(1-T)\, c_t}{\left(1+\frac{p^*}{100}\right)^t} + \sum_{t=1}^{n} \frac{\dfrac{T\, A_t}{\left(1+\frac{i}{100}\right)^t}}{\left(1+\frac{p^*}{100}\right)^t}.}$$

Bei einer Inflationsrate von i=0 erhält man den schon bekannten Kapitalwert nach Steuern (vgl. D 1.1)

$$C^*_0 = -I_0 + \sum_{t=1}^{n} \frac{(1-T)\, c_t}{\left(1+\frac{p^*}{100}\right)^t} + \sum_{t=1}^{n} \frac{T\, A_t}{\left(1+\frac{p^*}{100}\right)^t}.$$

Je höher die Inflationsrate ist, um so geringer ist der Barwert der Steuerersparnis (2. Term von $C^*_{0,i}$). Mit steigender Inflationsrate sinkt der Kapitalwert, weil die Abschreibung zum Zeitpunkt t nicht von der inflationierten Anschaffungsauszahlung $I_0(1+\frac{i}{100})^t$, sondern nur von der historischen Anschaffungsauszahlung I_0 vorgenommen wird.

♦ **Beispiel:**

Eine Investitionsauszahlung über 10.000 DM führt in den beiden folgenden Jahren zu realen Einzahlungsüberschüssen von je 7.000 DM. Es wird linear abgeschrieben. Der Steuersatz beträgt 50%. Bei Preisstabilität wird mit einem Kalkulationszinsfuß vor Steuern von 10% gerechnet.
Berechnen Sie die Kapitalwerte bei unterschiedlichen Inflationsraten, und zwar bei 0%, 5%, 10%, 20% und 30%.

Lösung:

Inflationsrate i=0; p=10; p*=5

t	1	2
Einzahlungsüberschuß vor Steuern	7.000	7.000
./. Abschreibung	5.000	5.000
Gewinn vor Steuern	2.000	2.000
./. Steuern	1.000	1.000
Gewinn nach Steuern	1.000	1.000
+ Abschreibung	5.000	5.000
Einzahlungsüberschuß nach Steuern	6.000	6.000

$$\rightarrow C^*_{0,i=0} = -10.000 + \frac{6.000}{1,05} + \frac{6.000}{1,05^2} =$$

$$= -10.000 + \frac{3.500}{1,05} + \frac{3.500}{1,05^2} + \frac{2.500}{1,05} + \frac{2.500}{1,05^2} = 1.156,46 .$$

Inflationsrate i=10; p=10; p*=5; p^*_n=15,5

t	1	2
Einzahlungsüberschuß vor Steuern	7.700 = 7.000 · 1,1	8.470 = 7.000 · 1,1²
./. Abschreibung	5.000	5.000
Gewinn vor Steuern	2.700	3.470
./. Steuern	1.350	1.735
Gewinn nach Steuern	1.350	1.735
+ Abschreibung	5.000	5.000
Einzahlungsüberschuß nach Steuern	6.350	6.735

$$\rightarrow C^*_{0,i=10} = -10.000 + \frac{6.350}{1,155} + \frac{6.735}{1,155^2} =$$

$$= -10.000 + \frac{3.500}{1,05} + \frac{3.500}{1,05^2} + \frac{2.500/1,1}{1,05} + \frac{2.500/1,1^2}{1,05^2} = 546,47 .$$

Entsprechend erhält man für die anderen Inflationsraten:

i	0	5	10	20	30
$C_{0,i}$	1.156,46	832,27	546,47	66,77	-318,80

♦

Berechnet man die Differenz der Kapitalwerte bei einer Inflationsrate von 0% und i%, so erhält man

$$C_0^* - C_{0,i}^* = \sum_{t=1}^{n} \frac{T A_t}{\left(1 + \frac{p^*}{100}\right)^t} - \sum_{t=1}^{n} \frac{T A_t}{\left(\left(1 + \frac{p^*}{100}\right)\left(1 + \frac{i}{100}\right)\right)^t} = \sum_{t=1}^{n} \frac{T A_t \left(\left(1 + \frac{i}{100}\right)^t - 1\right)}{\left(\left(1 + \frac{p^*}{100}\right)\left(1 + \frac{i}{100}\right)\right)^t}.$$

Bei linearer Abschreibung gilt $A_t = I_0/n$, so daß folgt

$$C_0^* - C_{0,i}^* = \sum_{t=1}^{n} \frac{T \frac{I_0}{n} \left(\left(1 + \frac{i}{100}\right)^t - 1\right)}{\left(\left(1 + \frac{p^*}{100}\right)\left(1 + \frac{i}{100}\right)\right)^t}$$

mit

I_0 = historischer Anschaffungswert

$I_0 \left(1 + \frac{i}{100}\right)^t$ = inflationierter Anschaffungswert

(Wiederbeschaffungswert zum Zeitpunkt t)

$\frac{I_0}{n}$ = Abschreibung vom historischen Anschaffungswert

$\frac{I_0}{n} \left(1 + \frac{i}{100}\right)^t$ = Abschreibung vom Wiederbeschaffungswert zum

Zeitpunkt t .

Die Differenz der Abschreibung vom inflationierten und der Abschreibung vom historischen Anschaffungswert ist der nominale Scheingewinn $G_{t,i}$ zum Zeitpunkt t, d.h.

$$G_{t,i} = \frac{I_0}{n} \left(\left(1 + \frac{i}{100}\right)^t - 1\right).$$

Dieser Scheingewinn wird mit dem Steuersatz T besteuert. Der Barwert der Steuern aus den Scheingewinnen ist somit

$$\sum_{t=1}^{n} \frac{T G_{t,i}}{(1+p_n^*)^t} = \sum_{t=1}^{n} \frac{T \frac{I_0}{n} \left(\left(1 + \frac{i}{100}\right)^t - 1\right)}{\left(\left(1 + \frac{p^*}{100}\right)\left(1 + \frac{i}{100}\right)\right)^t} = C_0^* - C_{0,i}^* .$$

Der Staat ist Inflationsgewinner, wenn vom Anschaffungswert abgeschrieben wird, während der Unternehmer Inflationsverlierer ist. Scheingewinn und Gewinnsteuer auf Scheingewinne sind um so größer, je höher die Inflationsrate ist.

Die Kapitalwerte bei einer Inflationsrate von 0% und bei einer Inflationsrate von i% unterscheiden sich also um den Barwert der Steuern auf die Scheingewinne bei einer Inflationsrate von i%, wobei der nominale Kalkulationszinsfuß nach Steuern zur Diskontierung verwendet wird.

Schreibt man vom inflationierten Anschaffungswert zum Zeitpunkt t ab, dann steigen die Abschreibungsbeträge mit einer Wachstumsrate, die der Inflationsrate entspricht. Die Höhe der Inflationsrate hat dann keinen Einfluß auf den Kapitalwert.

In der folgenden Tabelle werden Abschreibungen vom historischen Anschaffungswert und vom inflationierten Anschaffungswert miteinander verglichen, wobei eine Inflationsrate von i=10 unterstellt wird.

	Abschreibung vom historischen Anschaffungswert I_0		Abschreibung vom inflationierten Anschaffungswert $I_0(1+\frac{i}{100})^t$, wobei i=10	
t	1	2	1	2
Einzahlungsüberschuß vor Steuern	7.700	8.470	7.700	8.470
./. Abschreibung	5.000	5.000	5.500	6.050
Gewinn vor Steuern	2.700	3.470	2.200	2.420
./. Steuern	1.350	1.735	1.100	1.210
Gewinn nach Steuern	1.350	1.735	1.100	1.210
+ Abschreibung	5.000	5.000	5.500	6.050
Einzahlungsüberschuß nach Steuern	6.350	6.735	6.600	7.260

Würde man vom inflationierten Anschaffungswert abschreiben, so erhielte man als Kapitalwert

$$C_0^* = -10.000 + \frac{6.600}{1,155} + \frac{7.260}{1,155^2}$$

$$= -10.000 + \frac{3.000}{1,05} + \frac{3.000}{1,05^2} + \frac{2.500}{1,05} + \frac{2.500}{1,05^2} = 1.156{,}46 \ ;$$

dies entspricht dem Kapitalwert bei einer Inflationsrate von 0%.

Bei Abschreibung vom historischen Anschaffungswert entsteht in der ersten Periode ein Scheingewinn von (2.700 - 2.200) = 500 und in der 2. Periode ein Scheingewinn von (3.470 - 2.420) = 1.050. Die Steuern auf die Scheingewinne betragen bei T=0,5 250 bzw. 525. Der Barwert der Steuern auf die Scheingewinne ist $\frac{250}{1,155} + \frac{525}{1,155^2} = 609{,}99$.

Der Betrag von 609,99 ist gerade die Differenz der Kapitalwerte bei einer Inflationsrate von 0% und 10%, nämlich 1.156,46 - 546,47.

E. STATISCHE VERFAHREN

1. VORBEMERKUNGEN

Die bisher betrachteten dynamischen Verfahren (Kapitalwertmethode, interne Zinsfußmethode) basieren auf Ein- und Auszahlungen und berücksichtigen durch Diskontierung die Zahlungszeitpunkte. Grundlage der statischen Verfahren sind dagegen Kosten und Erträge einer Periode. Sie vernachlässigen den unterschiedlichen zeitlichen Anfall der für die Berechnung relevanten Größen. Die statischen Verfahren, die auf kalkulatorische Größen der Kostenrechnung aufbauen, nennt man daher auch <u>kalkulatorische</u> oder <u>einperiodische</u> Verfahren. Entsprechend werden dynamische Verfahren manchmal auch als <u>mehrperiodische</u> Verfahren bezeichnet.

Statische Verfahren, die in der Praxis vorwiegend in kleinen und mittleren Betrieben verwendet werden, zeichnen sich durch leicht interpretierbare Kenngrößen aus. Die Berechnung der Kenngrößen ist einfach. Ihre Bestimmung ist unproblematisch, da sie ohnehin im Zusammenhang mit der Kostenrechnung anfallen. Der grundlegende Kritikpunkt der statischen Verfahren ist die einperiodische Betrachungsweise. Der Gegenwartswert und damit die Vorteilhaftigkeit einer Investition hängt nicht nur von der Höhe der Einflußgrößen, sondern auch von deren zeitlicher Verteilung ab. Zwei Investitionsalternativen können sich in ihrer Vorteilhaftigkeit auch dann unterscheiden, wenn ihre statischen Rentabilitäten gleich groß sind. Kenngrößen der statischen Verfahren können daher immer nur als Approximation für Kenngrößen der dynamischen Verfahren dienen. Zur Darstellung der statischen Verfahren soll folgendes Beispiel herangezogen werden:

♦ **Beispiel:**

Die Taxiunternehmerin Beatrix B. plant die Anschaffung eines Fahrzeugs. Zur Wahl stehen zwei Marken A und B. Anschaffungskosten, variable und fixe Kosten sind der nachfolgenden Tabelle zu entnehmen. Es ist beabsichtigt, das Taxi 4 Jahre zu betreiben. Die Abschreibung erfolgt linear auf den jeweiligen Restwert. Die kalkulatorische Verzinsung beträgt 10%.

	Typ A	Typ B
Anschaffungspreis	28.000	32.000
Wiederverkaufswert nach 4 Jahren	8.000	10.000
Kfz-Steuer pro Jahr	600	800
Kfz-Versicherung pro Jahr	800	1.100
Kraftstoff und Öl (100 km)	20	18
Inspektion, Reparaturen (100 km)	14	13
Reifenverschleiß (100 km)	2	2
Personal- und sonstige Fixkosten pro Jahr (ohne AfA)	20.000	20.000

♦

2. KOSTENVERGLEICHSMETHODE

Ausgangspunkt dieser Methode ist die Berechnung der Gesamtkosten oder der Durchschnittskosten pro Jahr. Bei gleicher Ausbringungsmenge der verschiedenen Investitionsobjekte ist die Alternative zu wählen, die die geringsten Gesamtkosten aufweist. Ist die Ausbringungsmenge der Investitionsobjekte unterschiedlich, so ist die Alternative vorteilhaft, welche die geringsten Durchschnitts- oder Stückkosten besitzt.
Bei linearer Abhängigkeit der Gesamtkosten K von der Ausbringungsmenge x erhält man die lineare Kostenfunktion

$$K = K_f + k_v \, x \, ,$$

wobei

K = Gesamtkosten

K_f = Fixe Kosten

k_v = Variable Kosten pro Stück

x = Ausbringungsmenge.

Die Durchschnitts- bzw. Stückkostenfunktion ergibt sich aus der Division der Gesamtkosten durch die Ausbringungsmenge. Sie lautet:

$$k = \frac{K}{x} = \frac{K_f}{x} + k_v \, .$$

Bei den statischen Verfahren werden kalkulatorische Zinsen für das eingesetzte Kapital ermittelt, indem man das durchschnittliche gebundene Kapital als Berechnungsbasis wählt.

Unterstellt man eine jährliche lineare Abschreibung in Höhe von $A = (I_0 - R_n)/n$ auf den Restwert R_n, so ist das durchschnittliche gebundene Kapital

$$\overline{K} = \frac{I_0 + (I_0 - A) + (I_0 - 2A) + \ldots (I_0 - (n-1)A)}{n}.$$

Durch Einsetzen der Summenformel für die arithmetische Reihe folgt

$$\overline{K} = \frac{n I_0 - (n-1) \frac{n}{2} A}{n}$$

bzw. nach einigen elementaren Umformungen

$$\boxed{\overline{K} = \frac{I_0 + R_n + A}{2}}.$$

Beträgt die Abschreibung $\frac{A}{m}$ pro $\frac{1}{m}$-tel Jahr, dann ergibt sich für das durchschnittliche gebundene Kapital

$$\overline{K} = \frac{I_0 + R_n + \frac{I_0 - R_n}{n \cdot m}}{2}.$$

Strebt m gegen unendlich, dann nähert sich die diskontinuierliche lineare Abschreibung einer kontinuierlichen bzw. stetigen linearen, und das durchschnittliche gebundene Kapital ist

$$\boxed{\overline{K} = \frac{I_0 + R_n}{2}}.$$

In diesem Fall kann das gebundene Kapital zum Zeitpunkt t durch die lineare Funktion

$$K_t = I_0 - A \cdot t \qquad (0 \leq t \leq n)$$

mit

$$\overline{K} = \frac{\int_0^n (I_0 - A \cdot t)\, dt}{n} = \frac{2 I_0 - n \cdot A}{2} = \frac{I_0 + R_n}{2}$$

wiedergegeben werden, wobei $n \cdot A = I_0 - R_n$ ist.

Als Schätzwert für die kalkulatorischen Zinsen wählt man entweder

$$Z'_{kalk} = \frac{p}{100} \cdot \overline{K}' = \frac{p}{100} \left(\frac{I_0 + R_n + A}{2} \right).$$

oder

$$Z_{kalk} = \frac{p}{100} \cdot \overline{K} = \frac{p}{100} \left(\frac{I_0 + R_n}{2} \right).$$

Bei zwei Investitionsobjekten zeigt die kritische Ausbringungsmenge x_{krit} die Ausbringungsmenge an, bei welcher die Vorteilhaftigkeit wechselt.
Sind zwei Investitionen A und B mit den Kostenfunktionen

$$K_A = K_{fA} + k_{vA} \cdot x$$

und

$$K_B = K_{fB} + k_{vB} \cdot x$$

gegeben, so sind die Kosten bei der kritischen Ausbringungsmenge gleich hoch, d.h.

$$K_A = K_B$$

bzw.

$$K_{fA} + k_{vA} x_{krit} = K_{fB} + k_{vB} x_{krit}.$$

Die Auflösung nach x_{krit} führt zu

$$\boxed{x_{krit} = \frac{K_{fB} - K_{fA}}{k_{vA} - k_{vB}}}.$$

♦ **Beispiel:** [15]

a) Welche Alternative ist bei einer jährlichen Fahrleistung von 25.000 km zu wählen?
b) Wie hoch ist die kritische Fahrleistung?
c) Welche Alternative ist zu wählen, wenn die Fahrleistung mit Wagen A auf 20.000 km und mit Wagen B auf 25.000 km geschätzt wird?

Lösung:

I. Fixe Kosten pro Jahr

	Typ A	Typ B
Abschreibung	5.000	5.500
Kfz-Steuer	600	800
Kfz-Versicherung	800	1.100
Personal- und sonstige Fixkosten	20.000	20.000
Kalkulatorischer Zins Z_{kalk}	1.800	2.100
Insgesamt	28.200	29.500

II. Variable Kosten pro km

Typ A	Typ B
0,36	0,33

$\rightarrow K_A = 28.200 + 0{,}36x$

$K_B = 29.500 + 0{,}33x$

a) $x = 25.000$: $K_A = \boxed{37.200}$

$K_B = 37.750$

b) $x_{krit} = \dfrac{29.500 - 28.200}{0{,}36 - 0{,}33} = 43.333{,}333$ (km)

c) $k_A = \dfrac{28.200}{x} + 0{,}36$; falls $x = 20.000 \rightarrow k_A = 1{,}77$

$k_B = \dfrac{29.500}{x} + 0{,}33$; falls $x = 25.000 \rightarrow \boxed{k_B = 1{,}51}$ ♦

3. GEWINNVERGLEICHSMETHODE

Zusätzlich zu den Kosten werden bei der Gewinnvergleichsmethode auch die Erträge in das Investitionskalkül miteinbezogen. Anstelle der Kosten werden die Gewinne miteinander verglichen. Diejenige Investitionsalternative, die den höchsten Gewinn aufweist, ist zu wählen. Ein Kritikpunkt stellt die Tatsache dar, daß unterschiedlich hohe Investitionsausgaben nicht direkt berücksichtigt werden. Der höhere Gewinn der vorteilhaften Investition wird möglicherweise wegen einer höheren Investitionsauszahlung erwirtschaftet. Daher ist die Gewinnvergleichsmethode nur dann ohne weitere Prüfung angebracht, wenn die Investitionsauszahlungen alle gleich hoch sind. Sind sie unterschiedlich hoch, dann muß der Gewinn des Differenzbetrags zwischen der höheren und der niedrigeren Investition berücksichtigt werden.

♦ **Beispiel:**

Gewinnvergleich bei unterschiedlich hohen Investitionsauszahlungen

	Investition A	Investition B
Investitionsauszahlung	100.000	60.000
Gewinn pro Jahr	15.000	12.500
Laufzeit	4 Jahre	4 Jahre

Welche Alternative ist zu wählen?

Lösung:

Die Alternative A ist nur dann vorteilhafter, wenn die Differenzinvestition von 40.000 DM einen Gewinn erwirtschaftet, der geringer als 2.500 DM ist. ♦

Die Gewinnschwellenrechnung oder Break-Even-Analyse dient zur Ermittlung der Ausbringungsmenge $x_{B.E.}$ (Break-Even-Menge), ab der ein positiver Gewinn erwirtschaftet wird. Unterstellt man eine lineare Kostenfunktion, dann folgt für den Gewinn G

$$G = p \cdot x - K = p \cdot x - (K_f + k_v x) = (p - k_v) x - K_f$$

bzw.

$$\boxed{G = dx - K_f},$$

wobei

p = Preis ($p \cdot x$ = Umsatz)

d = $(p - k_v)$ Deckungsbeitrag pro Stück.

Für die Break-Even-Menge $x_{B.E.}$ gilt

$$G = 0 = dx_{B.E.} - K_f$$

bzw.

$$\boxed{x_{B.E.} = \frac{K_f}{d}}.$$

Ist die Ausbringungsmenge größer als die Break-Even-Menge, so erzielt das Unternehmen Gewinne. Bei einer Ausbringungsmenge, die kleiner als die Break-Even-Menge ist, erleidet das Unternehmen Verluste.

♦ **Beispiel:**

a) Ermitteln Sie die Gewinne bei einer jährlichen Fahrleistung von 25.000 km. Der Fahrpreis beträgt 2 DM pro km.
b) Bei welcher jährlichen Fahrleistung gelangen die beiden Wagen in die Gewinnzone?

Lösung:

a)
$$G_A = 2 \cdot 25.000 - 37.200 = \boxed{12.800}$$
$$G_B = 2 \cdot 25.000 - 37.750 = 12.250$$

b)
$$x^A_{B.E.} = \frac{28.200}{2-0,36} = 17.195,122 \qquad x^B_{B.E.} = \frac{29.500}{2-0,33} = 17.664,671 \qquad ♦$$

4. RENTABLITÄTSVERGLEICHSMETHODE

Bei dieser Methode wird die Rentabilität des durchschnittlich gebundenen Kapitals berechnet:

$$\boxed{R = \frac{\overline{G}}{\overline{K}} \cdot 100}$$

mit

$\overline{G}$ = Durchschnittlicher Gewinn

$\overline{K} = \dfrac{I_0 + R_n}{2}$ = Näherungswert für das durchschnittlich gebundene Kapital.

Es ist die Investitionsalternative mit der höchsten Rentabilität auszuwählen. Bei Investitionsprojekten mit unterschiedlichen Auszahlungen I_0 ist die Rentabilität der Differenzinvestition zusätzlich zu überprüfen.

♦ **Beispiel:**

Rentabilitätsvergleich bei unterschiedlicher Investitionsauszahlung

	Investition A	Investition B
Investitionsauszahlung	100.000	60.000
Gewinn pro Jahr	15.000	12.500
Laufzeit	4 Jahre	4 Jahre
Restwert	0	0

Lösung:

$$R_A = \frac{15.000}{50.000} \cdot 100 \stackrel{\wedge}{=} 30\%$$

$$R_B = \frac{12.500}{30.000} \cdot 100 \stackrel{\wedge}{=} 41,67\% \; .$$

Die Investition B erfordert eine um 20.000 DM geringere durchschnittliche Kapitalbindung. Diese 20.000 DM müssen sich mindestens mit $\frac{2.500}{20.000} \cdot 100 \stackrel{\wedge}{=} 12,5\%$ rentieren, damit B nicht schlechter als A ist. ♦

Bezieht man den durchschnittlichen Gewinn auf das eingesetzte Anfangskapital I_0, so erhält man als Maß für die Rentabilität den sogenannten "Return on Investment" ROI.

$$\boxed{ROI = \frac{\overline{G}}{I_0} \cdot 100}\; .$$

Ist der Restwert $R_n=0$, so ist

$$R = \frac{\overline{G}}{I_0/2} \cdot 100 = \frac{2\overline{G}}{I_0} \cdot 100 \; .$$

Hieraus folgt

$$R = 2 \cdot ROI \; .$$

♦ **Beispiel:**

Berechnen Sie die Rentabilitäten R und ROI für das Taxibeispiel bei einer Fahrleistung von 25.000 km jährlich. Der Fahrpreis beträgt 2 DM pro km.

Lösung:

Typ A:
$$R_A = \frac{12.800}{\frac{1}{2}(28.000+8.000)} \cdot 100 \stackrel{\wedge}{=} 71,1\%$$

$$ROI_A = \frac{12.800}{28.000} \cdot 100 \stackrel{\wedge}{=} 45,7\%$$

Typ B:
$$R_B = \frac{12.250}{\frac{1}{2}(32.000+10.000)} \cdot 100 \stackrel{\wedge}{=} 58,3\%$$

$$ROI_B = \frac{12.250}{32.000} \cdot 100 \stackrel{\wedge}{=} 38,3\% \qquad ♦$$

5. AMORTISATIONSVERGLEICHSMETHODE

Liquiditätsgesichtspunkte stehen im Vordergrund, wenn ein Unternehmen die Amortisationsvergleichsmethode (Pay-Off- oder Pay-Back-Methode) für die Investitionsrechnung verwendet. Es hat dann zum Ziel, das investierte Kapital möglichst schnell zurückzuerhalten. Gründe dafür sind, entweder das Risiko zu begrenzen (z.B. bei Investitionen in Entwicklungsländern), oder die Option wahrzunehmen, nach kurzer Zeit in ein neues, vielleicht chancenreicheres Objekt zu investieren.

Die Amortisations- oder Rückgewinnungszeit t_A (in Jahren) berechnet sich wie folgt:[10]

$$\boxed{t_A = \frac{I_0}{\overline{c}}} \quad ,$$

wobei

I_0 = Investitionsauszahlung

$\overline{c}$ = durchschnittlicher Einzahlungsüberschuß.

Der jährliche Einzahlungsüberschuß kann entweder direkt, als Differenz der Ein- und Auszahlungen, oder indirekt, als Summe aus Gewinn, Abschreibungen und kalkulatorischen Kosten, ermittelt werden, da

$$G = p \cdot x - K_a - K_{na}$$

bzw.

$$\underbrace{G + K_{na}}_{\text{indirekt}} = \underbrace{px - K_a}_{\text{direkt}}$$

ist, wobei

$p \cdot x$ = Umsatz (Einzahlung)
K_a = auszahlungswirksame Kosten
K_{na} = nicht auszahlungswirksame Kosten
(Abschreibungen, kalkulatorische Kosten).

Vorteilhaft ist die Investition, die die kürzeste Amortisationsdauer aufweist.

♦ **Beispiel:**

Berechnen Sie die Amortisationszeiten für die Fahrzeuge unter Berücksichtigung der kalkulatorischen Zinsen.

Lösung:

Typ A: $\bar{c}_A = 12.800 + 5.000 + 1.800 = 19.600$

Typ B: $\bar{c}_B = 12.250 + 5.500 + 2.100 = 19.850$

$$\rightarrow t_A^A = \frac{28.000}{19.600} \text{ Jahre} = \boxed{1{,}43 \text{ Jahre}}$$

$$t_A^B = \frac{32.000}{19.850} \text{ Jahre} = 1{,}61 \text{ Jahre} \qquad ♦$$

6. STATISCHE UND DYNAMISCHE RENTABILITÄTEN IM VERGLEICH

Der interne Zinsfuß ist bei einer konventionellen Investition der Zinsfuß, bei welchem die Investitionsauszahlung I_0 dem Barwert der Einzahlungsüberschüsse entspricht

$$I_0 = \frac{c_1}{1+\frac{r}{100}} + \frac{c_2}{\left(1+\frac{r}{100}\right)^2} + \frac{c_3}{\left(1+\frac{r}{100}\right)^3} + \ldots + \frac{c_n}{\left(1+\frac{r}{100}\right)^n}.$$

Werden konstante Einzahlungsüberschüsse und ein Restwert von Null angenommen, so gilt:

$$I_0 = \frac{c}{1+\frac{r}{100}} \underbrace{\left(1 + \frac{1}{1+\frac{r}{100}} + \frac{1}{\left(1+\frac{r}{100}\right)^2} + \ldots + \frac{1}{\left(1+\frac{r}{100}\right)^{n-1}}\right)}_{\text{geometrische Reihe}}.$$

Hieraus folgt

$$I_0 = \frac{c}{1+\frac{r}{100}} \left(\frac{\frac{1}{\left(1+\frac{r}{100}\right)^n} - 1}{\frac{1}{1+\frac{r}{100}} - 1} \right)$$

bzw.

$$I_0 = \frac{c}{\frac{r}{100}} \left(1 - \frac{1}{\left(1+\frac{r}{100}\right)^n}\right)$$

oder

$$r = 100 \cdot \left[\frac{c}{I_0} - \frac{c}{I_0} \frac{1}{\left(1+\frac{r}{100}\right)^n}\right].$$

Unter den oben genannten Bedingungen berechnet sich die statische Rentabilität des durchschnittlich gebundenen Kapitals wie folgt:

$$R = \frac{\overline{G}}{\overline{K}} \cdot 100$$

$$= \frac{c-A}{I_0/2} \cdot 100 = 100\left(\frac{c}{I_0/2} - \frac{I_0/n}{I_0/2}\right) = 200\left(\frac{c}{I_0} - \frac{1}{n}\right),$$

wobei A = linearer Abschreibungsbetrag

$\overline{K} = \dfrac{I_0+0}{2}$.

♦ Beispiel:

Eine Maschine kostet 27.450 DM. Sie wird in 5 Jahren linear auf den Restwert Null abgeschrieben. Der jährliche Einzahlungsüberschuß beträgt während der Laufzeit 10.000 DM jährlich.

Berechnen Sie   a) den internen Zinsfuß
                b) die Rentabilität des durchschnittlich gebundenen Kapitals.

Lösung:

a)
$$0 = -27.450 + 10.000 \cdot RBF_r^{n=5}$$
$$\rightarrow RBF_r^{n=5} = 2,745$$
$$\rightarrow r = 24$$

b)
$$A = \frac{27.450}{5} = 5.490$$

$$\overline{G} = 10.000 - 5.490 = 4.510$$

$$\overline{K} = 13.725$$

$$\rightarrow R = \frac{4.510}{13.725} \cdot 100 = 200\left(\frac{10.000}{27.450} - \frac{1}{5}\right) = 32,86 \qquad ♦$$

Durch Umformung der Gleichung für den internen Zinsfuß erhält man

$$\frac{c}{I_0} = \frac{r}{100\left(1 - \frac{1}{(1+\frac{r}{100})^n}\right)} \ .$$

Setzt man diesen Ausdruck in die Gleichung für die Kapitalrentabilität R ein, so entsteht eine unmittelbare Beziehung zwischen Kapitalrentabilität R und internem Zinsfuß r (vgl. LEVY/SARNAT (1986), S. 205)

$$\boxed{R = 2\left(\frac{r}{1 - \frac{1}{(1+\frac{r}{100})^n}} - \frac{100}{n}\right)} \ .$$

Für o.a. Beispiel ist

$$R = 2\left(\frac{24}{1 - \frac{1}{1,24^5}} - \frac{100}{5}\right) = 32,86 \ .$$

Ist n=1 bzw. n=∞ (ewige Rente), dann gilt

$$R = 2\,r \ .$$

Eine entsprechende Beziehung läßt sich zwischen Return on Investment und internem Zinsfuß ableiten. Da R=2ROI ist, falls der Restwert Null ist, gilt

$$\boxed{\text{ROI} = \frac{r}{1 - \frac{1}{(1+\frac{r}{100})^n}} - \frac{100}{n}}\ .$$

ROI und interner Zinsfuß stimmen überein, wenn die Laufzeit der Investition 1 Jahr beträgt. Diese Übereinstimmung ist auch im Falle einer ewigen Laufzeit bei konstanten jährlichen Einzahlungsüberschüssen gegeben:

$$\text{ROI} = r\ .$$

♦ **Beispiel:**

Eine Investitionsauszahlung von 1.000 DM für eine Maschine mit einer Laufzeit von 1 Jahr führt zu einem Einzahlungsüberschuß von 1.200 DM.
a) Berechnen Sie den internen Zinsfuß.
b) Berechnen Sie die Kapitalrentabilität R.
c) Berechnen Sie den ROI.

Lösung:

a) $$0 = -1.000 + \frac{1.200}{1 + \frac{r}{100}}$$

$$\rightarrow\ r = 20$$

b) $$\overline{G} = 1.200 - 1.000 = 200$$

$$R = \frac{200}{500} \cdot 100 = 40 = 2\left(\frac{20}{1 - \frac{1}{1,2}} - 100\right)$$

c) $$\text{ROI} = \frac{200}{1.000} \cdot 100 = 20 = \left(\frac{20}{1 - \frac{1}{1,2}} - 100\right)\qquad ♦$$

ROI und R unterscheiden sich im o.a. Beispiel deshalb so stark, weil unterschiedliche Annahmen über die durchschnittliche Kapitalbindung gemacht werden. Beim ROI wird unterstellt, daß das zu Beginn eingesetzte Kapital während des ganzen Jahres gebunden bleibt und am Ende amortisiert wird. Bei R wird eine lineare kontinuierliche Amortisation angenommen.

Bei der Berechnung des internen Zinsfußes wird bei diskreter Betrachtungsweise unterstellt, daß die Zahlungen jährlich nachschüssig anfallen. Im betrachteten Beispiel bedeutet dies eine Bindung des gesamten Kapitals bis zum Ende der Laufzeit. Daher sind r und ROI gleich hoch. Unterstellt man hingegen einen kontinuierlichen Rückfluß der Einzahlungsüberschüsse in konstanter Höhe, so läßt sich der interne Zinsfuß approximativ durch Lösung folgender Gleichung bestimmen (vgl. B 3.6):

$$C_0 = 0 = -1.000 + \frac{1.200}{\left(1 + \frac{r}{100}\right)^{1/2}} .$$

Als Ergebnis erhält man r=44. In diesem Fall liefert R den besseren Schätzwert für r. Daher kann ohne Kenntnis der Verteilungsstruktur der tatsächlich anfallenden Zahlungen a priori nicht entschieden werden, welche statische Rentabilitätskennziffer einen besseren Schätzwert für den internen Zinsfuß abgibt. Der Unterschied zwischen stetiger und diskreter Betrachtungsweise wird allerdings um so geringer, je höher die Lebensdauer der Investition ist (vgl. B 3.6).

Den Zusammenhang zwischen internem Zinsfuß (r=10) und Kapitalrentabilität bzw. Return on Investment in Abhängigkeit von der Laufzeit zeigt Abbildung 1. Hierbei ist zu berücksichtigen, daß sich der interne Zinsfuß r nur dann als Vergleichsmaßstab eignet, wenn die Zahlungen tatsächlich jährlich nachschüssig anfallen. Durch den ROI wird der interne Zinsfuß - mit Ausnahme der Laufzeit von n=1 Jahr - unterschätzt. Die Unterschätzung ist am größten bei einer Laufzeit von 8 Jahren (ROI=6,24). Danach nimmt sie mit steigender Laufzeit ab. Dagegen wird durch die Kapitalrentabilität der interne Zinsfuß überschätzt. Die Verwendung der statischen Rentabilitätsziffern kann zu Fehlentscheidungen führen. Ist beispielsweise der Kalkulationszinsfuß 8%, der interne Zinsfuß 10% und die Laufzeit 5 Jahre, so würde man die Investition durchführen. Bei dieser Laufzeit errechnet man einen ROI von etwa 6,4%. Da der ROI kleiner als die geforderte Mindestrendite ist, wird das statische Investitionskalkül eine eigentlich vorteilhafte Investitionsalternative ablehnen.

Im Gegensatz zum ROI-Kriterium, welches vorteilhafte Alternativen höchstens ablehnt, wird das Kapitalrentabilitäts-Kriterium unvorteilhafte Investitionsalternativen u.U. annehmen. Wenn der Kalkulationszinsfuß 12% beträgt, wird die eben beschriebene Investitionsalternative durch die interne Zinsfußmethode abgelehnt. Da sich eine Kapitalrentabilität R von 12,8% ergibt, handelt es sich um eine scheinbar vorteilhafte Investition. Die Investition wird durchgeführt, obwohl der Kapitalwert negativ ist.

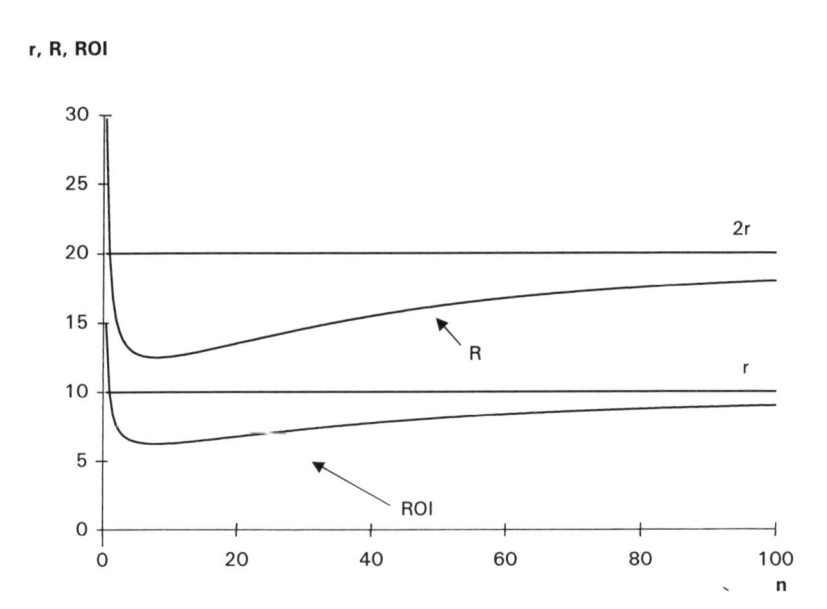

Abb. 1: Statische und dynamische Rentabilitätskennzahlen im Vergleich (r=10)

♦ **Beispiel:**

Die internen Zinsfüße und die Kapitalwerte für die beiden Wagentypen A und B sind bei einer jährlichen Fahrleistung von 25.000 km zu berechnen. Der Fahrpreis beträgt 2 DM pro km.

Lösung:

Typ A:

$$\bar{c}_A = 12.800 + 5.000 + 1.800 = (2-0.36) \cdot 25.000 - 21.400 = 19.600 \,;$$

$$-28.000 + \frac{19.600}{1+r} + \frac{19.600}{(1+r)^2} + \frac{19.600}{(1+r)^3} + \frac{19.600}{(1+r)^4} + \frac{8.000}{(1+r)^4}$$

$$\rightarrow \; r = 62{,}5\,; \quad C_0 = 39.593{,}47\,, \; \text{falls} \; p = 10$$

Typ B:

$$\bar{c}_B = 12.250 + 5.500 + 2.100 = (2-0.33) \cdot 25.000 - 21.900 = 19.850 \,;$$

$$-32.000 + \frac{19.850}{1+r} + \frac{19.850}{(1+r)^2} + \frac{19.850}{(1+r)^3} + \frac{19.850}{(1+r)^4} + \frac{10.000}{(1+r)^4}$$

$$\rightarrow \; r = 54{,}0\,; \quad C_0 = 37.751{,}96\,, \; \text{falls} \; p = 10\,.$$

Zusammenfassung:

	C_0	r	R	ROI
Wagentyp A	39.593,47	62,5	71,1	45,7
Wagentyp B	37.751,96	54,0	58,3	38,3

Sowohl statische als auch dynamische Kennzahlen führen hier zur selben Entscheidung, nämlich zur Auswahl des Wagentyps A. Wegen der hohen Restwerte fällt die Überschätzung des internen Zinsfußes r durch die Kapitalrentabilität R relativ gering aus. Die oben abgeleiteten Beziehungen zwischen internem Zinsfuß und Kapitalrentabilität bzw. ROI gelten hier nur approximativ, da der Restwert von Null verschieden ist. ♦

F. INVESTITIONSENTSCHEIDUNGEN UNTER RISIKO

1. VORBEMERKUNGEN

Bei den bisherigen Beurteilungskriterien für die Investitionsentscheidungen ist die Unsicherheit bezüglich zukünftiger Zahlungsströme vernachlässigt worden. Die Vernachlässigung der Unsicherheit kann oft dann vertreten werden, wenn die Investitionsprojekte mehr oder weniger alle dem gleichen Risiko unterliegen. Unterscheiden sich die Risiken der einzelnen Investitionsprojekte, so kann eine Nichtberücksichtigung des Risikos zu Fehlentscheidungen führen. Ein risikoscheuer Investor wird eine Investition A, die einen etwas kleineren Kapitalwert als die Investition B hat, immer dann vorziehen, wenn das Risiko von B ungleich höher als das von A ist. So wie ein Mittelwert in der Statistik ohne die Angabe der Streuung wenig aussagekräftig ist (vgl. hierzu KRÄMER (1991), S. 48 ff.), so ist auch ein Kapitalwert ohne ein Maß für die Abweichung von diesem wenig bedeutungsvoll. Eine Investition mit einem Kapitalwert von 10.000 DM mit einer möglichen Abweichung von ± 3.000 DM ist sicherlich ganz anders zu beurteilen als eine Investition mit einem Kapitalwert von ebenfalls 10.000 DM, aber einer möglichen Abweichung von ± 13.000 DM.

Von Praktikern wird die Berücksichtigung des Risikos bei der Investitionsrechnung oft abgelehnt, und zwar mit dem Argument, daß das Risiko durch die subjektive Einschätzung nur ungenau und manipulierbar zu quantifizieren sei. Das Ergebnis der Risikoanalyse hinge zu sehr von den Annahmen ab. Dem Argument ist aber entgegenzuhalten, daß die traditionelle deterministische Investitionsrechnung statistisch gesehen eine Punktschätzung für den Kapitalwert oder für den internen Zinsfuß liefert. Prognostiker wissen aber, daß es wesentlich schwieriger ist, eine Punktschätzung als eine Intervallschätzung abzugeben. Kein Manager wird wohl wissen, wie hoch der Einzahlungsüberschuß einer Investition in 5 Jahren sein wird. Er wird aber vermutlich Bandbreiten angeben können, in denen sich der Einzahlungsüberschuß in 5 Jahren mit großer Wahrscheinlichkeit bewegen wird. Die Unsicherheit in den Annahmen überträgt sich dann auf die Unsicherheit bezüglich des Kapitalwertes. Daher täuscht eine Nichtberücksichtigung des Risikos eine Sicherheit vor, die gar nicht gegeben ist. Erst durch die Stochastifizierung der Annahmen wird dem Investor deutlich, mit welchen Risiken sein Investitionsobjekt versehen ist.

Der Abschnitt über Investitionsrechnung bei Risiko erfordert vom Leser Grundkenntnisse in mathematischer Statistik (vgl. etwa BAMBERG/BAUR (1991) oder HARTUNG/ELPELT/ KLÖSENER (1989)).

2. GRUNDBEGRIFFE

2.1 Sicherheit, Risiko und Ungewißheit

Eine Investitionsentscheidung hängt von Faktoren ab, die in der Zukunft liegen. Die Menge aller relevanten Faktoren oder Zustände $z_1, z_2, ..., z_n$ nennt man Zustandsraum (vgl. BAMBERG/COENENBERG (1990), S. 17)

$$Z = \{z_1, z_2, ..., z_n\}.$$

Beispielsweise kann die Lebensdauer eines Investitionsprojektes durch die Zustände $z_1 = 1$ Jahr, $z_2 = 2$ Jahre, ... $z_n = 6$ Jahre beschrieben werden, d.h.

$$Z = \{1, 2, 3, 4, 5, 6\}.$$

Eine <u>Ungewißheitssituation</u> liegt vor, wenn lediglich bekannt ist, daß irgendeiner der Zustände aus Z eintreten wird. Im Extremfall hat man überhaupt keine Vorstellung über die Lebensdauer. Im vorliegenden Beispiel weiß man, daß dann die Lebensdauer zwischen 1 und 6 Jahren liegen wird. Sind dagegen subjektive oder objektive Wahrscheinlichkeiten für das Eintreten der Zustände bekannt, so liegt eine <u>Risikosituation</u> vor. Beispielsweise kennt man folgende Wahrscheinlichkeitsverteilung für die Lebensdauer:

Lebensdauer (Jahre)	1	2	3	4	5	6
Wahrscheinlichkeit	0,1	0,2	0,3	0,3	0,05	0,05

Als <u>Sicherheitssituation</u> bezeichnet man den Fall, bei welchem der wahre Zustand bekannt ist. Beispielsweise weiß man mit Sicherheit, daß die Lebensdauer 4 Jahre betragen wird.

Im folgenden wird bei Investitionsentscheidungen eine Risikosituation unterstellt. Der Investor kennt nun nicht mehr, wie bisher angenommen, die Zukunft. Er kann aber subjektive oder objektive Wahrscheinlichkeiten über das Eintreten verschiedener zukünftiger Entwicklungen angeben. Bisher wurde die Höhe des Einzahlungsüberschusses zum Zeitpunkt t als bekannt vorausgesetzt. Nun wird nur noch die Angabe einer statistischen Verteilung möglich sein. Beispielsweise wird man sagen können, daß der Einzahlungsüberschuß in t mit einer Wahrscheinlichkeit von 90% zwischen 10.000 DM und 20.000 DM liegen wird.

2.2 Erwartungswert und Standardabweichung

Varianz und Standardabweichung sind die gebräuchlichsten Kennzahlen zur Messung des Risikos. Die Varianz einer diskreten Zufallsgröße X ist

$$\sigma^2 = \sum_{i=1}^{n} \left(x_i - E(X)\right)^2 p(x_i) \quad ,$$

$$\text{wobei } E(X) = \mu = \sum_{i=1}^{n} x_i\, p(x_i)$$

der Erwartungswert ist. $p(x_i)$ ist die Wahrscheinlichkeit, daß die Zufallsvariable den Wert x_i annimmt.

Die Quadratwurzel aus der Varianz ist die Standardabweichung, die dann folglich mit σ abgekürzt wird.

♦ **Beispiel:**

Eine Investition über 10.000 DM und einer Lebensdauer von einem Jahr werde bei einem Kalkulationszinsfuß von 10% erwogen. Die Einzahlungsüberschüsse X sind unsicher (Zufallsvariable). Die Verteilung der Einzahlungsüberschüsse ist der folgenden Tabelle zu entnehmen.

i	Einzahlungs- überschüsse x_i	Wahrscheinlich- keit $p(x_i)$
1	12.000	0,3
2	13.000	0,4
3	14.000	0,3

Beispielsweise wird mit einer (subjektiven) Wahrscheinlichkeit von 30% mit einem Einzahlungsüberschuß von 12.000 DM gerechnet.

Berechnen Sie den Erwartungswert und die Varianz des Kapitalwertes.

Lösung:

Wahrscheinlichkeit	0,3	0,4	0,3
Einzahlungsüberschuß	12.000	13.000	14.000
C_0	909,09	1.818,18	2.727,27

Statistisch gesehen ist der Kapitalwert C_0 nun eine Zufallsvariable. Man weiß im voraus nun nicht mehr, welche Realisation eintreten wird. Jedoch sind (subjektive) Wahrscheinlichkeiten angebbar. Mit einer Wahrscheinlichkeit von 40% wird der Kapitalwert 1.818,18 betragen.

Der erwartete Kapitalwert $E(C_0)$ ist

$$E(C_0) = 909{,}09 \cdot 0{,}3 + 1.818{,}18 \cdot 0{,}4 + 2.727{,}27 \cdot 0{,}3 =$$
$$= 1.818{,}18 \; .$$

Die Standardabweichung σ_{C_0} beträgt

$$\sigma_{C_0} = \Big((909{,}09 - 1.818{,}18)^2 \cdot 0{,}3 + (1.818{,}18 - 1.818{,}18)^2 \cdot 0{,}4$$
$$+ (2.727{,}27 - 1.818{,}18)^2 \cdot 0{,}3 \Big)^{1/2} = 704{,}18 \; . \qquad \blacklozenge$$

2.3 Verlustwahrscheinlichkeit

Von besonderem Interesse für die Beurteilung einer Investition ist die Wahrscheinlichkeit, daß der Kapitalwert negativ wird. Diese Größe wird Verlustwahrscheinlichkeit des Investitionsobjektes genannt. Unterstellt man eine Normalverteilung der Kapitalwerte, dann ist die Verlustwahrscheinlichkeit durch

$$P(C_0 < 0) = \Phi\left(\frac{-E(C_0)}{\sigma_{C_0}}\right) = 1 - \Phi\left(\frac{E(C_0)}{\sigma_{C_0}}\right)$$

gegeben, wobei Φ die Verteilungsfunktion der Standardnormalverteilung ist. Eine Tabelle der Standardnormalverteilung befindet sich im Anhang. Die Größe $E(C_0)/\sigma_{C_0}$ ist der Reziprokwert des Variationskoeffizienten.

♦ **Beispiel:**

Eine Investition habe einen erwarteten Kapitalwert von 31.07 Mio bei einer Standardabweichung von 20.8 Mio. Wie groß ist die Verlustwahrscheinlichkeit, falls die Kapitalwerte normalverteilt sind?

Lösung:

$$P(C_0 < 0) = 1 - \Phi\left(\frac{31{.}07}{20{.}8}\right) = 1 - \Phi(1{,}49) = 0{,}068 \; .$$

Mit einer Wahrscheinlichkeit von etwa 7% ist ein negativer Kapitalwert zu erwarten. ♦

2.4 Kovarianz und Korrelationskoeffizient

Kovarianz und Korrelationskoeffizient sind Kennzahlen, mit denen man den linearen Zusammenhang zwischen zwei Zufallsvariablen X und Y mißt. Die Kovarianz ist für den diskreten Fall wie folgt definiert:

$$Cov(X,Y) = \sum_{ij} (x_i - E(X))(y_j - E(Y)) \, p(x_i, y_j)$$

mit $\quad E(X)$ = Erwartungswert von X

$E(Y)$ = Erwartungswert von Y

$p(x_i, y_j)$ = gemeinsame Wahrscheinlichkeit.

Hat die Kovarianz den Wert Null, so sind X und Y unkorreliert. Eine normierte Größe, deren Wert immer zwischen -1 und +1 liegt, ist der Korrelationskoeffizient

$$\rho(X,Y) = \frac{Cov(X,Y)}{\sigma_X \cdot \sigma_Y}.$$

Entsprechen großen x-Werten große y-Werte und kleinen x-Werten kleine y-Werte, dann liegt positive Korrelation vor. Korrespondieren dagegen große x-Werte mit kleinen y-Werten bzw. kleine x-Werte mit großen y-Werten, dann spricht man von negativer Korrelation. Bei vollständiger positiver Korrelation ist $\rho=1$, bei vollständiger negativer Korrelation ist $\rho=-1$.

Bei stochastisch unabhängigen Zufallsvariablen sind Kovarianz und Korrelationskoeffizient immer Null.

2.5 µ-σ-Diagramm

Die Investitionsentscheidung basiert auf dem Erwartungswert $\mu=E(X)$ und der Standardabweichung σ des Kapitalwertes.

Ein risikoscheuer Investor zieht ein Investitionsobjekt A einem Investitionsobjekt B vor, wenn entweder

(1) $\quad E(A) \geq E(B)$ und $\sigma_A < \sigma_B$

oder

(2) $E(A) > E(B)$ und $\sigma_A \leq \sigma_B$.

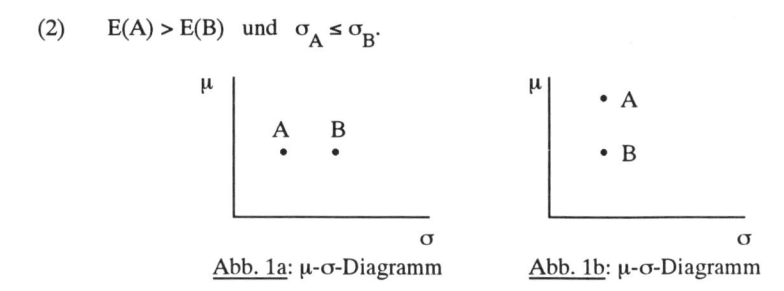

```
μ |                      μ |  • A
  |    A    B              |
  |    •    •              |  • B
  |_____                |_____
           σ                         σ
 Abb. 1a: μ-σ-Diagramm      Abb. 1b: μ-σ-Diagramm
```

Ist $E(A)>E(B)$ und $\sigma_A>\sigma_B$, so hängt die Entscheidung von der Risikoeinstellung des Investors ab.

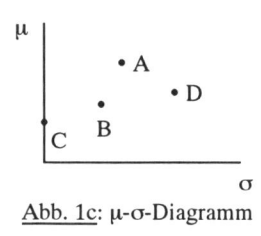

```
μ |
  |         • A
  |      •      • D
  |   C  B
  |_____
              σ
 Abb. 1c: μ-σ-Diagramm
```

Gemäß obiger Regel ist Investition A der Investition D vorzuziehen, d.h., als Alternative fällt D heraus. Im Vergleich zu B hat A sowohl einen höheren Erwartungswert als auch eine höhere Varianz. Der höhere Erwartungswert wird durch ein höheres Risiko erkauft. Investition C ist ohne jegliches Risiko (z.B. Kauf von Bundesschatzbriefen), hat aber den niedrigsten erwarteten Kapitalwert. Welche Investition getätigt wird, hängt von der Risikopräferenz des Anlegers ab. Der eine Anleger kauft Pfandbriefe, der andere kauft Optionen.

Die deterministische Investitionsrechnung basiert auf einer eindimensionalen Betrachtungsweise. Ist $E(A)>E(B)$, dann wird A gegenüber B präferiert. Die stochastische Investitionsrechnung (Investitionsrechnung unter Risiko) basiert dagegen auf einer zweidimensionalen Betrachtungsweise. Neben dem Erwartungswert wird das Risiko (Varianz) als Entscheidungsgrundlage mitberücksichtigt.

Das μ-σ-Diagramm kann modifiziert werden, indem man für das Risiko andere Kennzahlen als die Standardabweichung, z.B. die Verlustwahrscheinlichkeit, abträgt.

2.6 Rechenregeln für Erwartungswert und Varianz

Zur Berechnung von Erwartungswert und Varianz des Kapitalwertes benötigt man folgende Formeln:

Seien X_1 und X_2 beliebige Zufallsvariable und a und b beliebige Konstante, dann ist

$$E(a) = a$$
$$E(a+b X_1) = a + b\, E(X_1)$$
$$E(a X_1 + b X_2) = a\, E(X_1) + b\, E(X_2)$$
$$\text{Var}(a) = 0$$
$$\text{Var}(a+b X_1) = b^2\, \text{Var}(X_1)$$
$$\text{Var}(a X_1 + b X_2) = a^2\, \text{Var}(X_1) + b^2\, \text{Var}(X_2) + 2ab\, \text{Cov}(X_1, X_2)$$
$$= a^2\, \text{Var}(X_1) + b^2\, \text{Var}(X_2) + 2ab\, \rho\, \sigma_1 \cdot \sigma_2\ .$$

Bei Unabhängigkeit von X_1 und X_2 gilt

$$\text{Var}(a X_1 + b X_2) = a^2\, \text{Var}(X_1) + b^2\, \text{Var}(X_2),$$

da $\text{Cov}(X_1, X_2) = 0$ ist.

Ist (X_1, X_2) zweidimensional normalverteilt, dann ist $a_1 X_1 + a_2 X_2$ normalverteilt mit

$$\mu = a_1\, \mu_1 + a_2\, \mu_2$$

und

$$\sigma^2 = a_1^2\, \sigma_1^2 + a_2^2\, \sigma_2^2 + 2\, a_1 a_2\, \rho\, \sigma_1\, \sigma_2\ .$$

Diese Rechenregeln lassen sich für mehr als zwei Zufallsvariablen $X_1, X_2,...,X_n$ verallgemeinern. So gilt beispielsweise

$$\text{Var}(a_1 X_1 + a_2 X_2 + ... + a_n X_n) = \sum_i a_i^2\, \text{Var}(X_i) + 2 \sum_{i<j} a_i a_j\, \text{Cov}(X_i, X_j).$$

3. SENSITIVITÄTSANALYSE

Die einfachste Form zur Berücksichtigung des Risikos bei Investitionsentscheidungen stellt die Sensitivitätsanalyse dar. Man stellt fest, wie sensitiv der Kapitalwert, der interne Zinsfuß oder andere Maße für die Vorteilhaftigkeit einer Investition auf Veränderungen der Einflußgrößen reagieren. Im wesentlichen unterscheidet man drei Verfahren der Sensitivitätsanalyse, nämlich
- das Verfahren der kritischen Werte
- die Reagibilitätsanalyse der Einflußgrößen
- die Bandbreitenanalyse.

3.1 Verfahren der kritischen Werte

Beim Kapitalwertverfahren ist Null ein kritischer Wert. Ist der Kapitalwert größer als Null, dann lohnt sich die Investition, ist der Kapitalwert kleiner als Null, dann lohnt sie sich nicht. Daher ist es wichtig zu wissen, ab welchen Werten der Einflußgrößen der Kapitalwert negativ wird.

♦ **Beispiel:**

Ein Unternehmer plant den Kauf einer Maschine, die 50.000 DM kostet. Er schätzt die jährlichen Einzahlungsüberschüsse auf 10.000 DM. Die Nutzungsdauer betrage 10 Jahre. Es wird mit einem Kalkulationszinsfuß von 8% gerechnet.
a) Wie hoch ist der Kapitalwert?
b) Um wieviel Prozent dürfen die jährlichen Einzahlungsüberschüsse maximal sinken, damit sich die Investition gerade noch lohnt?

Lösung:

a)
$$C_0 = -50.000 + 10.000 \cdot RBF_{8\%}^{10 \text{ Jahre}}$$
$$= -50.000 + 10.000 \cdot 6{,}710 = 17.100$$

b) $$C_0 = 0 = -50.000 + c_{krit} \cdot 6,710$$

$$\rightarrow c_{krit} = \frac{50.000}{6,710} = 7.451,56$$

Beim kritischen Einzahlungsüberschuß von $c_{krit}=7.451,56$ DM beträgt der Kapitalwert Null, d.h., die jährlichen Einzahlungsüberschüsse könnten um cirka 25,5% niedriger sein als ursprünglich geschätzt, und die Investition würde sich immer noch rentieren. ♦

Bei ausschließlicher Betrachtung des Einzahlungsüberschusses als kritischer Einflußfaktor kann das Risiko einer Investition erheblich unterschätzt werden, da der Einzahlungsüberschuß eine Differenzgröße ist, die aus Ein- und Auszahlungen gebildet wird. Im obigen Beispiel müßte der jährliche Einzahlungsüberschuß um mehr als 25,5% sinken, damit sich ein negativer Kapitalwert ergibt. Auf den ersten Blick scheint es sich um eine relativ risikolose Investition zu handeln. Wie die Fortsetzung des Beispiels aber zeigt, führt schon ein geringer prozentualer Rückgang der jährlichen Einzahlungen zu einem negativen Kapitalwert.

♦ **Beispiel:**

Um wieviel Prozent dürfen die jährlichen Einzahlungen aus dem vorigen Beispiel, die 100.000 DM betragen sollen, maximal sinken, damit sich die Investition gerade noch lohnt?

Lösung:

Aus $c_t = e_t - a_t$ folgt

$$a_t = 100.000 - 10.000 = 90.000 \quad \text{für} \quad t = 1,...,10.$$

$$C_0 = 0 = -50.000 + (e_{krit} - 90.000) \cdot 6,710$$

$$\rightarrow e_{krit} = 97.451,56.$$

Sind die jährlichen Einzahlungen nur um 2,55% niedriger als ursprünglich angenommen, dann ist der Kapitalwert Null. ♦

Oft ist es erforderlich, Ein- und Auszahlungen in ihre Komponenten aufzuspalten. Man erhält dann beispielsweise eine kritische Menge.

3. Sensitivitätsanalyse

♦ **Beispiel:**

Eine Flugschule plant den Kauf eines Flugzeuges, welches 150.000 DM kostet. Die fixen jährlichen Kosten, die auszahlungswirksam sind, betragen 15.000 DM. Der Flugstundenpreis, den die Flugschule verlangt, beträgt 180 DM. Pro Flugstunde fallen variable Kosten von 80 DM an. Nach 5 Jahren soll das Flugzeug zu einem Preis von 100.000 DM verkauft werden. Der Kalkulationszinsfuß ist 10%. Wieviele Flugstunden muß das Flugzeug jährlich mindestens vermietet (verchartert) werden, damit sich der Kauf für die Flugschule lohnt?

Lösung:

$$C_0 = 0 = -150.000 + \overbrace{\{(180-80) x_{krit} - 15.000\}}^{c} \cdot RBF_{10\%}^{5\,Jahre} + \frac{100.000}{1,1^5}$$

$$RBF_{10\%}^{5\,Jahre} = 3,791$$

$$\rightarrow 379,1 \, x_{krit} = 144.772,90$$

$$x_{krit} = 381,9 \text{ (Stunden)} . \qquad ♦$$

Neben der Menge wird auch der Preis oder die Nutzungsdauer als kritische Größe berechnet.

♦ **Beispiel:**

Wie hoch ist der kritische Flugstundenpreis aus dem vorigen Beispiel, falls das Flugzeug für 300 Flugstunden pro Jahr vermietet werden kann?

Lösung:

$$C_0 = 0 = -150.000 + \{(p_{krit}-80) \cdot 300 - 15.000\} \cdot RBF_{10\%}^{5\,Jahre} + \frac{100.000}{1,1^5}$$

$$\rightarrow p_{krit} = 207,3 .$$

Bei diesem Preis ergibt sich ein jährlicher Einzahlungsüberschuß von 23.190 DM.

$$\rightarrow C_0 = -150.000 + 23.190 \cdot 3,791 + \frac{100.000}{1,1^5} \approx 0 . \qquad ♦$$

Die kritische Nutzungsdauer n_{krit}, die die Bedingung

$$C_0 = -I_0 + \sum_{t=1}^{n_{krit}} \frac{c_t}{q^t} = 0$$

erfüllt, wird als dynamische Amortisations- oder Kapitalrückflußdauer bezeichnet.

♦ **Beispiel:**

Eine Investition über 10.000 DM führt jährlich zu Einzahlungsüberschüssen von 2.000 DM. Wie groß ist die kritische Nutzungsdauer bei einem Kalkulationszinsfuß von 12%?

Lösung:

$$C_0 = 0 = -10.000 + 2.000 \cdot RBF_{12\%}^{n_{krit}}$$

$$\rightarrow RBF_{12\%}^{n_{krit}} = 5$$

$$\rightarrow n_{krit} = 8 \text{ Jahre}. \qquad ♦$$

Im Gegensatz zur statischen Kapitalrückflußdauer, die $\frac{10.000}{2.000} = 5$ Jahre beträgt, berücksichtigt die dynamische Kapitalrückflußdauer die kalkulatorische Verzinsung. Der Unterschied zwischen statischer und dynamischer Rückflußdauer ist um so größer, je größer der Kalkulationszinsfuß ist.[11]

Das Verfahren der kritischen Werte läßt sich auf mehrere Einflußfaktoren erweitern.

♦ **Beispiel:**

Ein Blumengroßhändler erwägt die Investition in ein Gewächshaus für Topfpflanzen, welches 300.000 DM kostet. Die jährlichen Fixkosten (Auszahlungen) belaufen sich auf 35.000 DM. Die variablen Kosten pro Topfpflanze werden auf 2 DM veranschlagt. Es wird mit einem Kalkulationszinsfuß von 15% gerechnet. Bei welchen Preisen und Absatzmengen für Topfpflanzen rentiert sich die Investition bei einer Laufzeit von 10 Jahren? Ein Restverkaufserlös werde nicht unterstellt.

Lösung:

$$C_0 = 0 = -300.000 + \{(p_{krit}-2) \cdot x_{krit} - 35.000\} \cdot RBF_{15\%}^{10\,Jahre}$$

Die Auflösung nach den Unbekannten ergibt $\left(RBF_{15\%}^{10\,Jahre} = 5{,}019\right)$

$$p_{krit} = 2 + \frac{94.772{,}86}{x_{krit}}.$$

Die graphische Darstellung dieser Funktion zeigt die Preis-Mengen-Kombinationen mit positiven bzw. negativen Kapitalwerten (vgl. Abb. 2).

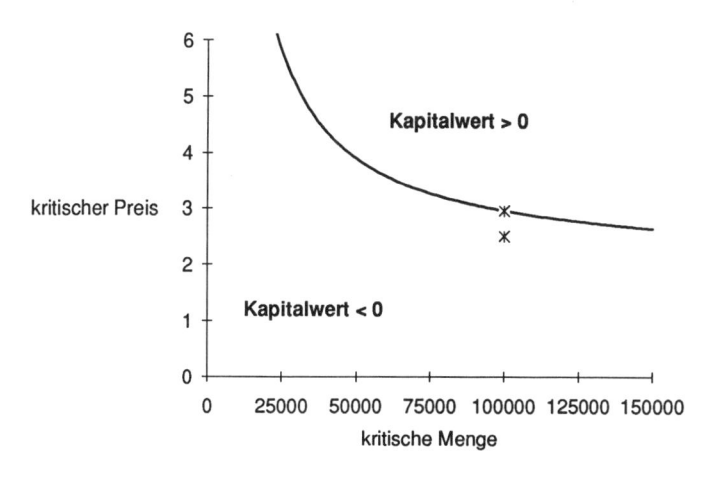

Abb. 2: Diagramm zum Verfahren der kritischen Werte

Schätzt beispielsweise der Unternehmer bei einer Absatzmenge von 100.000 Topfpflanzen einen Absatzpreis von 2,50 DM, dann ist der Kapitalwert negativ. Bei einer Absatzmenge von 100.000 Stück müßte der Preis mindestens 2,95 DM betragen, damit sich die Investition lohnt. ♦

3.2 Reagibilitätsanalyse der Einflußfaktoren

Bei dieser Variante der Sensitivitätsanalyse wird berechnet, wie sich der Kapitalwert bei einer prozentualen Veränderung einer Einflußgröße ändert.

♦ **Beispiel:**

Eine Investition über 100.000 DM führe 10 Jahre lang zu jährlichen Einzahlungsüberschüssen von 20.000 DM. Der Restwert werde auf 10.000 DM geschätzt. Der Kalkulationszinsfuß beträgt 10%. Wie ändert sich der Kapitalwert (absolut), falls sich die Einflußgrößen jeweils um 10% erhöhen?

Lösung:

1. Basismodell

$$C_0 = -100.000 + 20.000 \cdot RBF_{10\%}^{10\,Jahre} + \frac{10.000}{1,1^{10}}$$

$$= -100.000 + 20.000 \cdot 6,145 + \frac{10.000}{1,1^{10}}$$

$$= 26.755,43$$

2. Erhöhung der Investitionsausgabe um den Faktor k; bei einer Steigerung von 10% ist k=1,1.

$$\rightarrow C_0(k) = -100.000\,k + 20.000 \cdot 6,145 + \frac{10.000}{1,1^{10}}$$

$$C_0(k) = -100.000\,k + 126.755,43$$

$C_0(k)$ ist eine lineare Funktion von k.

Ist z.B. k=1,1 (10%)

$\rightarrow C_0(1,1) = 16.755,43$.

3. Erhöhung der jährlichen Einzahlungsüberschüsse um den Faktor k

$$C_0(k) = -100.000 + 20.000\,k \cdot 6,145 + \frac{10.000}{1,1^{10}}$$

$$= 122.900\,k - 96.144,57$$

$C_0(k)$ ist eine lineare Funktion von k.

Ist z.B. k=1,1 (10%)

$\rightarrow C_0(1,1) = 39.045,43$.

4. Erhöhung des Restwertes um den Faktor k

$$C_0(k) = -100.000 + 20.000 \cdot 6,145 + k \cdot \frac{10.000}{1,1^{10}}$$

$$= 3.855,43\,k + 22.900$$

$C_0(k)$ ist eine lineare Funktion von k.

Ist z.B. k=1,1 (10%)

$\rightarrow C_0(1,1) = 27.140,97$.

5. Erhöhung der Laufzeit um den Faktor k

$$C_0(k) = -100.000 + 20.000 \cdot \frac{1}{1,1^{k \cdot 10}} \frac{1,1^{k \cdot 10}-1}{0,1} + \frac{10.000}{1,1^{k \cdot 10}}$$

$C_0(k)$ ist eine nichtlineare Funktion von k.

Ist z.B. k=1,1 (10%)

$$\rightarrow C_0(1,1) = -100.000 + 20.000 \frac{1}{1,1^{11}} \frac{1,1^{11}-1}{0,1} + \frac{10.000}{1,1^{11}}$$

$$= 33.406,16.$$

6. Erhöhung des Kalkulationszinsfußes um den Faktor k

$$C_0(k) = -100.000 + 20.000 \frac{1}{\left(1+k\frac{10}{100}\right)^{10}} \frac{\left(1+k\frac{10}{100}\right)^{10}-1}{0,1\,k} + \frac{10.000}{\left(1+k\frac{10}{100}\right)^{10}}$$

$C_0(k)$ ist eine nichtlineare Funktion von k.

Ist z.B. k=1,1 (10%)

$$\rightarrow C_0(1,1) = -100.000 + 20.000 \frac{1}{1,11^{10}} \frac{1,11^{10}-1}{0,11} + \frac{10.000}{1,11^{10}}$$

$$= 21.306,49. \qquad \blacklozenge$$

Die Veränderung der einzelnen Inputgrößen läßt sich anschaulich in einem Diagramm, welches einer stilisierten Spinne ähnelt, darstellen.

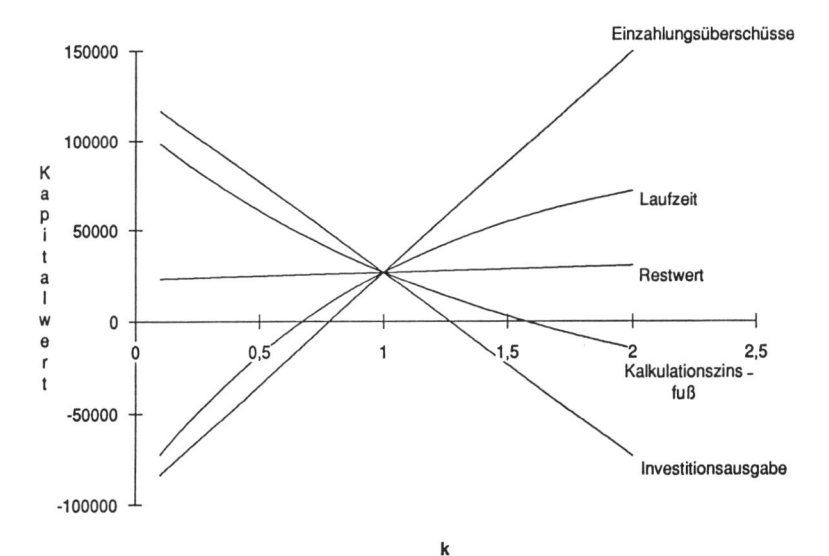

Abb. 3: Diagramm zur Reagibilitätsanalyse

Mit Hilfe des Diagrammes (vgl. Abb. 3) kann man auf einen Blick wichtige und unwichtige Einflußgrößen erkennen. Je steiler die Reaktionskurve ist, um so bedeutender ist diese Einflußgröße für die Veränderung des Kapitalwertes. Der Schnittpunkt der Reaktionskurve mit der Abszisse gibt den Faktor an, um den sich die entsprechende Einflußgröße verändern kann, bevor der Kapitalwert seinen kritischen Wert von Null unterschreitet. Beispielsweise könnten die Investitionsausgaben ceteris paribus um knapp 27% höher sein als ursprünglich geplant, um noch einen positiven Kapitalwert zu erwirtschaften.

3.3 Bandbreitenanalyse

Neben einer mittleren Schätzung für die Einzahlungsüberschüsse werden eine pessimistische und eine optimistische Schätzung abgegeben. Als Ergebnis erhält man einen pessimistischen, einen mittleren und einen optimistischen Kapitalwert.

♦ **Beispiel:**

Eine Investition über 100.000 DM führe zu folgenden Einzahlungsüberschüssen:

Jahr	pessimistische Schätzung	mittlere Schätzung	optimistische Schätzung
1	25.000	30.000	40.000
2	25.000	30.000	40.000
3	25.000	30.000	40.000
4	25.000	30.000	40.000
5	25.000	30.000	40.000

Berechnen Sie die Kapitalwerte für den pessimistischen, den mittleren und den optimistischen Fall, falls der Kalkulationszinsfuß 10% beträgt.

Lösung:

pessimistischer Fall: $C_0 = -100.000 + 25.000 \cdot 3{,}791 = -5.225$.
mittlerer Fall: $C_0 = -100.000 + 30.000 \cdot 3{,}791 = 13.730$.
optimistischer Fall: $C_0 = -100.000 + 40.000 \cdot 3{,}791 = 51.640$. ♦

3.4 Zinsdifferenzgeschäft und Leverage-Effekt

Im folgenden wird die Sensitivitätsanalyse dazu verwandt, das Risiko eines sogenannten Zinsdifferenzgeschäftes abzuschätzen. Das Wesen eines Zinsdifferenzgeschäftes liegt darin, aus unterschiedlich hohen Zinsen in den verschiedenen Ländern Gewinne zu realisieren. Man leiht Geld aus Ländern, in denen das Zinsniveau niedrig ist, und verleiht es in Ländern, in denen es hoch ist. Risiken ergeben sich durch Wechselkurs- und Zinsschwankungen.

♦ **Beispiel:**

Eine Bank schlägt folgendes Finanzierungsmodell vor: Man kaufe eine 12%-ige ECU-Anleihe der Ungarischen Nationalbank zum Kurs von 100% und einer Laufzeit von 5 Jahren und finanziere 60% der Anleihesumme zu 9,5% auf DM-Basis, wobei die Sollzinsen auf 5 Jahre festgeschrieben werden. Der Rückzahlungskurs der Anleihe beträgt 100%. Es sollen Anleihen im Wert von 100.000 DM gekauft werden. Spesen und Steuern sollen nicht berücksichtigt werden.

Beurteilen Sie das Risiko dieser Investition mit Hilfe der Sensitivitätsanalyse. Wie ist das Risiko zu beurteilen, wenn 80% der Anleihe fremdfinanziert werden?

Hinweis: Der Kredit und die anfallenden Zinsen werden am Ende der Laufzeit zurückbezahlt. Die Dividendenzahlungen werden zinseszinslich zu 12% angelegt und nach 5 Jahren in DM umgetauscht (vgl. aber Übungsaufgabe 15 in Abschnitt G).
Der Wert der Europäischen Währungseinheit (ECU) ist in den letzten 10 Jahren gegenüber der DM jährlich um etwa 2% gefallen.

Lösung:

w_i = Wechselkurs zum Zeitpunkt i

$w_i = w \cdot h^i$

$h = 1 + \frac{k}{100}$

k = Veränderungsrate des Wechselkurses

- Erforderliches Eigenkapital: 40.000 DM

- Anlagesumme in ECU: $\dfrac{100.000}{w_0}$

  z.B. $w_0 = 2,05 \dfrac{DM}{ECU} \rightarrow \dfrac{100.000 \; DM}{2,05 \dfrac{DM}{ECU}} = 48.780,49 \; ECU$

- Rückzahlungssumme

  nach 5 Jahren in DM: $\dfrac{100.000 \; DM \cdot 1,12^5}{w_0} \cdot w_5$

  z.B. $w_5 = 2,00 \dfrac{DM}{ECU}$:

  $\dfrac{100.000 \; DM \cdot 1,12^5}{2,05 \dfrac{DM}{ECU}} \cdot 2,00 \dfrac{DM}{ECU} = 48.780,49 \cdot 1,12^5 \; ECU \cdot 2 \dfrac{DM}{ECU} = 171.935,77 \; DM$

- Schulden nach 5 Jahren in DM: $60.000 \; DM \cdot 1,095^5 = 94.454,32 \; DM$

Verzinsung des eingesetzten Kapitals (interne Verzinsung):

$$C_0 = 0 = -40.000 + \dfrac{100.000 \cdot 1,12^5 \dfrac{w_5}{w_0}}{q^5} - \dfrac{60.000 \cdot 1,095^5}{q^5}$$

bzw.

$$C_0 = 0 = -40.000 + \dfrac{100.000 \cdot 1,12^5 \; h^5}{q^5} - \dfrac{60.000 \cdot 1,095^5}{q^5}$$

$$\rightarrow q = \sqrt[5]{\dfrac{100.000 \cdot 1,12^5 \cdot h^5 - 60.000 \cdot 1,095^5}{40.000}}$$

bzw.

$$r_{60\%} = \left(\sqrt[5]{4,4059 \; h^5 - 2,3614} - 1 \right) \cdot 100 \; .$$

h ist der jährliche Veränderungsfaktor des Wechselkurses. Bleibt der Wechselkurs konstant, so ist h=1. Sinkt der Wechselkurs beispielsweise jährlich um 2%, so ist h=0,98. Im Falle steigender Wechselkurse ist h>1.

In entsprechender Weise ist die interne Verzinsung bei einem Fremdkapital von 80% zu berechnen. Man erhält:

$$r_{80\%} = \left(\sqrt[5]{\dfrac{100.000 \cdot 1,12^5 \cdot h^5 - 80.000 \cdot 1,095^5}{20.000}} - 1 \right) \cdot 100$$

$$= \left(\sqrt[5]{8,8117 \; h^5 - 6,2970} - 1 \right) \cdot 100 \; .$$

Neben dem Bonitätsrisiko ist das Währungsrisiko bei der Investition zu berücksichtigen. Die Abb. 4 zeigt, wie sensitiv die interne Verzinsung auf Veränderungen des Wechselkurses reagiert. Bei einem Fremdkapitalanteil von 60% (80%) verzinst sich das eingesetzte Kapital mit 15,38% (20,25%), falls der ECU-Wechselkurs sich nicht verändert (h=1). Rechnet man mit einer jährlichen Abwertung von 2%, dann beträgt die interne Verzinsung nur noch 10,15% (10,78%). Ist der Kalkulationszinsfuß 8%, dann ist die kritische Abwertungsrate 2,8% (2.5%) pro Jahr. Bei Abwertungsraten von über 5,3% (3,7%) wird die interne Verzinsung negativ, d.h., Teile des eingesetzten Kapitals werden aufgezehrt. Das Risiko nimmt mit steigendem Anteil des Fremdkapitals zu.

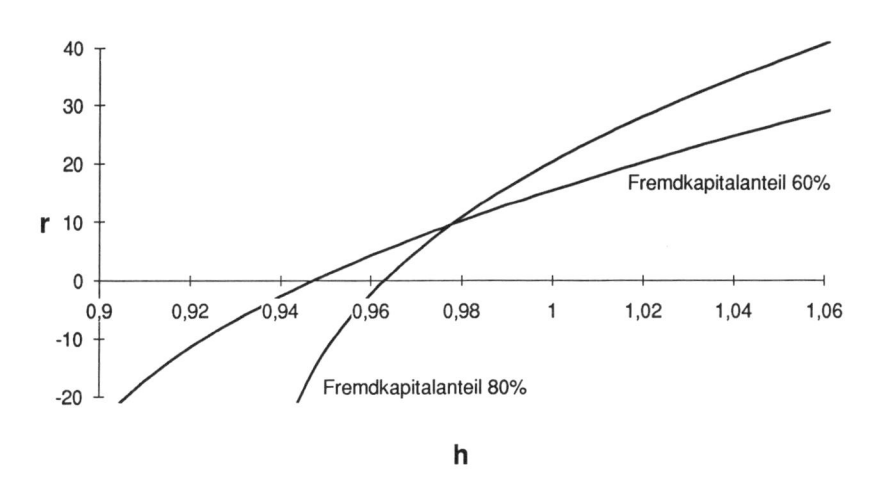

Abb. 4: Sensitivitätsanalyse des Währungsrisikos

Ein Zinsrisiko wird dann nicht eingegangen, wenn die Anleihe bis zum Ende der Laufzeit behalten wird. Wird sie vorher verkauft, so ist bei steigendem Zinsniveau ein Kursrückgang der Anleihe zu berücksichtigen. Steigende Zinsen für den Kredit sind im vorliegenden Fall nicht zu befürchten, da die Zinsen festgeschrieben sind. ♦

Bezeichnet man mit

> EK = Eigenkapital
> FK = Fremdkapital
> I_0 = EK + FK
> p_S = Sollzinsfuß
> p_H = Habenzinsfuß,

dann kann die interne Verzinsung des Zinsdifferenzgeschäftes unter den gemachten Annahmen wie folgt geschrieben werden:

$$r = \left(\sqrt[n]{\frac{EK+FK}{EK} \left(1 + \frac{p_H}{100}\right)^n \cdot h^n - \frac{FK}{EK}\left(1 + \frac{p_S}{100}\right)^n} - 1 \right) \cdot 100$$

bzw.

$$\boxed{r = \left(\sqrt[n]{\left(1 + \frac{p_H}{100}\right)^n h^n + \left[\left(1 + \frac{p_H}{100}\right)^n h^n - \left(1 + \frac{p_S}{100}\right)^n\right]\frac{FK}{EK}} - 1 \right) \cdot 100} \quad,$$

wobei $\frac{FK}{EK}$ der Verschuldungsgrad ist.

Die interne Verzinsung hängt ab von

- der Entwicklung des Wechselkurses
- der Differenz von Haben- und Sollzinsfuß
- dem Verschuldungsgrad.

Ist n=1 und h=1, so gilt

$$\boxed{r = p_H + \left(p_H - p_S\right)\frac{FK}{EK}} \quad.$$

Wie aus der obigen Gleichung ersichtlich ist, steigt (sinkt) die interne Verzinsung mit zunehmender Verschuldung, falls der Habenzinsfuß größer (kleiner) als der Sollzinsfuß ist. Dieser Effekt heißt <u>Leverage-Effekt</u> oder Hebelwirkung.[12]

Ist die Darlehenswährung nicht die DM, sondern eine Fremdwährung, dann berechnet man unter den oben gemachten Annahmen die interne Verzinsung eines Zinsdifferenzgeschäftes nach folgender Formel:

$$\boxed{r = \left(\sqrt[n]{\left(1 + \frac{p_H}{100}\right)^n h_1^n + \left[\left(1 + \frac{p_H}{100}\right)^n h_1^n - \left(1 + \frac{p_S}{100}\right)^n h_2^n\right]\frac{FK}{EK}} - 1 \right) \cdot 100} \quad,$$

wobei

h_1 = jährlicher Veränderungsfaktor des Wechselkurses der Anlagewährung

h_2 = jährlicher Veränderungsfaktor des Wechselkurses der Darlehenswährung.

♦ **Beispiel:**

(vgl. FEHRENBACH (1990), S. 275)

Anlage in AUS-$ zu 16%; Darlehen in US-$ zu 12%; Eigenkapitalquote 20%; Laufzeit zwei Jahre.

Welche interne Verzinsung ergibt sich, wenn der AUS-$ nach 2 Jahren um 10% gefallen und der US-$ um 10% gestiegen ist?

Lösung:

$$h_1^2 = 0{,}9 \; ; \quad h_2^2 = 1{,}1 \; ; \quad \frac{EK}{EK+FK} = 0{,}2 \rightarrow \frac{FK}{EK} = 4 \; .$$

$$r = \left(\sqrt[2]{1{,}16^2 \cdot 0{,}9 + \left(1{,}16^2 \cdot 0{,}9 - 1{,}12^2 \cdot 1{,}1\right) 4} - 1 \right) \cdot 100$$

$$= \left(\sqrt[2]{0{,}53584} - 1 \right) \cdot 100$$

$$= -26{,}8 \; .$$

Die interne Verzinsung ist negativ.

Nach zwei Jahren ist das Eigenkapital auf ca. 53,6% des ursprünglich eingesetzten Kapitals geschrumpft. ♦

Das Anlageergebnis wird von den Wechselkursen der Anlagewährung und der Darlehenswährung beeinflußt. Ceteris paribus ist die interne Verzinsung des Geschäftes um so größer, je höher der Wechselkurs der Anlagewährung und desto geringer der Wechselkurs der Darlehenswährung am Ende der Laufzeit ist.

4. RISIKOANALYSE

Die den Kapitalwert oder den internen Zinsfuß bestimmenden Größen sind mit Unsicherheit behaftet. Der Investor kann aber eine Wahrscheinlichkeitsverteilung für die Einflußfaktoren spezifizieren. Es liegt also eine Risikosituation vor. Ziel der Risikoanalyse ist es, aus den Wahrscheinlichkeitsverteilungen der Einflußgrößen die Wahrscheinlichkeitsverteilung des Kapitalwertes oder zumindest einige charakterisierende Kennzahlen wie Erwartungswert oder Standardabweichung des Kapitalwertes abzuleiten, um die Unsicherheit bei der Investitionsentscheidung zu quantifizieren. Risikoanalysen können entweder mit Hilfe von analytischen Methoden oder mit Hilfe von Computersimulationen durchgeführt werden.

4.1 Analytische Verfahren

4.1.1 Unabhängige Einzahlungsüberschüsse

Bei dieser Annahme sind die Einzahlungsüberschüsse der einzelnen Jahre unabhängig voneinander, d.h., die Korrelation zwischen Einzahlungsüberschüssen aufeinanderfolgender Jahre ist Null. Die Korrelation einer Variable zu verschiedenen Zeitpunkten nennt man auch Autokorrelation. Die Annahme unabhängiger bzw. unkorrelierter Einzahlungsüberschüsse ist einschränkend, da wirtschaftliche Zeitreihen, wie Umsatz- oder Einzahlungsüberschußreihen, in der Regel autokorreliert sind. Ist beispielsweise der Einzahlungsüberschuß im Jahr 1990 hoch, so wird er auch im Jahr 1991 hoch sein.

Wird mit c_t der zufällige Einzahlungsüberschuß im Jahr t bezeichnet, so ist der Erwartungswert des Kapitalwertes

$$E(C_0) = -I_0 + \sum_{t=1}^{n} \frac{E(c_t)}{q^t} \quad ,$$

wobei I_0 die sichere oder deterministische Investitionsauszahlung zum Zeitpunkt Null bezeichnet.

Da Unabhängigkeit der Einzahlungsüberschüsse vorausgesetzt wird, berechnet sich die Varianz zu

$$\text{Var}(C_0) = \sum_{t=1}^{n} \frac{\text{Var}(c_t)}{q^{2t}} \quad .$$

♦ Beispiel:

Eine Flugschule möchte ein zweisitziges Schulflugzeug für 5 Jahre leasen. Die Miet-Sonderzahlung beträgt 32.500 DM. Die Leasing-Raten seien proportional zur Flugstundenzahl pro Jahr. Sämtliche Fixkosten werden vom Leasing-Geber getragen. Pro Flugstunde wird mit einem Einzahlungsüberschuß von 35 DM gerechnet. Aus der Vergangenheit weiß man, daß die mittlere Flugstundenzahl pro Jahr bei 280 Stunden mit einer Standardabweichung von 50 Stunden liegt. Der Kalkulationszinsfuß beträgt 10%. Berechnen Sie Erwartungswert und Standardabweichung des Kapitalwertes.

Lösung:

$$c = 35 \cdot h \quad (h = \text{Flugstunden})$$

$$E(c) = 35 \cdot E(h) = 9.800$$

$$\text{Var}(c) = 35^2 \cdot \text{Var}(h) = 35^2 \cdot 50^2 = 3.062.500$$

$$E(C_0) = -32.500 + \frac{9.800}{1,1} + \frac{9.800}{1,1^2} + \frac{9.800}{1,1^3} + \frac{9.800}{1,1^4} + \frac{9.800}{1,1^5} = 4.649{,}71$$

$$\text{Var}(C_0) = \frac{3.062.500}{1,1^2} + \frac{3.062.500}{1,1^4} + \frac{3.062.500}{1,1^6} + \frac{3.062.500}{1,1^8} + \frac{3.062.500}{1,1^{10}} = 8.960.827{,}03$$

$$\rightarrow \sigma_{C_0} = 2.993{,}46 \qquad ♦$$

Nimmt man an, daß die Einzahlungsüberschüsse normalverteilt sind, dann ist C_0 ebenfalls normalverteilt. Aufgrund eines zentralen Grenzwertsatzes aus der Wahrscheinlichkeitstheorie ist die Summe von unabhängigen Zufallsvariablen asymptotisch normalverteilt. Ist also n nicht zu klein, so kann die Verteilung des Kapitalwertes durch die Normalverteilung approximiert werden, selbst dann, wenn die Einzahlungsüberschüsse nicht normalverteilt sind.

♦ Beispiel:

Wie groß ist die Verlustwahrscheinlichkeit für obiges Leasing-Geschäft?

Lösung:

$$P(C_0 < 0) = 1 - \Phi\!\left(\frac{E(C_0)}{\sigma_{C_0}}\right) = 1 - \Phi(1{,}55) = 0{,}0606 \, . \qquad ♦$$

4.1.2 Korrelierte Einzahlungsüberschüsse

Zwischen dem Einzahlungsüberschuß c_j zum Zeitpunkt j und dem Einzahlungsüberschuß c_k zum Zeitpunkt k beträgt die Korrelation ρ_{jk}. Wie im Falle unabhängiger Einzahlungsüberschüsse berechnet sich der Erwartungswert des Kapitalwertes zu

$$E(C_0) = -I_0 + \sum_{t=1}^{n} \frac{E(c_t)}{q^t}.$$

Die Varianz beträgt hingegen

$$\boxed{Var(C_0) = \sum_{t=1}^{n} \frac{Var(c_t)}{q^{2t}} + 2 \sum_{t=1}^{n-1} \sum_{s=t+1}^{n} \rho_{ts} \frac{\sigma_{c_t} \sigma_{c_s}}{q^{(t+s)}}},$$

wobei σ_{c_t} die Standardabweichung des Einzahlungsüberschusses c_t ist.

Beispielsweise lautet die ausführliche Schreibweise für n=3:

$$Var(C_0) = \frac{Var(c_1)}{q^2} + \frac{Var(c_2)}{q^4} + \frac{Var(c_3)}{q^6}$$
$$+ 2 \left(\rho_{12} \frac{\sigma_{c_1} \sigma_{c_2}}{q^3} + \rho_{13} \frac{\sigma_{c_1} \sigma_{c_3}}{q^4} + \rho_{23} \frac{\sigma_{c_2} \sigma_{c_3}}{q^5} \right).$$

Bei positiver Korrelation ist die Varianz des Kapitalwertes größer als im Falle unabhängiger Einzahlungsüberschüsse. Wie man erkennt, wird bei großem n das Modell sehr unpraktikabel, weil $\binom{n}{2} = \frac{n \cdot (n-1)}{2}$ Korrelationskoeffizienten spezifiziert werden müssen, deren Schätzung vermutlich Schwierigkeiten bereitet. Die Zahl der zu schätzenden Korrelationskoeffizienten reduziert sich, wenn man annimmt, was vernünftig ist, daß die Korrelationskoeffizienten nur von der zeitlichen Verzögerung der Einzahlungsüberschüsse abhängen, d.h. $\rho_{ts} = \rho_{s-t}$; der Korrelationskoeffizient $\rho_{t=5, s=8}$ zwischen c_5 und c_8 ist genau so groß wie der Korrelationskoeffizient $\rho_{t=7, s=10}$ zwischen c_7 und c_{10}, nämlich ρ_3.

Die Funktion, die den Autokorrelationskoeffizienten in Abhängigkeit von der zeitlichen Verzögerung (time lag) angibt, nennt man Autokorrelationsfunktion. Autokorrelationsfunktionen schätzt man aus Vergangenheitsdaten der Einzahlungsüberschüsse. Liegen keine Einzahlungsüberschüsse der Vergangenheit vor, so kann die Autokorrelationsfunktion beispielsweise aus vergangenen Umsatzdaten geschätzt werden.

♦ **Beispiel:**

Zu den Angaben aus vorigem Beispiel liege noch folgende Autokorrelationsfunktion vor, die aus Einzahlungsüberschüssen eines vergleichbaren Objektes geschätzt worden ist:

Verzögerung	1	2	3	4	5
Autokorrelation	0,9	0,7	0,55	0,45	0,4

Wie groß ist die Standardabweichung unter Berücksichtigung der Korrelation?

Lösung: $\sigma_{c_j} = \sqrt{3.062.500}$ $j = 1,2,3,4,5$

$$\begin{aligned}
\text{Var}(C_0) &= 8.960.827{,}03 \\
&+ 3.062.500 \cdot 2 \cdot \Big(0{,}9 \cdot \frac{1}{1{,}1^3} + 0{,}7 \cdot \frac{1}{1{,}1^4} + 0{,}55 \cdot \frac{1}{1{,}1^5} + 0{,}45 \cdot \frac{1}{1{,}1^6} \\
&+ 0{,}9 \cdot \frac{1}{1{,}1^5} + 0{,}7 \cdot \frac{1}{1{,}1^6} + 0{,}55 \cdot \frac{1}{1{,}1^7} + 0{,}9 \cdot \frac{1}{1{,}1^7} + 0{,}7 \cdot \frac{1}{1{,}1^8} + 0{,}9 \cdot \frac{1}{1{,}1^9}\Big) \\
&= 8.960.827{,}03 + 3.062.500 \cdot 2 \cdot 4{,}1561 \\
&= 34.416.939{,}5 \ .
\end{aligned}$$

$\sigma_{C_0} = 5.866{,}6$.   ♦

Besteht zwischen den Einzahlungsüberschüssen positive Autokorrelation in der angenommenen Höhe, dann ist die Standardabweichung fast doppelt so hoch wie im Falle unabhängiger und unkorrelierter Einzahlungsüberschüsse. In der Regel sind ökonomische Zeitreihen positiv autokorreliert. Eine Nichtberücksichtigung der Korrelation führt zu einer teils erheblichen Unterschätzung der Standardabweichung und damit zu einer Unterschätzung des Risikos der Investition, welches letztlich und endlich zu einer Fehlentscheidung führen kann.

Sind die Einzahlungsüberschüsse normalverteilt, dann ist auch C_0 normalverteilt, und man kann die Verlustwahrscheinlichkeit ausrechnen, die

$$P(C_0 < 0) = 1 - \Phi\left(\frac{E(C_0)}{\sigma_{C_0}}\right) = 1 - \Phi(0{,}79) = 0{,}2148$$

beträgt. Gegenüber dem unkorrelierten Fall ist die Verlustwahrscheinlichkeit doch erheblich größer.

4.1.3 Vollständig korrelierte Einzahlungsüberschüsse

Da die Berechnung der Varianz bei korrelierten Einzahlungsüberschüssen auf gewisse Schwierigkeiten stößt, wird der Einfachheit halber oft unterstellt, daß der Korrelationskoeffizient zwischen allen Einzahlungsüberschüssen gleich ist, d.h. $\rho_{jk}=1$.
In diesem Fall vereinfacht sich die Varianzformel für den Kapitalwert zu

$$\boxed{\operatorname{Var}(C_0) = \left(\sum_{t=1}^{n} \frac{\sigma_{c_t}}{q^t}\right)^2},$$

wie man leicht nachprüfen kann.

♦ **Beispiel:**

Berechnen Sie die Varianz und die Verlustwahrscheinlichkeit des vorigen Beispiels unter der Annahme eines Korrelationskoeffizienten von $\rho_{jk}=1$.

Lösung:

$$\operatorname{Var}(C_0) = \left(\frac{1.750}{1,1} + \frac{1.750}{1,1^2} + \frac{1.750}{1,1^3} + \frac{1.750}{1,1^4} + \frac{1.750}{1,1^5}\right)^2$$

$$= 6.633,88^2$$

$\sigma_{C_0} = 6.633,88$.

$P(C_0 < 0) = 1 - \Phi(0,7) = 0,242$. ♦

Durch die (unrealistische) Annahme eines Korrelationskoeffizienten von 1 wird die Varianz und somit das Risiko der Investition überschätzt. Manche Autoren (vgl. LEVARY/SEITZ (1990), S. 64 ff.) schlagen vor, die Varianz für den unkorrelierten und den vollständig korrelierten Fall zu berechnen. Der unkorrelierte Fall liefert die untere Grenze, falls von einer negativen Autokorrelation abgesehen wird, und der vollständig korrelierte Fall liefert die obere Grenze der Varianz. Die tatsächliche Varianz wird dann irgendwo dazwischen liegen. Eine genauere Schätzung der Varianz erhält man jedoch, wenn aus Vergangenheitsdaten der Einzahlungsüberschüsse oder der Umsätze die Autokorrelationsfunktion geschätzt und die Varianz des Kapitalwertes mit den entsprechenden Korrelationen berechnet wird. Zu beachten ist, daß eine Nichtberücksichtigung der positiven Korrelation zu einer Unterschätzung der Varianz und des Risikos führt. Verlustwahrscheinlichkeiten können im korrelierten Fall nur dann ausgerechnet werden, wenn die c_t normalverteilt sind.

Einen anderen Weg zur Berücksichtigung zeitlicher Abhängigkeiten bei den Einzahlungsüberschüssen beschreiten JÖCKEL/PFLAUMER (1981). Der Einzahlungsüberschuß wird in einen deterministischen und in einen stochastischen Teil aufgespalten. Für den stochastischen Teil nehmen sie einen sogenannten ARMA-Prozeß an (Autoregressiver-Moving-Average-Prozeß). Durch diese ARMA-Prozesse können zeitliche Abhängigkeiten verschiedenster Art leicht modelliert werden. Aufgrund von Vergangenheitsdaten der Einzahlungsüberschüsse können mit Hilfe von neueren Methoden der Zeitreihenanalyse (Periodogramm, Spektralanalyse, Autokorrelationsfunktion, partielle Autokorrelationsfunktion) die Abhängigkeiten identifiziert und geschätzt werden. Jöckel und Pflaumer zeigen an einem Beispiel der Unternehmensbewertung, daß eine Nichtberücksichtigung der zeitlichen Abhängigkeit vergangener Jahresüberschüsse zu einer erheblichen Unterschätzung der Varianz des Unternehmenswertes führt.

4.1.4 Stochastische Unabhängigkeit bei den Komponenten der Einzahlungsüberschüsse[1]

Gelegentlich ist es vorteilhaft, die Einzahlungsüberschüsse als Bestimmungsgröße für den Kapitalwert in ihre Komponenten aufzuspalten, für die dann Verteilungsgesetze und entsprechende Parameter zu bestimmen sind. Einzahlungsüberschüsse sollten immer dann in ihre Komponenten zerlegt werden, wenn die Schätzung der Komponenten einfacher oder genauer ist als die der Einzahlungsüberschüsse selbst.

Betrachtet man als Komponenten des Einzahlungsüberschusses Preis, Menge, Material, Löhne, Gemeinkosten, Steuern als laufend zu ermittelnde Daten und Liquidationserlös, Anschaffungskosten und Großreparaturen als gelegentlich zu ermittelnde Daten, so läßt sich der Kapitalwert einer Investition wie folgt darstellen:

$$C_0 = \sum_{t=1}^{n} \left[\left(p_t - k_t \right) x_t - F_t - I_t - M_t \right] q^{-t},$$

falls man sich auf die sechs Einflußgrößen

p_t = Preis
k_t = variable Kosten
x_t = Absatzmenge
F_t = Forschungskosten
I_t = Investitionsausgaben
M_t = Marketingkosten

beschränkt, wobei der Liquidationserlös zur Vereinfachung unberücksichtigt bleibt.

---
[1] vgl. auch JÖCKEL/PFLAUMER (1980).

Selbstverständlich ist es möglich, weitere Determinanten in die Rechnung einzubeziehen. Für jede Einflußgröße muß nun ein Verteilungsgesetz spezifiziert werden. Für eine Einflußgröße wird eine Unter- und eine Obergrenze, a und b, angegeben, d.h. Werte, die auf keinen Fall unter- bzw. überschritten werden. Darüber hinaus wird noch ein zusätzlicher Wert, der sogenannte Median m, spezifiziert, der mit gleicher (subjektiver) Wahrscheinlichkeit unter- bzw. überschritten wird. Das Verteilungsgesetz unterstellt, daß zwischen Median und den beiden Grenzen jeweils Gleichverteilung vorliegt. Die Dichtefunktion f hat dann die Gestalt (vgl. auch Abschnitt 4.2)

$$f(z) = \begin{cases} \dfrac{1}{2(m-a)} & a \leq z < m \\ \dfrac{1}{2(b-m)} & m \leq z \leq b \\ 0 & \text{sonst} \end{cases}$$

Der Erwartungswert und die Varianz einer solchen Dichte f(z) berechnen sich zu

$$E(Z) = \frac{a+2m+b}{4}$$

$$\text{Var}(Z) = \frac{1}{6}\left[\left(a^2+am+m^2\right) + \left(b^2+bm+m^2\right)\right] - \left[\frac{a+2m+b}{4}\right]^2 .$$

Selbstverständlich sind auch andere Verteilungsannahmen denkbar, z.B. Betaverteilungen oder Verallgemeinerungen des hier vorgestellten Verteilungstyps, bei dem außer dem Median noch weitere Fraktile spezifiziert werden.

Unterstellt man die stochastische Unabhängigkeit der Einflußgrößen, so läßt sich der Erwartungswert $E(C_0)$ und die Varianz $\text{Var}(C_0)$ des Kapitalwerts wie folgt angeben:

$$E(C_0) = \sum_{t=1}^{n} \left[\left(Ep_t - Ek_t\right)Ex_t - EF_t - EI_t - EM_t\right] q^{-t}$$

$$\text{Var}(C_0) = \sum_{t=1}^{n} \left[\text{Var}(p_t \cdot x_t) + \text{Var}(k_t \cdot x_t) + \text{Var } F_t + \text{Var } I_t + \text{Var } M_t \right.$$
$$\left. - 2\,\text{Cov}(p_t \cdot x_t, k_t \cdot x_t)\right] q^{-2t}$$

mit

$$\text{Var}(p_t \cdot x_t) = Ep_t^2\, Ex_t^2 - \left[Ep_t \cdot Ex_t\right]^2$$
$$\text{Var}(k_t \cdot x_t) = Ek_t^2\, Ex_t^2 - \left[Ek_t \cdot Ex_t\right]^2$$

und

$$\text{Cov}(p_t \cdot x_t, k_t \cdot x_t) = Ep_t \cdot Ek_t \cdot \text{Var } x_t .$$

Bei dem Kapitalwert C_0 handelt es sich um eine Summe von unabhängigen Zufallsgrößen, von denen angenommen wird, daß sie alle betragsmäßig durch eine feste Zahl beschränkt sind. Unterstellt man weiterhin, daß die Varianz des Kapitalwerts in Abhängigkeit von n unbeschränkt ist, d.h. im Zeitablauf wächst, so ist nach einem zentralen Grenzwertsatz der Wahrscheinlichkeitsrechnung (vgl. BAUER (1974), S. 269) der Kapitalwert dann asymptotisch normalverteilt

$$\frac{C - E(C_0)}{\sqrt{Var(C_0)}} \approx N(0; 1) \, .$$

In der Praxis bedeutet dies, daß sich die Kapitalwertverteilung für nicht allzu kurze Laufzeiten recht gut durch eine Normalverteilung approximieren läßt.

Für die Anwendbarkeit des zentralen Grenzwertsatzes ist die hier gestellte Verteilungsannahme unbedeutend. Es können insbesondere alle vorher erwähnten Verteilungstypen verwendet werden, entscheidend ist lediglich die Berechenbarkeit der ersten beiden Momente.

Von besonderem Interesse für die Beurteilung einer Investition ist die Wahrscheinlichkeit, daß der Kapitalwert kleiner oder gleich 0 bleibt. Diese Größe nennt man das Risiko oder die Verlustwahrscheinlichkeit des Investitionsobjektes. Es wurde gerade gezeigt, daß

$$P(C_0 \leq 0) \approx \Phi\left(\frac{-E(C_0)}{\sqrt{Var(C_0)}}\right) = 1 - \Phi\left(\frac{E(C_0)}{\sqrt{Var(C_0)}}\right) ,$$

wobei Φ die Verteilungsfunktion der Standardnormalverteilung ist.

♦ **Beispiel:**

Ein Unternehmen prüft die Frage, ob ein Investitionsvorhaben durchgeführt werden soll. Die Investitionsausgaben betragen 40 Mio DM, die Nutzungsdauer 9 Jahre. Es soll mit einem Kalkulationszinsfuß von 15% gerechnet werden. Die Schätzung der übrigen Faktoren geht aus der folgenden Tabelle hervor. Mit a wird die kleinste, mit m der Median, mit b die größte Realisation der Einflußgröße geschätzt.

		1978	1979	1980	1981	1982	1983	1984	1985	1986
Menge x_t	a	0	0	0,6	0,5	0,9	1,3	2	3	3
[Mio]	m	0	0,1	1,1	1,2	1,9	2,5	3	3,5	4
	b	0	0,5	1,3	2,3	3,3	3,9	4	5	6
Preis p_t	a	20	25	25	26	27	28	29	29	29
[DM/Stck.]	m	30	35	35	35	35	35	35	35	35
	b	40	40	40	40	40	40	40	40	40
Variable Kosten k_t	a	30	30	25	20	10	10	10	10	11
	m	32	32	30	30	25	20	20	20	21
[DM/Stck.]	b	35	35	35	35	30	30	30	30	32
Forschungs-kosten F_t	a	10	0	0	0	0	0	0	0	0
	m	10	10	5	5	0	0	0	0	0
[Mio DM]	b	10	10	10	10	5	5	0	0	0
Anlagen-investition I_t	a	0	40	0	0	0	0	0	0	0
	m	0	40	0	0	0	0	0	0	0
[Mio DM]	b	0	40	0	0	0	0	0	0	0
Marketing-kosten M_t	a	0	0,1	0,2	0,3	0,2	0,1	0	0	0
	m	0	0,3	0,4	0,5	0,4	0,3	0,2	0,2	0,2
[Mio DM]	b	0	1	2	3	2	1	1	1	1

Berechnen Sie Erwartungswert, Varianz und Verlustrisiko der Kapitalwertverteilung.

Lösung:

Schwellen-wert x	Wahrscheinlichkeit für $C_0 \leq x$
4,41	0,1
13,57	0,2
20,17	0,3
25,81	0,4
31,07	0,5
36,33	0,6
41,97	0,7
48,57	0,8
57,73	0,9
Erwartungswert	31,07
Standardabweichung	20,8
Verlustrisiko (%)	6,759

♦

4.2 Simulationsverfahren

Wie bei den analytischen Verfahren werden die Einflußgrößen des Kapitalwertes stochastisch modelliert; die Verteilung des Kapitalwertes wird jedoch mit Hilfe von Simulationen ermittelt. Die wohl erste Risikoanalyse wurde von HESS/QUIGLEY (1963) für Investitionen in der chemischen Industrie durchgeführt. Bekannt wurde die simulative Risikoanalyse für Investitionsentscheidungen durch HERTZ (1964), der dieses Verfahren für die Unternehmensberatungsgesellschaft McKinsey & Co. weiterentwickelt hat.

Simulationsverfahren haben gegenüber den analytischen Verfahren zwei Vorteile: Erstens kann die Verteilung des Kapitalwertes auch bei Abhängigkeiten der Einflußgrößen ohne größere Schwierigkeiten ermittelt werden, und zwar für jeden beliebigen Verteilungstyp der Einflußgrößen; zweitens erfordert die Risikosimulation keine besonderen Kenntnisse der mathematischen Statistik, so daß sie durch den Anwender wesentlich einfacher zu verstehen ist als die analytische Methode. Nachteilig zu beurteilen ist jedoch die Tatsache, daß die interessierenden Parameter der Kapitalwertverteilung, wie Erwartungswert und Standardabweichung, nur geschätzt werden können. Die Verläßlichkeit der Schätzung hängt dabei vom Simulationsumfang ab.

Der Ablauf der Risikoanalyse mit Hilfe eines Simulationsverfahrens kann in sechs Schritten beschrieben werden:

1. Auswahl des Modells

Ausgangspunkt ist üblicherweise das Kapitalwertmodell

$$C_0 = -I_0 + \sum_{t=1}^{n} \frac{c_t}{q^t},$$

wobei die Einzahlungsüberschüsse i.d.R. in ihre Komponenten zerlegt werden.

Übersicht 1: Komponenten der Einzahlungsüberschüsse

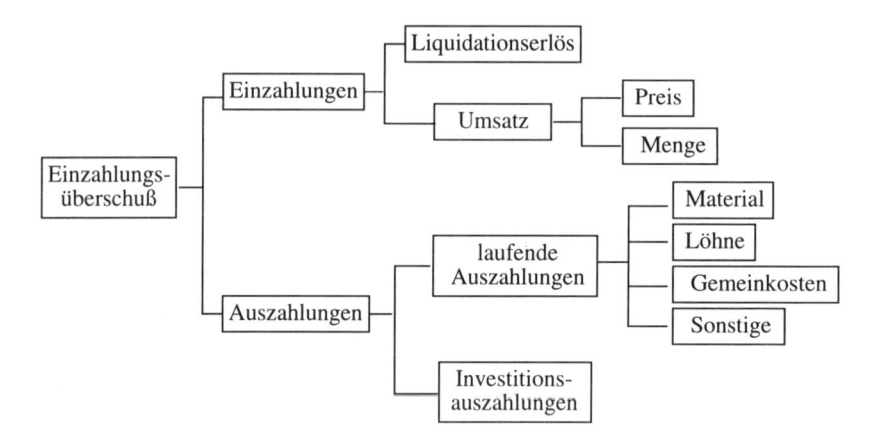

Man teilt die Komponenten in deterministische und in stochastische Einflußgrößen auf. Als deterministische Einflußgrößen können beispielsweise die Investitionsauszahlung I_0 oder der Kalkulationszinsfuß p in Frage kommen.

2. Spezifikation der Risikoprofile

Um die Kapitalwertverteilung bestimmen zu können, muß für jede Einflußgröße ein Verteilungsgesetz (Risikoprofil) spezifiziert werden. Grundsätzlich kommen alle in der Statistik bekannten diskreten und stetigen Verteilungstypen in Frage. In der hier vorliegenden Arbeit lehnt man sich eng an die von ALBACH (1976) getroffenen Verteilungsannahmen an. Der Grund liegt in der relativ geringen Anzahl zu bestimmender Parameter, die auch von Nichtstatistikern leicht zu verstehen und zu interpretieren sind. Außerdem können sowohl rechtsschiefe als auch linksschiefe Verteilungen modelliert werden.

Der Investor muß für jeden Einflußfaktor zum Zeitpunkt t eine Untergrenze a_t und eine Obergrenze b_t, die seiner Ansicht nach auf keinen Fall unter- bzw. überschritten wird, angeben. Darüber hinaus muß noch der Median m_t geschätzt werden, der mit gleicher Wahrscheinlichkeit unter- bzw. überschritten wird. Da man i.d.R. über den Typ der Verteilung keine näheren Informationen hat, unterstellt man Gleichverteilung zwischen Median und den beiden Grenzen. Somit hat die Dichtefunktion eines Einflußfaktors Y_t die folgende Gestalt:

$$f(y_t) = \begin{cases} \dfrac{1}{2(m_t-a_t)} & a_t \leq y_t < m_t \\ \dfrac{1}{2(b_t-m_t)} & m_t \leq y_t \leq b_t \\ 0 & \text{sonst} \end{cases}$$

mit dem Erwartungswert und der Varianz

$$E(Y_t) = \frac{a_t + 2m_t + b_t}{4}$$

$$\text{Var}(Y_t) = \frac{1}{6}\left[\left(a_t^2 + a_t m_t + m_t^2\right) + \left(b_t^2 + b_t m_t + m_t^2\right)\right] - \left[\frac{a_t + 2m_t + b_t}{4}\right]^2.$$

Der Verlauf der Dichte ist in Abb. 5 dargestellt. Die Fläche der beiden Rechtecke beträgt jeweils 0,5.

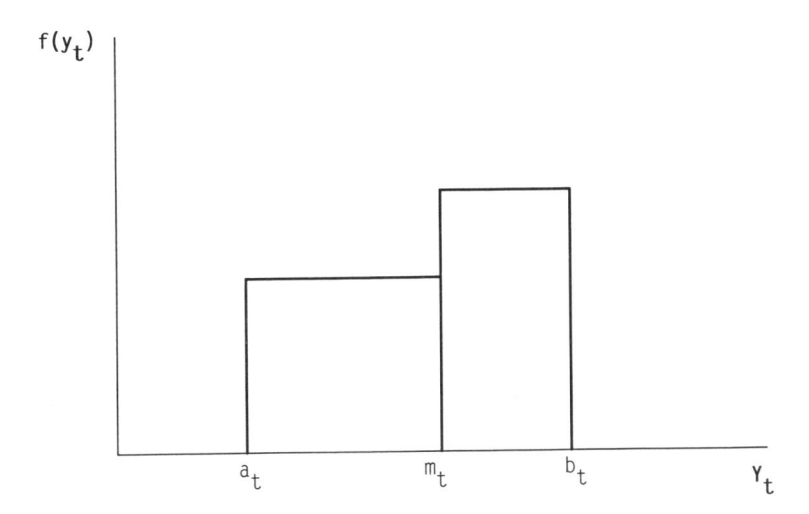

Abb. 5: Dichte eines Einflußfaktors Y_t zum Zeitpunkt t

Eine Verallgemeinerung des hier vorgestellten Verteilungstyps, bei dem außer dem Median noch weitere Fraktile spezifiziert werden müssen (Histogrammverteilung), findet man u.a. bei PERLITZ (1979).

Hat beispielsweise die Dichte der Menge x_t in der Periode t den in Abb. 5 gezeigten Verlauf, so ist die Wahrscheinlichkeit dafür, daß in der Periode t mehr als eine Menge x abgesetzt wird

$$G(x) = P(x_t > x).$$

Die Funktion G(x), die in der Abb. 6 dargestellt ist, wird auch als Risikoprofil bezeichnet.

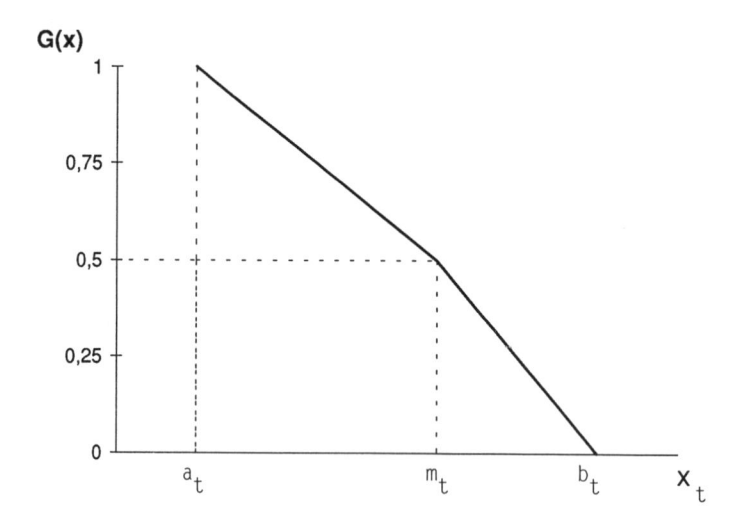

Abb. 6:   Risikoprofil

3. Spezifikation der Abhängigkeiten

Zwei Arten von Abhängigkeiten sind zu unterscheiden:

1. Zeitliche Abhängigkeit eines Einflußfaktors (Autokorrelation). Autokorrelation liegt vor, wenn beispielsweise die Absatzmenge des Jahres t von der Absatzmenge des Jahres t-k abhängt.

2. Abhängigkeit zwischen den Einflußfaktoren (Kreuzkorrelation). Kreuzkorrelation liegt vor, wenn beispielsweise die Absatzmenge des Jahres t vom Preis des Jahres t-k abhängt.

Da es aus praktischen Gründen beinahe unmöglich ist, alle Auto- und Kreuzkorrelationen adäquat zu bestimmen, wird oft Unabhängigkeit oder nur Abhängigkeit zwischen den wichtigsten Einflußfaktoren angenommen. So stellen JÖCKEL und PFLAUMER (1980) ein Verfahren der Risikoanalyse vor, bei welchem die Abhängigkeiten zwischen Absatzmenge und Preis mit Hilfe eines regressionsanalytischen Ansatzes geschätzt werden. Sie kommen zu dem Schluß, daß durch eine Nichtberücksichtigung dieser Abhängigkeiten der erwartete Kapitalwert i.a. überschätzt wird.

Man kann die Simplifizierung der Annahmen bezüglich der Abhängigkeiten sicherlich kritisieren, aber diese Simplifizierung sagt natürlich nichts über den Wert von Simulationen bei Investitionsentscheidungen aus. Simulationen können auch mit sehr komplexen Modellen durchgeführt werden. Das Problem ist nicht die Modellierung, sondern die vernünftige Schätzung der Abhängigkeiten. Es ist schon schwierig genug, die Verteilung eines Einflußfaktors adäquat zu bestimmen. Aber welcher Manager kann noch Aussagen über die Autokorrelationen und die Kreuzkorrelationen machen? Daher ist es oft besser, Unabhängigkeit als eine vage formulierte Abhängigkeit zu unterstellen.

4. Durchführung der Simulation

Es werden für alle Komponenten der Einzahlungsüberschüsse im Jahre 1 Realisationen zufällig ermittelt. Dies geschieht, indem einer gleichverteilten Zufallszahl zwischen 0 und 1 durch das Risikoprofil des entsprechenden Einflußfaktors (z.B. Absatzmenge) eine Realisation zugeordnet wird (vgl. Abb. 7).

Über die Geradengleichung ergibt sich der funktionale Zusammenhang zwischen einer Realisation y_{it} und einer Zufallszahl z_{it}

$$y_{it} = \begin{cases} b_t - 2(b_t - m_t) z_{it} & \text{für } 0 \leq z_{it} \leq 0,5 \\ (2m_t - a_t) - 2(m_t - a_t) z_{it} & \text{für } 0,5 < z_{it} \leq 1 \end{cases},$$

wobei z_{it} eine gleichverteilte Zufallszahl ($0 \leq z_{it} \leq 1$) des i-ten Simulationslaufes des Jahres t ist.

```
Z
1
z₁₁
0,5

0
      y₁₁              Y₁
```

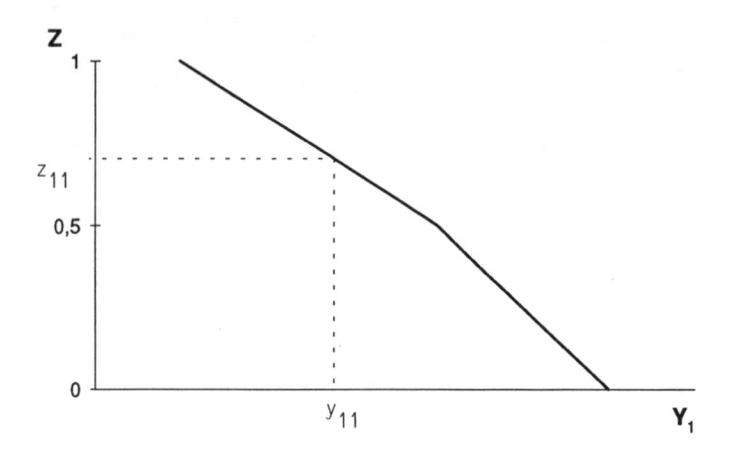

Abb. 7: Ermittlung einer Realisation durch eine Zufallszahl

Entsprechend werden Realisationen für die anderen Einflußfaktoren bestimmt. Gegebenenfalls müssen Abhängigkeiten, z.B. zwischen Preis und Absatzmenge, berücksichtigt werden. Aus den so gefundenen Realisationen wird ein Einzahlungsüberschuß in Periode 1 berechnet, z.B.

$$c_{11} = p_{11} x_{11} - k_{11} x_{11} - K_{11},$$

wobei

c_{11} = Einzahlungsüberschuß in der Periode 1 beim 1. Simulationslauf

p_{11} = Preis in der Periode 1 beim 1. Simulationslauf

k_{11} = variable Kosten pro Stück in der Periode 1 beim 1. Simulationslauf

K_{11} = fixe Kosten in der Periode 1 beim 1. Simulationslauf.

Diese Rechnung wird für alle Jahre der Nutzungsdauer wiederholt, wobei sich die Risikoprofile in den einzelnen Jahren unterscheiden können. Aus den so ermittelten Einzahlungsüberschüssen läßt sich der Kapitalwert C_{01} berechnen. Das beschriebene Verfahren wird N-mal (N = Simulationsumfang) wiederholt. Damit die Schätzung stabil ist, muß N groß sein, z.B. N=1.000 oder N=10.000. Als Ergebnis erhält man N verschiedene Kapitalwerte $C_{01}, C_{02},...,C_{0N}$, die aus nachstehender Datenmatrix berechnet werden.

Simulationslauf \ Jahr	1	2	...	n	Kapitalwert
1	$x_{11},p_{11},k_{11},K_{11}$	$x_{12},p_{12},k_{12},K_{12}$	...	$x_{1n},p_{1n},k_{1n},K_{1n}$	C_{01}
2	$x_{21},p_{21},k_{21},K_{21}$	$x_{22},p_{22},k_{22},K_{22}$	...	$x_{2n},p_{2n},k_{2n},K_{2n}$	C_{02}
⋮	⋮	⋮	...	⋮	⋮
N	$x_{N1},p_{N1},k_{N1},K_{N1}$	$x_{N2},p_{N2},k_{N2},K_{N2}$	...	$x_{Nn},p_{Nn},k_{Nn},K_{Nn}$	C_{0N}

5. Statistische Auswertung

Der Datensatz der Kapitalwerte, der durch die Simulation gewonnen worden ist, wird mit Hilfe von Methoden der deskriptiven Statistik ausgewertet (vgl. beispielsweise HARTUNG/ELPELT/KLÖSENER (1989), S. 15 ff.).

Aus den N verschiedenen Kapitalwerten wird eine Häufigkeitsverteilung erstellt. Als graphische Darstellung der Verteilung kommt entweder ein Histogramm oder eine empirische Verteilungsfunktion (Chancenprofil) in Frage. Zugleich werden aus den Urdaten interessierende Parameter wie Mittelwert, Standardabweichung, Median oder Verlustwahrscheinlichkeit berechnet:

Mittelwert des Kapitalwerts: $\overline{C_0} = \frac{1}{N} \sum_{i=1}^{N} C_{0i}$

Varianz des Kapitalwerts: $\sigma_{C_0}^2 = \frac{1}{N} \sum_{i=1}^{N} (C_{0i} - \overline{C_0})^2$.

6. Interpretation

Anhand der berechneten Parameter und des Chancenprofils wird die Rentabilität und vor allem das Risiko der Investition beurteilt.

Das oben in sechs Schritten beschriebene Verfahren stellt nur eine Variante der Risikosimulation dar. Jedoch läßt sich das Schema leicht modifizieren und auf Probleme verschiedenster Art übertragen. Zur Durchführung der simulativen Risikoanalyse ist man auf Computerprogramme angewiesen. Ein komfortables und anwenderfreundliches Programm zur Risikoanalyse ist *Risk*, welches von Palisade, Newfield, N.Y., USA angeboten wird. *Risk* erlaubt die Simulation mit verschiedenen diskreten und stetigen Verteilungstypen für die Einflußgrößen (Risikoprofile) unter Berücksichtigung von Abhängigkeiten. Die Simulationen im nachfolgenden Beispiel sind mit dem Statistik-Programmpaket ISP durchgeführt worden.

◆ **Beispiel:**

Eine Flugschule möchte ein zweisitziges Schulflugzeug für 5 Jahre leasen. Die Mietsonderzahlung beträgt 32.500 DM. Die Leasing-Raten seien proportional zur Flugstundenzahl. Sämtliche Fixkosten werden vom Leasing-Geber getragen. Pro Flugstunde wird mit einem Einzahlungsüberschuß von 35 DM gerechnet. Der Kalkulationszinsfuß ist 10%. In den folgenden Jahren schätzt man folgende Flugstunden h_t:

Jahr t	Minimum a_t	Median m_t	Maximum b_t
1	180	250	300
2	180	260	320
3	200	300	350
4	200	300	380
5	200	300	380

a) Beurteilen Sie mit Hilfe einer Risikosimulation vom Umfang N=100 die Investition, indem Sie die Zufallszahlen in der Tabelle 1 verwenden.

b) Vergleichen Sie die Ergebnisse für Erwartungswert, Varianz und Verlustwahrscheinlichkeit mit denen, die man durch analytische Methoden der Risikoanalyse erhält.

Lösung:

a) 1. <u>Modell</u>:

$$C_0 = -32.500 + \frac{35 \cdot h_1}{1,1} + \frac{35 \cdot h_2}{1,1^2} + \frac{35 \cdot h_3}{1,1^3} + \frac{35 \cdot h_4}{1,1^4} + \frac{35 \cdot h_5}{1,1^5}.$$

2. <u>Risikoprofile</u>:

Es fallen nur Risikoprofile für die Flugstundenzahl an; in Abb. 8 ist das Risikoprofil für die Flugstundenzahl im Jahr 3 zu sehen.

3. <u>Abhängigkeiten</u>:

Es wird Unabhängigkeit unterstellt.

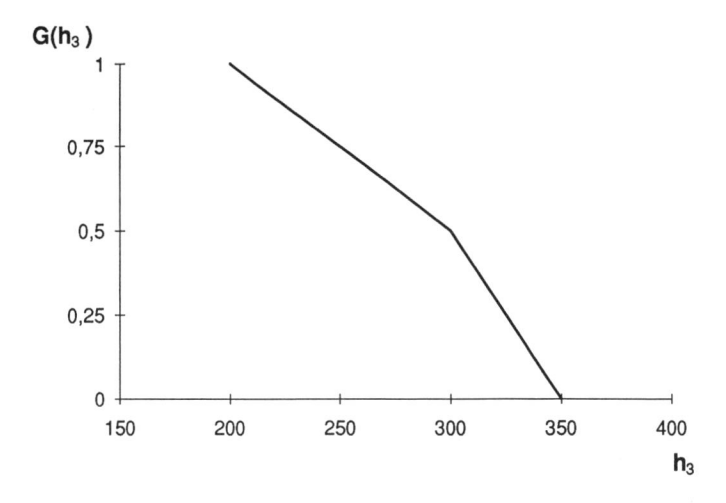

Abb. 8: Risikoprofil für die Flugstundenzahl (t=3)

4. Simulation:

Die Realisationen werden mit Hilfe der Zufallszahlen in Tab. 1 ermittelt. Beispielsweise ergeben sich für t=1 folgende Realisationen der Flugstundenzahlen h_{i1} beim i-ten Simulationslauf

$$h_{i1} = \begin{cases} 300 - 100\, z_{i1} & \text{für } 0 \leq z_{i1} \leq 0{,}5 \\ 320 - 140\, z_{i1} & \text{für } 0{,}5 < z_{i1} \leq 1 \end{cases}.$$

So ist z.B.

$$h_{11} = 300 - 100 \cdot 0{,}2048 = 279{,}52$$

$$h_{51} = 320 - 140 \cdot 0{,}7194 = 219{,}284.$$

Entsprechend werden die restlichen Realisationen bestimmt (vgl. Tab. 2), wobei zu beachten ist, daß sich die Risikoprofile der einzelnen Jahre unterscheiden. Für jeden Simulationslauf wird nun ein Kapitalwert C_{0i} berechnet

$$C_{01} = -32.500 + 35\left(\frac{279,5}{1,1} + \frac{307}{1,1^2} + \frac{211,7}{1,1^3} + \frac{233}{1,1^4} + \frac{240}{1,1^5}\right) = 1.625$$

$$\vdots \qquad \vdots$$

$$C_{0100} = -32.500 + 35\left(\frac{271,7}{1,1} + \frac{266,8}{1,1^2} + \frac{263,5}{1,1^3} + \frac{356,1}{1,1^4} + \frac{242,2}{1,1^5}\right) = 4.570$$

(vgl. Tab. 3).

In o.a. Ergebnissen sind Rundungsfehler enthalten.

5. Statistische Auswertung:

Die Kapitalwerte werden der Größe nach geordnet. Aus der Rangliste der Kapitalwerte (vgl. Tab. 4) werden Histogramme und Chancenprofile erstellt.

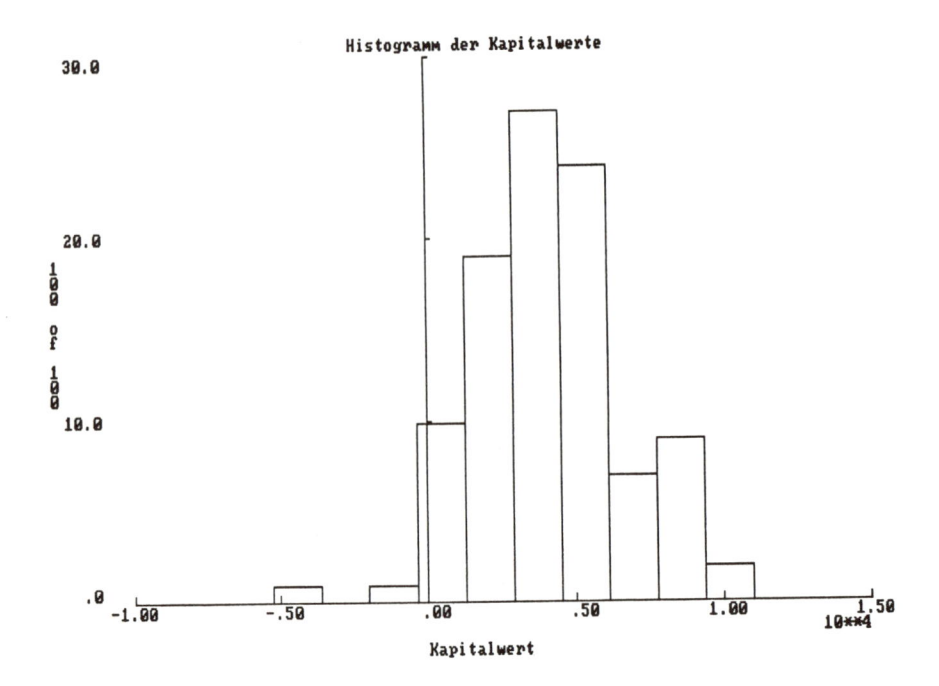

Abb. 9: Histogramm der Kapitalwerte

Tabelle 1: Zufallszahlen

Simulation	Jahr 1	2	3	4	5	Simulation	Jahr 1	2	3	4	5
1	0,2048	0,1085	0,9416	0,8349	0,8002	51	0,2535	0,3849	0,5694	0,1416	0,1862
2	0,1868	0,1313	0,1936	0,3046	0,1482	52	0,4509	0,8492	0,7313	0,8790	0,3634
3	0,0346	0,7398	0,4115	0,2419	0,7689	53	0,9915	0,3092	0,9374	0,3205	0,2683
4	0,3846	0,2786	0,4098	0,2628	0,2305	54	0,9619	0,1148	0,7403	0,3900	0,3899
5	0,7194	0,3437	0,5233	0,5494	0,5025	55	0,9856	0,9354	0,0634	0,8374	0,7005
6	0,6248	0,7468	0,7892	0,0541	0,0031	56	0,7534	0,4685	0,4362	0,0668	0,3292
7	0,1155	0,9019	0,4158	0,0314	0,4752	57	0,1058	0,4991	0,7704	0,8100	0,8529
8	0,5536	0,0408	0,0425	0,1813	0,4143	58	0,4330	0,6638	0,1284	0,9318	0,7739
9	0,5076	0,2476	0,3682	0,6088	0,5079	59	0,4860	0,1479	0,6549	0,1182	0,5134
10	0,0871	0,2719	0,4212	0,2908	0,0229	60	0,1430	0,7327	0,0163	0,7592	0,6886
11	0,7766	0,6476	0,1757	0,4587	0,1169	61	0,1283	0,3295	0,5435	0,7771	0,5870
12	0,1741	0,6655	0,6464	0,0108	0,0460	62	0,7168	0,0610	0,6405	0,6722	0,2348
13	0,9773	0,7421	0,9854	0,8460	0,9991	63	0,3416	0,7257	0,6150	0,0009	0,9177
14	0,7968	0,9966	0,4862	0,6901	0,5919	64	0,0075	0,2793	0,0741	0,1847	0,0267
15	0,1960	0,6011	0,4944	0,4654	0,5854	65	0,2956	0,5323	0,7521	0,5374	0,0781
16	0,4334	0,7555	0,6118	0,7458	0,1118	66	0,4972	0,7787	0,6153	0,6533	0,2371
17	0,7812	0,5085	0,8839	0,6864	0,3199	67	0,7617	0,2934	0,7244	0,5148	0,2599
18	0,6523	0,4143	0,0570	0,1472	0,0533	68	0,0483	0,5444	0,7534	0,2383	0,2287
19	0,3319	0,9974	0,4058	0,2577	0,1093	69	0,4649	0,4820	0,4073	0,2728	0,2512
20	0,7637	0,5504	0,1143	0,1980	0,4543	70	0,7343	0,1943	0,4969	0,9172	0,9604
21	0,6789	0,1382	0,6376	0,7514	0,7432	71	0,8810	0,0519	0,9051	0,9343	0,3998
22	0,0254	0,2769	0,3212	0,7232	0,2873	72	0,5658	0,1182	0,2902	0,3533	0,7962
23	0,0077	0,6188	0,5869	0,8201	0,4947	73	0,2959	0,7916	0,6718	0,3305	0,9377
24	0,2846	0,9377	0,8223	0,5239	0,2458	74	0,1248	0,9342	0,1856	0,9904	0,0424
25	0,7503	0,2599	0,5518	0,6890	0,0907	75	0,9767	0,9723	0,0159	0,8012	0,5841
26	0,6282	0,8454	0,3392	0,0362	0,8610	76	0,1280	0,6092	0,1972	0,1301	0,0474
27	0,4100	0,7694	0,4347	0,7190	0,2805	77	0,9099	0,0106	0,2212	0,8741	0,4400
28	0,1272	0,4738	0,7371	0,0101	0,8443	78	0,2595	0,0391	0,3363	0,4393	0,5161
29	0,5854	0,2690	0,5561	0,8564	0,8291	79	0,2253	0,1539	0,4366	0,3606	0,3590
30	0,5763	0,4608	0,2478	0,2224	0,8715	80	0,7469	0,1403	0,2049	0,8492	0,3246
31	0,6264	0,9148	0,4316	0,8196	0,4319	81	0,6495	0,0493	0,9576	0,5111	0,6981
32	0,7669	0,5363	0,2913	0,2425	0,1568	82	0,5999	0,0731	0,7255	0,6207	0,0688
33	0,0759	0,2830	0,9493	0,4782	0,2675	83	0,6228	0,9708	0,0668	0,0357	0,1469
34	0,7726	0,5598	0,0341	0,5935	0,6112	84	0,6875	0,6037	0,0873	0,9906	0,3341
35	0,8474	0,6100	0,4257	0,5424	0,1987	85	0,5658	0,9546	0,6995	0,5213	0,6827
36	0,4889	0,7347	0,8295	0,7816	0,6366	86	0,4011	0,3042	0,8148	0,7523	0,7457
37	0,4331	0,9484	0,6202	0,9070	0,4823	87	0,6940	0,6336	0,3635	0,5675	0,1120
38	0,7351	0,2618	0,0050	0,1128	0,1776	88	0,0344	0,7978	0,4935	0,8870	0,7447
39	0,8568	0,3420	0,4491	0,2839	0,7616	89	0,2569	0,6624	0,4733	0,3134	0,6397
40	0,1109	0,7039	0,5974	0,4726	0,0371	90	0,7036	0,0798	0,6337	0,4292	0,2234
41	0,0579	0,7247	0,3709	0,6097	0,5926	91	0,6164	0,7886	0,0422	0,4428	0,9400
42	0,9964	0,6502	0,0765	0,8185	0,1533	92	0,1420	0,5724	0,9136	0,6343	0,1689
43	0,4366	0,9106	0,7010	0,6255	0,2940	93	0,6822	0,3518	0,0315	0,7312	0,8116
44	0,0894	0,4057	0,3629	0,5115	0,0493	94	0,5223	0,5227	0,1087	0,7102	0,7793
45	0,8865	0,2697	0,9656	0,5067	0,0128	95	0,3824	0,7828	0,0685	0,2363	0,1573
46	0,1977	0,8745	0,0085	0,3157	0,4812	96	0,0918	0,1063	0,9019	0,3849	0,6509
47	0,3108	0,9744	0,3199	0,9575	0,0614	97	0,5797	0,0254	0,2221	0,8376	0,2602
48	0,1334	0,0624	0,7962	0,3952	0,9468	98	0,3539	0,6718	0,9616	0,8993	0,0813
49	0,8386	0,5508	0,5317	0,2861	0,3068	99	0,6263	0,2167	0,5624	0,4920	0,6136
50	0,0037	0,1979	0,7101	0,4649	0,6611	100	0,2825	0,4432	0,6824	0,1495	0,7890

Tabelle 2: Realisationen der Flugstunden

Simulation	Jahr 1	2	3	4	5	Simulation	Jahr 1	2	3	4	5
1	279,52	306,98	211,68	233,01	239,96	51	274,65	273,81	286,11	357,34	350,21
2	281,32	304,25	330,64	331,26	356,29	52	254,91	204,13	253,75	224,20	321,86
3	296,54	221,63	308,85	341,30	246,22	53	181,19	282,89	212,52	328,73	337,07
4	261,54	286,57	309,02	337,95	343,12	54	185,34	306,23	251,94	317,60	317,61
5	219,29	278,75	295,33	290,12	299,49	55	182,02	190,34	343,66	232,52	259,90
6	232,52	220,51	242,16	371,34	379,51	56	214,52	263,78	306,38	369,32	327,33
7	288,45	195,70	308,42	374,97	303,97	57	289,42	260,11	245,93	238,00	229,42
8	242,49	315,10	345,75	350,99	313,71	58	256,70	233,80	337,16	213,65	245,22
9	248,93	290,29	313,18	278,25	298,42	59	251,41	302,25	269,02	361,09	297,31
10	291,29	287,37	307,88	333,47	376,34	60	285,70	222,77	348,37	248,17	262,28
11	211,28	236,39	332,43	306,61	361,29	61	287,17	280,46	291,30	244,59	282,59
12	282,59	233,53	270,72	378,28	372,64	62	219,66	312,68	271,91	265,57	342,44
13	183,18	221,27	202,92	230,79	200,18	63	265,84	223,88	277,00	379,85	216,45
14	208,45	180,54	301,38	261,99	281,62	64	299,25	286,48	342,60	350,45	375,72
15	280,40	243,83	300,56	305,53	282,91	65	270,44	254,83	249,59	292,52	367,50
16	256,66	219,11	277,65	250,85	362,11	66	250,28	215,40	276,93	269,33	342,07
17	210,63	258,64	223,21	262,71	328,82	67	213,36	284,79	255,13	297,04	338,42
18	228,67	270,29	344,30	356,45	371,48	68	295,17	252,89	249,33	341,87	343,41
19	266,81	180,41	309,42	338,77	362,52	69	253,51	262,16	309,27	336,36	339,80
20	213,08	251,94	338,57	348,32	307,31	70	217,20	296,69	300,32	216,55	207,91
21	224,95	303,42	272,47	249,73	251,36	71	196,66	313,77	218,99	213,13	316,04
22	297,46	286,77	317,88	255,36	334,03	72	240,79	305,81	320,98	323,48	240,77
23	299,23	241,00	282,62	235,97	300,85	73	270,41	213,35	265,64	327,12	212,45
24	271,54	189,97	235,55	295,23	340,67	74	287,52	190,52	331,44	201,91	373,22
25	214,95	288,81	289,64	262,20	365,48	75	183,26	184,43	348,41	239,75	283,19
26	232,06	204,73	316,08	374,21	227,81	76	287,20	242,53	330,28	359,18	372,41
27	259,01	216,90	306,53	256,20	335,13	77	192,62	318,73	327,88	225,17	309,60
28	287,28	263,14	252,58	378,38	231,15	78	274,06	315,31	316,38	309,70	296,79
29	238,04	287,72	288,78	228,72	234,18	79	277,47	301,54	306,34	322,31	322,56
30	239,31	264,71	325,22	344,41	225,71	80	215,43	303,17	329,51	230,17	328,07
31	232,31	193,63	306,84	236,08	310,89	81	229,07	314,08	208,49	297,79	260,38
32	212,63	254,19	320,87	341,20	354,91	82	236,01	311,23	254,90	275,86	368,99
33	292,41	286,04	210,15	303,48	337,20	83	232,81	184,66	343,32	374,29	356,49
34	211,84	250,43	346,59	281,31	277,76	84	223,76	243,41	341,27	201,88	326,55
35	201,37	242,39	307,43	291,51	348,21	85	240,78	187,26	260,11	295,73	263,47
36	251,11	222,45	234,10	243,67	272,69	86	259,89	283,50	237,04	249,54	250,85
37	256,69	188,26	275,96	218,61	302,83	87	222,83	238,63	313,65	286,49	362,08
38	217,09	288,58	349,50	361,96	351,58	88	296,56	212,34	300,65	222,60	251,05
39	200,05	278,96	305,10	334,58	247,68	89	274,31	234,01	302,67	329,85	272,06
40	288,91	227,37	280,53	304,38	374,07	90	221,50	310,42	273,25	311,33	344,26
41	294,21	224,05	312,91	278,06	281,48	91	233,70	213,82	345,78	309,15	211,99
42	180,51	235,97	342,35	236,31	355,48	92	285,80	248,41	217,28	273,15	352,98
43	256,34	194,31	259,80	274,90	332,97	93	224,49	277,79	346,85	253,77	237,67
44	291,06	271,32	313,71	297,70	372,12	94	246,88	256,36	339,13	257,96	244,14
45	195,89	287,64	206,89	298,66	377,95	95	261,76	214,75	343,15	342,20	354,83
46	280,23	200,09	349,15	329,49	303,01	96	290,82	307,24	219,62	318,41	269,81
47	268,92	184,10	318,01	208,50	370,18	97	238,84	316,96	327,79	232,48	338,36
48	286,66	312,51	240,76	316,76	210,65	98	264,61	232,52	207,67	220,14	366,98
49	202,59	251,87	293,66	334,23	330,90	99	232,31	294,00	287,53	301,28	277,28
50	299,63	296,26	257,98	305,61	267,79	100	271,75	266,82	263,53	356,08	242,19

Tabelle 3: Urliste der Kapitalwerte

Simu-lation	Kapital-wert	Simu-lation	Kapital-wert	Simu-lation	Kapital-wert	Simu-lation	Kapital-wert	Simu-lation	Kapital-wert
1	1625	21	2032	41	4334	61	4398	81	2133
2	9608	22	6982	42	2446	62	4474	82	5328
3	4977	23	3603	43	1916	63	3503	83	5972
4	7773	24	2290	44	8062	64	10860	84	2557
5	3750	25	4520	45	2846	65	5019	85	213
6	4770	26	3014	46	5847	66	2849	86	1620
7	6019	27	3483	47	2773	67	3691	87	4458
8	8630	28	4963	48	4142	68	6399	88	1762
9	5190	29	1547	49	4135	69	6708	89	4754
10	9327	30	4462	50	5512	70	585	90	5636
11	4983	31	961	51	7836	71	555	91	2211
12	7506	32	5926	52	542	72	5413	92	3693
13	-5068	33	5187	53	2220	73	1697	93	3030
14	-337	34	3359	54	3375	74	3813	94	3161
15	4830	35	3539	55	-959	75	-287	95	6955
16	3172	36	-168	56	5955	76	9019	96	4891
17	979	37	177	57	1375	77	3581	97	5798
18	8242	38	8238	58	1733	78	7513	98	1344
19	5321	39	3338	59	6409	79	7821	99	4185
20	5476	40	6052	60	3828	80	4421	100	4570

166 F. Investitionsentscheidungen unter Risiko

Tabelle 4: Rangliste der Kapitalwerte

Rang	Kapital-wert	Rang	Kapital-wert	Rang	Kapital-wert	Rang	Kapital-wert	Rang	Kapital-wert
1	-5068	21	1916	41	3539	61	4770	81	6019
2	-959	22	2032	42	3581	62	4830	82	6052
3	-337	23	2133	43	3603	63	4891	83	6399
4	-287	24	2211	44	3691	64	4963	84	6409
5	-168	25	2220	45	3693	65	4977	85	6708
6	177	26	2290	46	3750	66	4983	86	6955
7	213	27	2446	47	3813	67	5019	87	6982
8	542	28	2557	48	3828	68	5187	88	7506
9	555	29	2773	49	4135	69	5190	89	7513
10	585	30	2846	50	4142	70	5321	90	7773
11	961	31	2849	51	4185	71	5328	91	7821
12	979	32	3014	52	4334	72	5413	92	7836
13	1344	33	3030	53	4398	73	5476	93	8062
14	1375	34	3161	54	4421	74	5512	94	8238
15	1547	35	3172	55	4458	75	5636	95	8242
16	1620	36	3338	56	4462	76	5798	96	8630
17	1625	37	3359	57	4474	77	5847	97	9019
18	1697	38	3375	58	4520	78	5926	98	9327
19	1733	39	3483	59	4570	79	5955	99	9608
20	1762	40	3503	60	4754	80	5972	100	10860

```
                    Chancenprofil
1.00

 .80

 .60

 .40

 .20

 .00
    -1.00      -.50       .00       .50      1.00      1.50
                                                   10**4
                         Kapitalwert
```

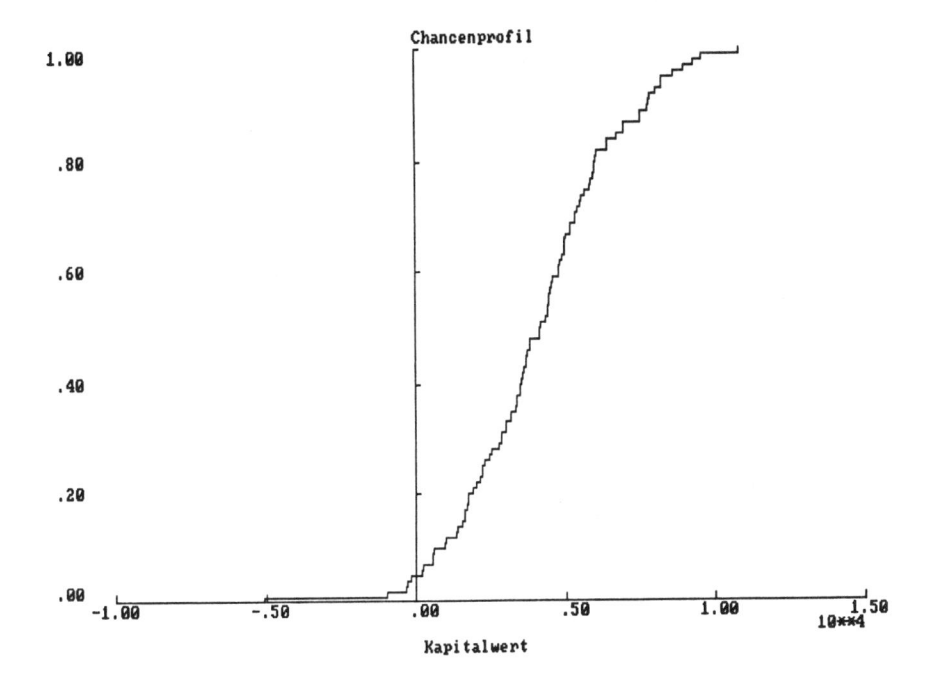

Abb. 10:   Chancenprofil der Kapitalwerte

Aus der Ur- bzw. aus der Rangliste der Kapitalwerte (vgl. Tab. 3 und Tab. 4) werden folgende Parameter ermittelt:

Mittelwert:	4.109
Standardabweichung:	2.632
Minimum:	- 5.068
Maximum:	10.860
1. Quartil:	2.238
Median:	4.163
3. Quartil:	5.758
Verlustwahrscheinlichkeit:	5%

6. Interpretation:

Zur Interpretation werden das Histogramm, das Chancenprofil sowie die statistischen Kennzahlen herangezogen. Unterstellt man, daß die Annahmen bezüglich der Unsicherheit der Flugstundenzahlen realistisch sind, dann ist das Investitionsobjekt als fast sicher zu beurteilen. Nur mit einer Wahrscheinlichkeit von 5% wird der Kapitalwert negativ sein. Er wird mit großer Wahrscheinlichkeit (75%) größer oder gleich 2.238 (1. Quartil) sein.

b) Die erwarteten Flugstunden pro Jahr lauten:

$$E(h_1) = \frac{180 + 500 + 300}{4} = 245$$

$$E(h_2) = \frac{180 + 520 + 320}{4} = 255$$

$$E(h_3) = \frac{200 + 600 + 350}{4} = 287.50$$

$$E(h_4) = \frac{200 + 600 + 380}{4} = 295$$

$$E(h_5) = \frac{200 + 600 + 380}{4} = 295$$

Die Varianzen der Flugstunden lauten:

$$\text{Var}(h_1) = \frac{1}{6}\left[(180^2 + 180 \cdot 250 + 250^2) + (300^2 + 250 \cdot 300 + 250^2)\right] - 245^2 = 1.208.$$

Entsprechend werden die übrigen Varianzen berechnet:

$$\text{Var}(h_2) = 1.642$$
$$\text{Var}(h_3) = 1.927$$
$$\text{Var}(h_4) = 2.708$$
$$\text{Var}(h_5) = 2.708.$$

Unter Verwendung der Ergebnisse aus Abschnitt F 4.1.1 folgt:

$$E(C_0) = -32.500 + 35\left(\frac{245}{1,1} + \frac{255}{1,1^2} + \frac{287,5}{1,1^3} + \frac{295}{1,1^4} + \frac{295}{1,1^5}\right) = 3.694,72$$

$$\text{Var}(C_0) = \frac{35^2 \cdot 1.208}{1,1^2} + \frac{35^2 \cdot 1.642}{1,1^4} + \frac{35^2 \cdot 1.927}{1,1^6} + \frac{35^2 \cdot 2.708}{1,1^8} + \frac{35^2 \cdot 2.708}{1,1^{10}} = 2.599,19^2$$

$$P(C_0 < 0) = 1 - \Phi\left(\frac{3.694,72}{2.599,19}\right) = 1 - \Phi(1,42) = 0,0778.$$

Die starke Abweichung der Simulationswerte vom wahren Erwartungswert und der wahren Varianz erklärt sich aus dem geringen Simulationsumfang von N=100. Die Schätzung wird um so besser, je höher der Simulationsumfang ist. Daher wurde eine Simulation mit dem Umfang N=1.000 unter sonst gleichen Bedingungen wiederholt. Die Ergebnisse sind der nachstehenden Tabelle zu entnehmen.

	Simulation		analytisches
	N=100	N=1.000	Verfahren
Mittelwert	4.109	3.763	3.695
Standardabweichung	2.632	2.573	2.599
Verlustwahrscheinlichkeit	5%	8%	7,8%

Zu beachten ist, daß das analytische Verfahren nur den wahren Erwartungswert und die wahre Varianz liefert. Die Berechnung der Verlustwahrscheinlichkeit beruht auf der Approximation der Kapitalwertverteilung durch die Normalverteilung. ♦

Das Ergebnis einer Risikoanalyse hängt von den Annahmen ab. Nur wenn die Unsicherheit in den Annahmen realistisch geschätzt wurde, können die Resultate als Grundlage für eine Investitionsentscheidung dienen. Mit der Risikoanalyse kann die Unsicherheit nicht reduziert oder gar beseitigt werden, aber es gelingt, das Risiko berechenbar zu machen. Die Risikoanalyse zwingt die Entscheidenden, die Unsicherheit der Daten systematisch zu analysieren und zu diskutieren, wie PERLITZ (1979) schreibt.

G. ÜBUNGSFÄLLE

1. AUFGABEN

1.) Für den Kauf eines Mietshauses, dessen Wiederverkauf nach 30 Jahren erwogen wird, sind folgende Informationen gegeben:

Kaufpreis:	1.000.000 DM
durchschnittlicher jährlicher Einzahlungsüberschuß im ersten Jahrzehnt:	50.000 DM
im zweiten und dritten Jahrzehnt:	80.000 DM
geschätzter Verkaufspreis nach 30 Jahren:	1.000.000 DM

a) Soll das Haus bei einem Kalkulationszinsfuß von 5% gekauft werden?

b) Berechnen Sie den internen Zinsfuß. (<u>Hinweis</u>: Bei einem Kalkulationszinsfuß von 8% ergibt sich ein Kapitalwert von - 201.302,44 DM.)

2.) Eine Eigentumswohnung kostet 300.000 DM. Die Nettomieteinnahmen betragen im ersten Jahr 9.000 DM. Es wird damit gerechnet, daß der Wert der Eigentumswohnung jährlich im Durchschnitt um 3% steigt. Von den Mieteinnahmen wird erwartet, daß sie durchschnittlich im Jahr um 8% steigen.

Berechnen Sie die interne Verzinsung, falls ein Wiederverkauf nach 20 Jahren erwogen wird.

3.) Ein Unternehmen mit einem Kalkulationszinsfuß von 12% hat zwei Investitionsprojekte X und Y zu bewerten:

	X	Y
Anschaffungsauszahlungen	500.000 DM	100.000 DM
jährl. Cash Flow	150.000 DM	40.000 DM
Nutzungsdauer	10 Jahre	10 Jahre
Restwert	0	0

a) Berechnen Sie die Kapitalwerte.

b) Berechnen Sie die internen Zinsfüße.

c) Ermitteln Sie den Kapitalwert, bei dem die beiden Kapitalwertfunktionen sich schneiden.

d) Welche der beiden Investitionsalternativen ist vorzuziehen? (Kurze Begründung)

4.) Einem Tankstellenbesitzer, der den Kauf einer Waschanlage erwägt, stehen zwei Alternativen A und B zur Auswahl:

A: Investitionssumme 100.000 DM, Nutzungsdauer 10 Jahre, jährliche Einzahlungsüberschüsse 20.000 DM, Schrottwert nach 10 Jahren 14.734 DM.

B: Investitionssumme 129.000 DM, Nutzungsdauer 10 Jahre, jährliche Einzahlungsüberschüsse in den ersten 5 Jahren 18.000 DM, danach 26.000 DM, Schrottwert nach 10 Jahren 0 DM.

a) Berechnen Sie die Kapitalwerte von A und B (Kalkulationszinsfuß 8%).
b) Ermitteln Sie die internen Zinsfüße.
c) Ab welchem Zinsfuß ist B vorteilhafter als A? (Begründung)

5.) Zwei Investitionsprojekte A und B stehen zur Auswahl.

	A	B
Investitionsauszahlung I_0	30.000	12.000
Nutzungsdauer n	6 Jahre	3 Jahre
Restwert R_n	4.000	0
jährlicher Einzahlungsüberschuß c	8.500	7.000

Der Kalkulationszinsfuß beträgt 10%.

a) Berechnen Sie für beide Alternativen
   aa) die Kapitalwerte
   ab) die internen Zinsfüße
   ac) die Baldwin-Zinsfüße
   ad) die Initialverzinsungen.
b) Welche der beiden Alternativen würden Sie vorziehen. Begründen Sie Ihre Entscheidung.

6.) Eine Finanzinvestition über 100.000 DM führt zu folgenden Einzahlungsüberschüssen:

Nach 7 Monaten: 40.000 DM
Nach 13 Monaten: 20.000 DM
Nach 27 Monaten: 60.000 DM.

Lohnt sich die Investition bei einem Kalkulationszinsfuß von 12%? Ermitteln Sie zur Beantwortung der Frage sowohl den internen Zinsfuß als auch den Kapitalwert. Die Zinsverrechnungsperiode ist ein Jahr.

7.) Ein Unternehmer plant die Anschaffung einer Maschine zum Preis von 300.000 DM. Er rechnet mit einer Laufzeit von vier Jahren. Der Restverkaufserlös wird auf Null veranschlagt. Die jährlichen Einzahlungsüberschüsse schätzt er auf 100.000 DM. Die Maschine ist sofort zu bezahlen. Sein Eigenkapital beträgt 150.000 DM. Der Restbetrag wird mit einem Kredit zu 8% Zins p.a. finanziert. Der Kalkulationszinsfuß beträgt 6% jährlich.

Dem Unternehmer werden drei alternative Tilgungsmodalitäten angeboten, wobei die Zinszahlungen jeweils jährlich anfallen.

a) Der Kredit ist in vier gleich hohen Tilgungsraten zurückzuzahlen.

b) Der Kredit ist in vier gleich hohen Annuitäten zurückzuzahlen.

c) Der Kredit ist innerhalb von vier Jahren möglichst schnell aus Einzahlungsüberschüssen der Maschine zurückzuzahlen.

Soll der Unternehmer die Maschine anschaffen?

Welche Tilgungsmodalität soll er wählen? - Berechnen Sie zur Beantwortung dieser Frage die jeweiligen Kapitalwerte.

8.) 100 3%-Optionsanleihen o. Optionsschein[13] mit einem Nennwert von je 100 DM und einer Restlaufzeit von 6 Jahren werden zum Kurs von 80% gekauft. Der Rückzahlungskurs ist 100%. Zur Finanzierung wird ein Darlehen über 5.000 DM zu 9% Zins aufgenommen, welches in 3 Jahren mit konstanten Annuitäten getilgt wird. Der (konstante) Grenzsteuersatz des Anlegers beträgt 40%.

a) Wie hoch ist die interne Verzinsung nach Steuern?

b) Wie hoch ist die Vergleichsrendite vor Steuern?

9.) Folgende Angaben über ein Investitionsprojekt sind gegeben:

Investitionsauszahlung	240.000 DM
jährl. Cash Flow vor Steuern	80.000 DM
Lebensdauer	6 Jahre
Restwert	0
Abschreibung	linear
Gewinnsteuersatz	60%
Eigenkapital	120.000 DM
Kalkulationszinssatz (vor Steuern)	10%

Zur Finanzierung ist ein Kredit zu einem Zinssatz von 12% p.a. erhältlich. Der Kredit ist in drei gleich hohen Tilgungsraten zurückzuzahlen. Die Rückzahlung beginnt ein Jahr nach der Investition. Schuldzinsen sind steuerlich zu berücksichtigen. Berechnen Sie die äquivalente Annuität nach Ansatz der Gewinnsteuern.

10.) Eine Maschine mit einer Nutzungsdauer von vier Jahren kostet 100.000 DM. Sie wird linear auf Null abgeschrieben. Ein Restverkaufserlös fällt nicht an. Die jährlichen Einzahlungsüberschüsse werden auf 40.000 DM geschätzt. Die Anschaffungsauszahlung soll zu 40% fremdfinanziert werden. Zu diesem Zweck wird ein Kredit mit einer Verzinsung von 10% p.a. aufgenommen. Die Tilgung erfolgt in vier gleich hohen Tilgungsraten. Der Kalkulationszinsfuß beträgt 8%.
   a) Berechnen Sie den Kapitalwert.
   b) Berechnen Sie den Kapitalwert nach Berücksichtigung von Steuern, falls ein konstanter Gewinnsteuersatz von 60% unterstellt wird.

11.) Ein Handelsvertreter überlegt sich, ob er einen neuen PKW zu 30.000 DM kaufen oder zu einem Jahresbetrag von 10.000 DM leasen soll. Beim Kauf des PKWs wird nach drei Jahren mit einem Wiederverkaufswert von 9.000 DM gerechnet. Die konstanten Abschreibungsbeträge von jährlich 7.000 DM bzw. die Leasinggebühren sind steuerlich zu berücksichtigen. Der Einkommensteuersatz beträgt 48%.
   a) Ist Kauf oder Leasing günstiger? Begründen Sie Ihre Entscheidung mit Hilfe der Kapitalwertmethode, falls der Kalkulationszinsfuß (vor Steuern) 12% beträgt.
   b) Ab welchem Kalkulationszinsfuß (vor Steuern) ist Leasing vorteilhafter?
   c) Wie hoch ist die kritische Leasing-Rate?

12.) Einer Tankstelle wird eine Autowaschanlage zum Preis von 100.000 DM angeboten. Es wird jährlich mit realen Einzahlungsüberschüssen von 20.000 DM gerechnet. Nach Ablauf der Nutzungsdauer von 10 Jahren kann die Anlage zu einem Schrottwert von 10.000 DM (real) verkauft werden. Der Steuersatz beträgt 60% und der reale Kalkulationszinsfuß vor Steuern 10%. Die Abschreibung erfolgt linear auf den Restwert von 10.000 DM.
   a) Berechnen Sie die Kapitalwerte bei einer Inflationsrate von   aa) 0%   ab) 10%.
   b) Wie hoch ist der Scheingewinn im 5. Jahr, falls die Inflationsrate 10% beträgt?
   c) Wie hoch darf die Inflationsrate maximal sein, damit sich die Investition gerade noch rentiert?

13.) Ein Handwerker möchte eine Investition über 100.000 DM durchführen. Die Einzahlungsüberschüsse betragen 30.000 DM jährlich bei einer Laufzeit von 7 Jahren. Es wird mit einem Kalkulationszinsfuß von 8% gerechnet.

a) Um wieviel Prozent dürfen die jährlichen Einzahlungsüberschüsse höchstens sinken, damit die gewünschte Verzinsung von 8% gerade noch erreicht wird?

b) Auf wieviel darf sich die Laufzeit bei o.a. Annahmen höchstens verkürzen, damit gerade noch ein positiver Kapitalwert erreicht wird?

14.) Ein Investor verfügt über 20.000 DM Eigenkapital. Er nimmt einen Kredit über 40.000 DM zu 8% Zinsen p.a. bei einer deutschen Bank auf. Die Gesamtsumme von 60.000 DM wird in US-Dollar zum Kurs von 1,70 DM pro Dollar umgetauscht. Er legt das sich ergebende Dollarguthaben als Festgeld zu 10% für ein Jahr in den USA an. Nach einem Jahr tauscht er das Geld wieder in DM um. Außerdem zahlt er seinen Kredit zurück. Spesen und Steuern sollen nicht berücksichtigt werden.

a) Wie hoch ist die Eigenkapitalrentabilität dieses Zinsdifferenzgeschäftes, falls

aa) der Dollarkurs sich nicht verändert?

ab) der Dollarkurs um 10% steigt?

ac) der Dollarkurs um 5% sinkt?

b) Bei welchem Kurs darf der Dollar nach einem Jahr stehen, damit eine Eigenkapitalrentabilität von genau 4% p.a. erreicht wird?

c) Bei welchem Dollarkurs ist das Eigenkapital aufgezehrt?

15.) Ein Investor erwägt, 12%-ige ECU-Anleihen der Ungarischen Nationalbank zum Kurs von 99,125% und einer Laufzeit von 5 Jahren zu kaufen. Der Rückzahlungskurs beträgt 100%. Der Nominalwert der Investitionssumme beläuft sich auf 100.000 DM. Zur Finanzierung wird ein Kredit über 60.000 DM zu 9,45% Zins aufgenommen. Der Kredit ist am Ende der Laufzeit zurückzuzahlen. Die Sollzinsen sind jährlich (nachschüssig) zu entrichten. Die Dividendenzahlungen der Anleihen werden jährlich (nachschüssig) in DM umgetauscht. Der Wert einer Europäischen Währungseinheit (ECU) beträgt 2,05 DM. Steuern und Spesen sollen nicht berücksichtigt werden.

a) Wie hoch ist die Verzinsung des eingesetzten Eigenkapitals, falls eine jährliche ECU-Abwertung von   aa) 0%   ab) 2%   erwartet wird?

b) Um wieviel Prozent darf der ECU-Kurs jährlich maximal sinken, damit gerade noch eine Eigenkapitalrentabilität von 4% erreicht wird?

16.) Zwei Investitionsalternativen A und B stehen zur Auswahl. Die Anschaffungsauszahlung beträgt bei A 80.000 DM und bei B 70.000 DM. Es wird mit einem Kalkulationszinsfuß von 14% gerechnet. Folgende Einzahlungsüberschüsse werden prognostiziert:

Jahr	A			B		
	Minimum	Median (in 1.000)	Maximum	Minimum	Median (in 1.000)	Maximum
1	5	10	15	15	25	40
2	10	20	25	15	25	40
3	15	30	35	15	25	40
4	35	45	60	15	25	40
5	40	60	80	15	25	40

Zwischen Minimum und Median bzw. Median und Maximum werde Gleichverteilung unterstellt. Die Einzahlungsüberschüsse sollen zeitlich unabhängig voneinander sein.

a) Berechnen Sie die erwarteten Kapitalwerte.
b) Berechnen Sie die Standardabweichungen der Kapitalwerte.
c) Ermitteln Sie (approximativ) die Verlustwahrscheinlichkeit.
d) Ermitteln Sie (approximativ) die Wahrscheinlichkeit, daß der Kapitalwert von A größer ist als der von B.
e) Welche Investition würden Sie als (risikoscheuer) Investor durchführen?

17.) Im Rahmen einer Betriebserweiterung soll folgende Investition durchgeführt werden:
- Investitionsauszahlung: 24 Mio. DM
- Erwartete jährliche Einzahlungsüberschüsse: 7 Mio. DM
  mit einer Standardabweichung von 5 Mio. DM
- Erwarteter Restwert: 4 Mio. DM
  mit einer Standardabweichung von 1 Mio. DM
- Laufzeit: 6 Jahre
- Kalkulationszinsfuß: 10%

Für die Einzahlungsüberschüsse und den Restwert kann die Normalverteilungsannahme unterstellt werden. Es wird vermutet, daß die Einzahlungsüberschüsse stark positiv autokorreliert sind.
Was kann über den erwarteten Kapitalwert und das Risiko dieser Investition ausgesagt werden?

18.) Eine Flugschule möchte ein zweisitziges Schulflugzeug für 5 Jahre leasen. Die Miet-Sonderzahlung beträgt 32.500 DM. Die Leasing-Raten seien proportional zur Flugstundenzahl. Sämtliche Fixkosten werden vom Leasing-Geber getragen. Es wird geschätzt, daß die Flugstundenzahl pro Jahr zwischen 193 und 367 Stunden mit gleicher Wahrscheinlichkeit liegt. Der Kalkulationszinsfuß beträgt 10%.

Berechnen Sie Erwartungswert und Standardabweichung des Kapitalwertes, und ermitteln Sie (approximativ) die Verlustwahrscheinlichkeiten, wenn

a) der Einzahlungsüberschuß pro Flugstunde 35 DM ist,

b) der Einzahlungsüberschuß pro Flugstunde mit gleicher Wahrscheinlichkeit zwischen 29 DM und 41 DM schwankt.

Es wird Unabhängigkeit unterstellt.

19.) Eine Flugschule möchte ein zweisitziges Schulflugzeug für 5 Jahre leasen. Die Miet-Sonderzahlung beträgt 32.500 DM. Die Leasing-Raten seien proportional zur Flugstundenzahl. Sämtliche Fixkosten werden vom Leasing-Geber getragen. Es wird geschätzt, daß die Flugstundenzahl pro Jahr zwischen 193 und 367 Stunden mit gleicher Wahrscheinlichkeit liegt. Die Einzahlungsüberschüsse pro Flugstunde sollen mit gleicher Wahrscheinlichkeit zwischen 29 DM und 41 DM liegen. Es wird mit einem Kalkulationszinsfuß von 10% gerechnet. Es wird Unabhängigkeit unterstellt.

Führen Sie eine simulative Risikoanalyse durch. Der Simulationsumfang soll 1.000 betragen.

Vergleichen Sie Ihre Ergebnisse mit dem analytischen Fall (vgl. Aufgabe 18).

20.) Eine Investitionsauszahlung von 100.000 DM führt zeitlich unbegrenzt zu jährlichen Einzahlungsüberschüssen mit einem Erwartungswert und einer Standardabweichung von jeweils 20.000 DM. Der Kalkulationszinsfuß ist 10%.

Berechnen Sie Erwartungswert und Standardabweichung der Kapitalwertverteilung. Über die Korreliertheit der Einzahlungsüberschüsse sei nichts bekannt.

2. LÖSUNGSHINWEISE

1.) (→ B 2.2, B 3.1)

a)
$$C_0 = -1.000.000 + \frac{1}{1{,}05^{10}} \cdot \frac{1{,}05^{10}-1}{0{,}05} \cdot 50.000$$
$$+ \frac{1}{1{,}05^{10}} \left(\frac{1}{1{,}05^{20}} \cdot \frac{1{,}05^{20}-1}{0{,}05} \cdot 80.000 \right) + \frac{1.000.000}{1{,}05^{30}} = 229.521{,}48 \ ; \ \text{ja}$$

b)
$$\hat{r} = 5 - 229.521{,}48 \cdot \frac{5-8}{229.521{,}48 - (-201.302{,}44)}$$
$$= 6{,}6 \quad \text{(Startwert für das Probieren)}.$$
Man erhält schließlich $r = 6{,}36$. ♦

2.) (→ B 3.4)

$$C_0 = 0 = -300.000 + 9.000 \cdot \frac{1}{q^{20}} \cdot \frac{q^{20}-1{,}08^{20}}{q-1{,}08} + \frac{300.000 \cdot 1{,}03^{20}}{q^{20}}.$$

Würden sowohl Mieteinnahmen als auch Wert der Eigentumswohnung jährlich um 3% steigen, dann beliefe sich die interne Verzinsung auf 6%. Da die Mieteinnahmen um 8% steigen, wird die interne Verzinsung höher sein. Die interne Verzinsung muß durch Probieren gefunden werden. Der Startwert ist $q=1{,}06$. Man erhält schließlich $q=1{,}0756$ bzw. $r=7{,}56$. ♦

3.) (→ C 1)

a)
$$C_{OX} = -500.000 + 150.000 \cdot 5{,}65 = 347.500$$
$$C_{OY} = -100.000 + 40.000 \cdot 5{,}65 = 126.000$$

b)
$$C_{OX} = 0 = -500.000 + 150.000 \cdot RBF_r^{10\,J}$$
$$\rightarrow RBF_r^{10\,J} = 3{,}33 \rightarrow r \approx 27 \quad (\text{genau: } r = 27{,}32)$$
$$C_{OY} = 0 = -100.000 + 40.000 \cdot RBF_r^{10\,J}$$
$$\rightarrow RBF_r^{10\,J} = 2{,}5 \rightarrow r \approx 40 \quad (\text{genau: } r = 38{,}45)$$

c)
$$C_{OX} = C_{OY}$$
$$-500.000 + 150.000 \cdot RBF_{p_{krit}}^{10\,J} = -100.000 + 40.000 \cdot RBF_{p_{krit}}^{10\,J}$$
$$\rightarrow RBF_{p_{krit}}^{10\,J} = 3{,}636$$
$$\rightarrow p_{krit} \approx 24 \quad (\text{genau: } p_{krit} = 24{,}40)$$
$$C_0(24{,}40) = -100.000 + 40.000 \cdot 3{,}636 = 45.440$$

d) X, da $C_{OX} > C_{OY}$.

4.) (→ C 1)

a)
$$C_{OA} = -100.000 + 20.000 \; RBF_{8\%}^{10 \; J} + \frac{14.734}{1,08^{10}} =$$

$$= -100.000 + 20.000 \cdot 6,710 + \frac{14.734}{1,08^{10}} = 41.024,69$$

$$C_{OB} = -129.000 + 18.000 \; RBF_{8\%}^{5 \; J} + \frac{1}{1,08^5} 26.000 \; RBF_{8\%}^{5 \; J} =$$

$$= -129.000 + 18.000 \cdot 3,993 + \frac{1}{1,08^5} 26.000 \cdot 3,993 = 13.530,79$$

b)
$r_A = 16$ (durch Probieren)

$r_B = 10$ (durch Probieren)

c) Es existiert kein Schnittpunkt der Kapitalwertfunktionen für positive Zinsfüße, so daß B nie vorteilhafter als A ist. Dieser Sachverhalt wird deutlich, wenn man die beiden Kapitalwertfunktionen skizziert. ◆

5.) (→ B 2.2, B 3.1, B 4.1, B 4.2, C 4)

aa)
$$C_{OA} = -30.000 + 8.500 \; \frac{1}{1,1^6} \cdot \frac{1,1^6-1}{0,1} + \frac{4.000}{1,1^6} = 9.277,61$$

$$C_{OB} = -12.000 + 7.000 \; \frac{1}{1,1^3} \cdot \frac{1,1^3-1}{0,1} = 5.407,96$$

ab)
$$C_{0A} = 0 = -30.000 + 8.500 \; \frac{1}{q^6} \frac{q^6-1}{q-1} + \frac{4.000}{q^6}$$

→ $q = 1,1949$ (durch Probieren)

→ $r = 19,49$

$$C_{OB} = 0 = -12.000 + 7.000 \; \frac{1}{q^3} \frac{q^3-1}{q-1}$$

→ $q = 1,3419$ (durch Probieren)

→ $r = 34,19$

ac) Zuerst werden Vermögensendwerte berechnet.

$$K_6^A = (30.000 + 9.277,61) \, 1,1^6 = 69.582,68$$

→ $r_B^A = \left(\sqrt[6]{\frac{69.582,68}{30.000}} - 1\right) \cdot 100 = 15,05$

$$K_3^B = (12.000 + 5.407,96) \, 1,1^3 = 23.169,99$$

→ $r_B^B = \left(\sqrt[3]{\frac{23.169,99}{12.000}} - 1\right) \cdot 100 = 24,52$

ad)
$$A : r_I^A = 100 \left(\frac{1,1505^6}{1,1^5} - 1\right) = 44,0$$

$$B : r_I^B = 100 \left(\frac{1,2452^3}{1,1^2} - 1\right) = 59,56$$

2. Lösungshinweise

b) Bei einmaliger Durchführung wird A gewählt, da $C_{OA} > C_{OB}$.

Bei zweimaliger Durchführung ergibt sich folgende Zahlungsreihe für B:

t	0	1	2	3	4	5	6
B : 1. Investition	-12.000	7.000	7.000	7.000			
B : 2. Investition				-12.000	7.000	7.000	7.0000
B*: Insgesamt	-12.000	7.000	7.000	-5.000	7.000	7.000	7.0000

→ $C_{OB^*} = 9.471{,}05$; es wird B ausgewählt, da $C_{OB^*} > C_{OA}$ ist.

Einfacher gestaltet sich die Lösung durch Berechnung der äquivalenten Annuitäten

$$a_A = 9.277{,}61 \cdot 1{,}1^6 \frac{0{,}1}{1{,}1^6 - 1} = 2.130{,}21$$

$$a_B = 5.407{,}96 \cdot 1{,}1^3 \frac{0{,}1}{1{,}1^3 - 1} = 2.174{,}62 \ . \quad \blacklozenge$$

6.) (→ B 3.5)

$$C_0 = 0 = -100.000 + \frac{40.000\left(1 + \frac{5}{12} \cdot \frac{r}{100}\right)}{\left(1 + \frac{r}{100}\right)} + \frac{20.000\left(1 + \frac{11}{12} \cdot \frac{r}{100}\right)}{\left(1 + \frac{r}{100}\right)^2} + \frac{60.000}{\left(1 + \frac{r}{100}\right)^2 \left(1 + \frac{3}{12} \cdot \frac{r}{100}\right)}$$

→ $r_1 = r = 13{,}28$;

durch Probieren oder durch Lösen einer kubischen Gleichung.

Die beiden anderen Lösungen lauten:

$$r_2 = -365{,}55$$

$$r_3 = -197{,}73 \ .$$

$C_0(12) = 1.636{,}18$

Da r>p bzw. $C_0 > 0$ ist, lohnt sich die Investition. $\quad \blacklozenge$

7.) (→ D 2.2)

a)

Jahr	Restschuld	Tilgung	Zinsen	Annuität
1	150.000	37.500	12.000	49.500
2	112.500	37.500	9.000	46.500
3	75.000	37.500	6.000	43.500
4	37.500	37.500	3.000	40.500

$$\rightarrow C_0 = -150.000 + \frac{50.500}{1{,}06} + \frac{53.500}{1{,}06^2} + \frac{56.500}{1{,}06^3} + \frac{59.500}{1{,}06^4} = 39.824{,}38$$

b)   Annuität = 150.000 $AF_{8\%}^{4J}$ = 150.000 · 0,3019 = 45.285

→ C_0 = - 150.000 + 54.715 · $RBF_{6\%}^{4J}$ =

= - 150.000 + 54.715 · 3,465 = 39.587,48

c)

Jahr	Restschuld	Tilgung	Zinsen	Annuität
1	150.000	88.000	12.000	100.000
2	62.000	62.000	4.960	66.960

→ $C_0 = -150.000 + 0 + \dfrac{33.040}{1,06^2} + \dfrac{100.000}{1,06^3} + \dfrac{100.000}{1,06^4} = 42.576,78$

Aus Rentabilitätsgründen lohnt sich die Anschaffung der Maschine. Da der Kreditzinsfuß größer ist als der Kalkulationszinsfuß, sollte der Kredit möglichst schnell zurückbezahlt werden. ♦

8.) (→ D 1.2, D 2.2, D 2.3)

a = 0,3951 · 5.000 = 1.975,50

Jahr	Restschuld	Zinsen	Tilgung	Annuität
0	5.000,00			
1	3.474,50	450,00	1.525,50	1.975,50
2	1.811,71	312,71	1.662,79	1.975,50
3	~0	163,05	1.812,44	1.975,50

	0	1	2	3	4	5	6
EZÜ v. St.	- 8.000	300	300	300	300	300	10.300
./. (Darlehens-) Zins		450	313	163	0	0	0
EZÜ v. St. ./. Zins	- 8.000	- 150	- 13	137	300	300	10.300
./. Steuern (40%)		- 60	-5,20	54,80	120	120	120
EZÜ n. St. ./. Zins	- 8.000	- 90	- 7,80	82,20	180	180	10.180
./. Tilgung	- 5.000	1.525,50	1.662,80	1.812,40	0	0	0
Nettozahlungsreihe	- 3.000	-1.615,50	-1.670,60	-1.730,20	180	180	10.180

a) $r^* = 5{,}97$ (durch Probieren)

b) $p_V = \dfrac{5{,}97}{0{,}6} = 9{,}95$ ♦

9.) (→ D 1.1, D 2.2, D 2.3)

t	Restschuld	Tilgung	Zinsen	Annuität
0	120.000			
1	80.000	40.000	14.400	54.400
2	40.000	40.000	9.600	49.600
3	0	40.000	4.800	44.800

	0	1	2	3	4	5	6
Zahlungsreihe Investiton	-240.000	80.000	80.000	80.000	80.000	80.000	80.000
./. AfA		40.000	40.000	40.000	40.000	40.000	40.000
./. Zins		14.400	9.600	4.800			
Gewinn v. St.		25.600	30.400	35.200	40.000	40.000	40.000
./. Steuern 60%		15.360	18.240	21.120	24.000	24.000	24.000
Gewinn n. St.		10.240	12.160	14.080	16.000	16.000	16.000
+ AfA		40.000	40.000	40.000	40.000	40.000	40.000
EZÜ n. St.	-240.000	50.240	52.160	54.080	56.000	56.000	56.000
./. Tilgung	-120.000	40.000	40.000	40.000			
Nettozahlungsreihe	-120.000	10.240	12.160	14.080	56.000	56.000	56.000

$$\to C_0^* = -120.000 + \frac{10.240}{1{,}04} + \frac{12.160}{1{,}04^2} + \frac{14.080}{1{,}04^3} + \frac{56.000}{1{,}04^4}$$

$$+ \frac{56.000}{1{,}04^5} + \frac{56.000}{1{,}04^6} = 51.760{,}39$$

$$a = 51.760{,}39 \; AF_{4\%}^{6J}$$

$$= 51.760{,}39 \cdot 0{,}1908 = 9.875{,}88 \, .$$

10.) (→ D 1.1, D 2.2, D 2.3)

a)

t	Zahlungsreihe Investition	Zahlungsreihe Finanzierung				Nettozahlungsreihe
		Restschuld	Tilgung	Zinsen	Annuität	
0	- 100.000	40.000				- 60.000
1	40.000	30.000	10.000	4.000	14.000	26.000
2	40.000	20.000	10.000	3.000	13.000	27.000
3	40.000	10.000	10.000	2.000	12.000	28.000
4	40.000	0	10.000	1.000	11.000	29.000

→ $C_0 = 30.765,39$

b)

	0	1	2	3	4
Zahlungsreihe Investiton	- 100.000	40.000	40.000	40.000	40.000
./. AfA		25.000	25.000	25.000	25.000
./. Zins		4.000	3.000	2.000	1.000
Gewinn v. St.		11.000	12.000	13.000	14.000
./. Steuern 60%		6.600	7.200	7.800	8.400
Gewinn n. St.		4.400	4.800	5.200	5.600
+ AfA		25.000	25.000	25.000	25.000
EZU n. St.	- 100.000	29.400	29.800	30.200	30.600
./. Tilgung	- 40.000	10.000	10.000	10.000	10.000
Nettozahlungsreihe	- 60.000	19.400	19.800	20.200	20.600

$p^* = (1 - 0,6) \cdot 8 = 3,2$

→ $C_0^* = - 60.000 + \dfrac{19.400}{1,032} + \dfrac{19.800}{1,032^2} + \dfrac{20.200}{1,032^3} + \dfrac{20.600}{1,032^4} = 13.929,54$. ◆

11.) (→ D 3.2)

a)

$$RBF^{3J}_{6,24\%} = 2,6612$$

$$C^*_{0,D} = (0,48 \cdot 7.000 + 0,52 \cdot 10.000) \cdot 2,6612 - \left(30.000 - \dfrac{9.000}{1,0624^3}\right) =$$

$$= 22.779,87 - 22.494,52 = 285,35 > 0$$

→ Kauf vorteilhafter

b) $$C^*_{0,D} = 0 = (0{,}48 \cdot 7.000 + 0{,}52 \cdot 10.000) \cdot \frac{1}{q^{*3}} \frac{q^{*3}-1}{q^*-1} - \left(30.000 - \frac{9.000}{q^{*3}}\right)$$

→ $q^* = 1{,}067$ bzw. $p^* = 6{,}7$ (durch Probieren)

→ $p = \frac{6{,}7}{0{,}52} = 12{,}88$

c) $$L_{krit} = \frac{30.000 - \dfrac{9.000}{1{,}0624^3}}{0{,}52 \cdot 2{,}6612} - \frac{0{,}48}{1-0{,}48} \cdot 7.000 = 9.793{,}80 \ . \qquad ◆$$

12.) (→ D 1.1, D 4.2)

aa) $$p^* = 4$$

EZÜ v. St.	20.000
./. AfA	9.000
Gewinn v. St.	11.000
./. Steuern (60%)	6.600
Gewinn n. St.	4.400
+ AfA	9.000
EZÜ n. St.	13.400

$$C^*_0 = -100.000 + 13.400 \frac{1}{1{,}04^{10}} \frac{1{,}04^{10}-1}{0{,}04} + \frac{10.000}{1{,}04^{10}} = 15.441{,}65$$

alternativ

$$C^*_0 = -100.000 + (1-0{,}6) \cdot 20.000 \frac{1}{1{,}04^{10}} \frac{1{,}04^{10}-1}{0{,}04} + 0{,}6 \cdot 9.000 \cdot \frac{1}{1{,}04^{10}} \frac{1{,}04^{10}-1}{0{,}04} + \frac{10.000}{1{,}04^{10}}$$

$$= 15.441{,}65$$

ab) $$p^*_n = (1{,}04 \cdot 1{,}1 - 1) \cdot 100 = 14{,}4$$

$$C^*_{0,i=10} = -100.000 + (1-0{,}6) \cdot 20.000 \frac{1}{1{,}04^{10}} \frac{1{,}04^{10}-1}{0{,}04}$$

$$+ 0{,}6 \cdot 9.000 \cdot \frac{1}{1{,}144^{10}} \frac{1{,}144^{10}-1}{0{,}144} + \frac{10.000}{1{,}04^{10}} = -624{,}41$$

alternativ: $$s_t = \left(1 + \frac{i}{100}\right)^t c_t$$

t	Nominaler EZÜ v. St. s_t	AfA	Gewinn v. St.	Nominaler EZÜ n. St.
0	- 100.000			
1	22.000	9.000	13.000	14.200
2	24.200	9.000	15.200	15.080
3	26.620	9.000	17.620	16.048
4	29.282	9.000	20.282	17.112,80
5	32.210,20	9.000	23.210,20	18.284,08
6	35.431,22	9.000	26.431,22	19.572,49
7	38.974,34	9.000	29.974,34	20.989,74
8	42.871,78	9.000	33.871,78	22.548,71
9	47.158,95	9.000	38.158,95	24.263,58
10	51.874,85	9.000	42.874,85	26.149,94
	+ 10.000·1,1^{10}			+ 25.937,43

$$\rightarrow C^*_{0,i=10} = -100.000 + \frac{14.200}{1,144} + \frac{15.080}{1,144^2} + ... + \frac{26.149,94}{1,144^{10}} + \frac{25.937,43}{1,144^{10}} = -624,41$$

Würde man vom inflationierten Anschaffungswert $I_0\left(1+\frac{i}{100}\right)^t$ abschreiben, dann ergäbe sich folgender nominaler Einzahlungsüberschuß nach Steuern:

t	Nominaler EZÜ v. St. s_t	AfA 9.000·1,1^t	Gewinn v. St.	Nominaler EZÜ n. St.
0	- 100.000			
1	22.000	9.900	12.100	14.740
2	24.200	10.890	13.310	16.214
3	26.620	11.979	14.641	17.835,40
4	29.282	13.176,90	16.105,10	19.618,94
5	32.210,20	14.494,59	17.715,61	21.580,83
6	35.431,22	15.944,05	19.487,17	23.738,92
7	38.974,34	17.538,45	21.435,89	26.112,81
8	42.871,78	19.292,30	23.579,48	28.724,09
9	47.158,95	21.221,53	25.937,42	31.596,50
10	51.874,85	23.343,68	28.531,17	34.756,15
	+ 10.000·1,1^{10}			+ 25.937,43

$$C^*_0 = -100.000 + \frac{14.749}{1,144} + ... + \frac{34.756,15}{1,144^{10}} + \frac{25.937,43}{1,144^{10}} = 15.441,65$$

Schreibt man vom inflationierten Anschaffungswert ab, dann hat die Höhe der Inflationsrate keinen Einfluß auf den Kapitalwert.

b) Scheingewinn im 5. Jahr

$$G_{5,i=10} = 9.000(1{,}1^5 - 1) = 5.494{,}59$$

bzw.

$$23.210{,}2 - 17.715{,}61 = 5.494{,}59$$

c) $f = 1 + \dfrac{i_o}{100}$;

$$C^*_{0,i=i_o} = 0 = -100.000 + (1-0{,}6) \cdot 20.000 \, \dfrac{1}{1{,}04^{10}} \, \dfrac{1{,}04^{10}-1}{0{,}04} + \dfrac{10.000}{1{,}04^{10}}$$

$$+ 0{,}6 \cdot 9.000 \cdot \dfrac{1}{(1{,}04\,f)^{10}} \, \dfrac{(1{,}04\,f)^{10}-1}{1{,}04\,f-1}$$

$$= 0 = -28.357{,}19 + 0{,}6 \cdot 9.000 \cdot \dfrac{1}{(1{,}04\,f)^{10}} \, \dfrac{(1{,}04\,f)^{10}-1}{1{,}04\,f-1}$$

→ $f = 1{,}0945$ bzw. $i_0 = 9{,}45$ (durch Probieren). ♦

13.) (F 3.1, F 3.2)

a)
$$C_0 = 0 = -100.000 + c \cdot RBF^{7J}_{8\%}$$
$$= -100.000 + c \cdot 5{,}206$$
→ $c = 19.208{,}61$
→ $35{,}97\%$

b)
$$C_0 = 0 = -100.000 + 30.000 \, \dfrac{1}{1{,}08^n} \, \dfrac{1{,}08^n - 1}{0{,}08}$$
→ $1{,}08^n = \dfrac{30}{22}$
$$n = \dfrac{\ln 30 - \ln 22}{\ln 1{,}08} = 4{,}03$$ ♦

14.) (→ F 3.4)

aa) $\quad r = \left(1{,}1 + (1{,}1 - 1{,}08) \dfrac{40.000}{20.000} - 1\right) \cdot 100 = 14$

ab) $\quad r = \left(1{,}1 \cdot 1{,}1 + (1{,}1 \cdot 1{,}1 - 1{,}08) \dfrac{40.000}{20.000} - 1\right) \cdot 100 = 47$

ac) $\quad r = \left(1{,}1 \cdot 0{,}95 + (1{,}1 \cdot 0{,}95 - 1{,}08) \dfrac{40.000}{20.000} - 1\right) \cdot 100 = -2{,}5$

b) $$4 = \left(1{,}1h + (1{,}1h - 1{,}08)\frac{40.000}{20.000} - 1\right) \cdot 100$$
$$\rightarrow h = 0{,}9697$$
$$1{,}70 \cdot 0{,}9697 = 1{,}648$$

c) $$-100 = \left(1{,}1h + (1{,}1h - 1{,}08)\frac{40.000}{20.000} - 1\right) \cdot 100$$
$$\rightarrow h = 0{,}6545$$
$$1{,}70 \cdot 0{,}6545 = 1{,}113$$ ♦

15.) ($\rightarrow$ F 3.4)

$$C_0 = 0 = -(99.125 - 60.000) + \frac{\frac{12.000\, w_1}{w_0} - 5.670}{q} + \frac{\frac{12.000\, w_2}{w_0} - 5.670}{q^2}$$

$$+ \ldots + \frac{\frac{12.000\, w_5}{w_0} - 5.670}{q^5} + \frac{\frac{100.000\, w_5}{w_0} - 60.000}{q^5}$$

$$w_i = w_0 \cdot h^i = 2{,}05\, h^i$$

$$\rightarrow C_0 = 0 = -39.125 + 12.000 \frac{h}{q^5} \frac{q^5 - h^5}{q-h} + \frac{100.000\, h^5}{q^5} - 5.670 \frac{1}{q^5} \frac{q^5 - 1}{q-1} - \frac{60.000}{q^5}$$

aa) $h = 1 : q = 1{,}165$ bzw. $r = 16{,}5$ (durch Probieren)

ab) $h = 0{,}98 : q = 1{,}109$ bzw. $r = 10{,}9$ (durch Probieren)

b) $q = 1{,}04 : h = 0{,}958 \rightarrow 4{,}2\%$ (durch Probieren). ♦

16.) ($\rightarrow$ F 4.1.1, F 4.1.4, F 2.3, F 2.5)

	A		B	
t	$E(c_t)$	$Var(c_t)$	$E(c_t)$	$Var(c_t)$
1	10	8,33	26,25	52,6
2	18,75	19,27	26,25	52,6
3	27,5	35,42	26,25	52,6
4	46,25	52,60	26,25	52,6
5	60	133,3	26,25	52,6

a, b)
$$E(C_{OA}) = -80 + \frac{10}{1,14} + \frac{18,75}{1,14^2} + \frac{27,5}{1,14^3} + \frac{46,25}{1,14^4} + \frac{60}{1,14^5} = 20,31$$

$$Var(C_{OA}) = \frac{8,33}{1,14^2} + \frac{19,27}{1,14^4} + \frac{35,42}{1,14^6} + \frac{52,60}{1,14^8} + \frac{133}{1,14^{10}} = 88,27$$

$$\sigma_{C_{OA}} = 9,40$$

$$E(C_{OB}) = -70 + 26,25 \cdot \frac{1}{1,14^5} \cdot \frac{1,14^5-1}{0,14} = 20,12$$

$$Var(C_{OB}) = 52,6 \left(\frac{1}{1,14^2} + \frac{1}{1,14^4} + \frac{1}{1,14^6} + \frac{1}{1,14^8} + \frac{1}{1,14^{10}} \right)$$

$$= 52,6 \cdot \frac{1}{1,14^{10}} \cdot \frac{1,14^{10}-1}{1,14^2-1} = 128,21$$

$$\sigma_{C_{OB}} = 11,32$$

c)
$$P(C_{OA} < 0) \approx 1 - \Phi\left(\frac{20,31}{9,40}\right) = 1 - \Phi(2,16) = 0,0154$$

$$P(C_{OB} < 0) \approx 1 - \Phi\left(\frac{20,12}{11,32}\right) = 1 - \Phi(1,78) = 0,0375$$

d)
$$P(C_{OA} > C_{OB}) = P(C_{OA} - C_{OB} > 0) = P(X > 0)$$

mit $E(X) = 0,19$ und $Var(X) = 216,48$

$$P(X > 0) = P\left(Z > \frac{0-0,19}{14,71}\right) = 1 - \Phi(-0,01) = \Phi(0,01) = 0,504 = P(C_{OA} > C_{OB})$$

e) Investition A, da $E(C_{OA}) > E(C_{OB})$ und $Var(C_{OA}) < Var(C_{OB})$. ♦

17.) ($\rightarrow$ F 4.1.1, F 4.1.3)

Erwartungswert

$$E(C_0) = -24.000.000 + 7.000.000 \cdot \frac{1}{1,1^6} \cdot \frac{1,1^6-1}{0,1} + \frac{4.000.000}{1,1^6} = 8.744.720,61 \ .$$

Varianz

1. Unkorrelierte Einzahlungsüberschüsse

$$\text{Var}(C_0) = \frac{5.000.000^2}{1,1^2} + \frac{5.000.000^2}{1,1^4} + \ldots + \frac{5.000.000^2}{1,1^{12}} + \frac{1.000.000^2}{1,1^{12}}$$

$$= 5.000.000^2 \frac{1}{1,1^{12}} \frac{1,1^{12}-1}{1,1^2-1} + \frac{1.000.000^2}{1,1^{12}}$$

$$= 9.024.079,44^2$$

2. Vollständig korrelierte Einzahlungsüberschüsse (inkl. Restwertzahlung)

$$\text{Var}(C_0) = \left(\frac{5.000.000}{1,1} + \ldots + \frac{5.000.000}{1,1^6} + \frac{1.000.000}{1,1^6}\right)^2 = (22.340.777,43)^2$$

Bei Unkorreliertheit der Restwertzahlung gilt:

$$\text{Var}(C_0) = \left(\frac{5.000.000}{1,1} + \ldots + \frac{5.000.000}{1,1^5} + \frac{5.000.000}{1,1^6}\right)^2 + \frac{1.000.000^2}{1,1^{12}} = (21.783.618)^2$$

Die Verlustwahrscheinlichkeiten betragen

1. Unkorrelierter Fall:

$$P(C_0 < 0) = 1 - \Phi\left(\frac{8,745 \text{ Mio.}}{9,024 \text{ Mio.}}\right) = 1 - \Phi(0,97) = 0,166$$

2. Vollständig korrelierter Fall:

$$P(C_0 < 0) = 1 - \Phi\left(\frac{8,745 \text{ Mio.}}{22,341 \text{ Mio.}}\right) = 0,348 \quad \text{bzw.} \quad 1 - \Phi\left(\frac{8,745 \text{ Mio.}}{21,784 \text{ Mio.}}\right) = 0,345$$

Da die Cash Flows stark autokorreliert sind, wird die Verlustwahrscheinlichkeit näher bei 34,8% (34,5%) als bei 16,6% liegen; daher ist das Investitionsrisiko als hoch zu beurteilen.

18.)   (→ F 4.1.1, F 4.1.4)

a)   Es liegt ein Spezialfall der Verteilung aus F 4.1.4 vor, da $m = \frac{a+b}{2}$ ist. Diese Verteilung nennt man Rechtecks- oder Gleichverteilung.

$$\rightarrow E(h) = 280$$

$$\text{Var}(h) = 2.523, \quad \text{Var}(c) = 3.090.675$$

$$\rightarrow E(C_0) = 4.649,71 \text{ und } \sigma_{C_0} = 3.007,20 \quad \rightarrow \quad P(C_0 < 0) = 0,0611$$

Zur Lösung vgl. F 4.1.4

b) p_t = Einzahlungsüberschuß pro Flugstunde

h_t = Flugstundenzahl

$$E(p_t) = 35$$
$$Var(p_t) = 12$$
$$E(h_t) = 280$$
$$Var(h_t) = 2.523$$

Für eine Zufallsvariable Y einer Rechtecksverteilung gilt:

$$E(Y^2) = Var(Y) + (E(Y))^2 = \frac{(b-a)^2}{12} + \left(\frac{b+a}{2}\right)^2 = \frac{a^2+ab+b^2}{3}$$

$$\rightarrow E(p_t^2) = \frac{29^2 + 29 \cdot 41 + 41^2}{3} = 1.237$$

$$E(h_t^2) = \frac{193^2 + 193 \cdot 367 + 367^2}{3} = 80.923$$

$$Var(p_t \cdot h_t) = 1.237 \cdot 80.923 - [35 \cdot 280]^2 = 4.061.751$$

$$\rightarrow E(C_0) = -E(I_0) + \sum_{t=1}^{5} (Ep_t \cdot Ex_t) q^{-t}$$

$$= -32.500 + \frac{9.800}{1,1} + \frac{9.800}{1,1^2} + \frac{9.800}{1,1^3} + \frac{9.800}{1,1^4} + \frac{9.800}{1,1^5} = 4.649{,}71$$

$$Var(C_0) = Var(I_0) + \sum_{t=1}^{5} Var(p_t \cdot x_t) q^{-2t}$$

$$= 0 + 4.061.751 \left(\frac{1}{1,1^2} + \frac{1}{1,1^4} + \dots + \frac{1}{1,1^{10}}\right)$$

$$= 4.061.751 \frac{1}{1,1^{10}} \frac{(1,1^{10}-1)}{1,1^2-1} = 11.884.619{,}8$$

$$\sigma_{C_0} = 3.447{,}41$$

$$P(C_0 < 0) = 1 - \Phi\left(\frac{4.649{,}71}{3.447{,}41}\right) = 1 - \Phi(1{,}35) = 0{,}0885 \qquad \blacklozenge$$

19.)   ($\rightarrow$ F 4.2)

Die Ergebnisse hängen von den gezogenen, in diesem Falle gleichverteilten, Zufallszahlen ab. Jedoch sollten Ihre Ergebnisse bei einem Simulationsumfang von 1.000 nicht allzu sehr von den hier präsentierten Ergebnissen abweichen.

Parameter des Kapitalwertes	simulativ	analytisch
Erwartungswert	4.673	4.650
Standardabweichung	3.459	3.447
Minimum	-4.230	$-\infty$
1. Quartil	2.242	2.325*
Median	4.667	4.650
3. Quartil	6.944	6.975
Maximum	16.182	$+\infty$
Verlustwahrscheinlichkeit	9,4%	8,9%

*Bei einer Standardnormalverteilung gilt

$$P(Z < -0{,}6745) = 0{,}25$$

$$\rightarrow \quad 0.6745 = \frac{Q_1 - 4.650}{3.447} \quad \text{bzw.} \quad Q_1 = 2.325 \,.$$

Erwartungswert und Standardabweichung weichen um weniger als ein halbes Prozent von den analytischen Werten ab. Vergleicht man das Chancenprofil (empirische Verteilungsfunktion) mit der Verteilungsfunktion der Normalverteilung N(4.650, 3.447^2), dann ist ersichtlich, daß die Kapitalwertverteilung in diesem Fall recht gut durch die Normalverteilung approximiert werden kann. ◆

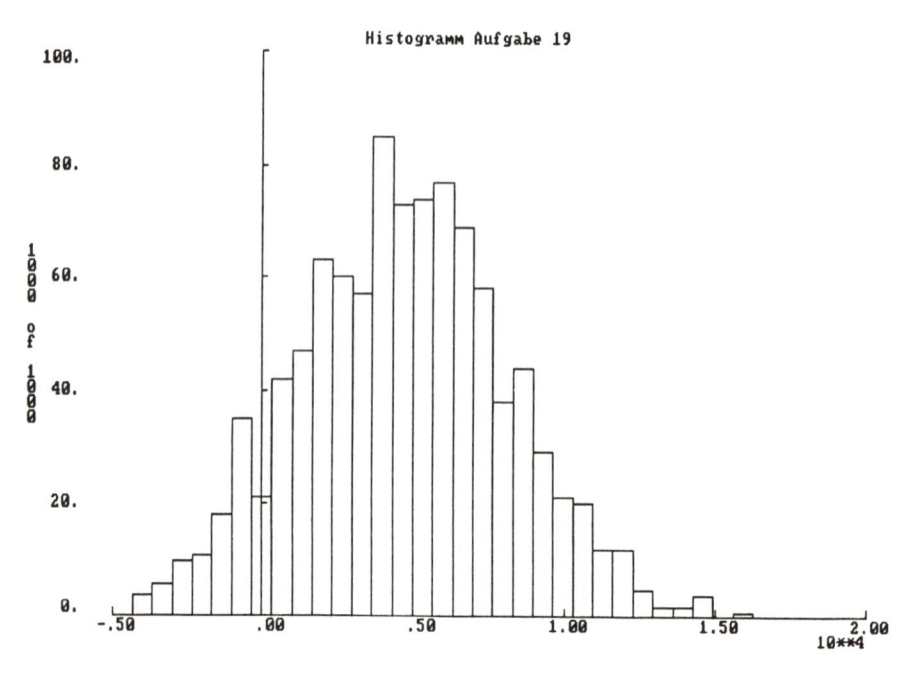

Abb. 1: Histogramm (Aufgabe 19)

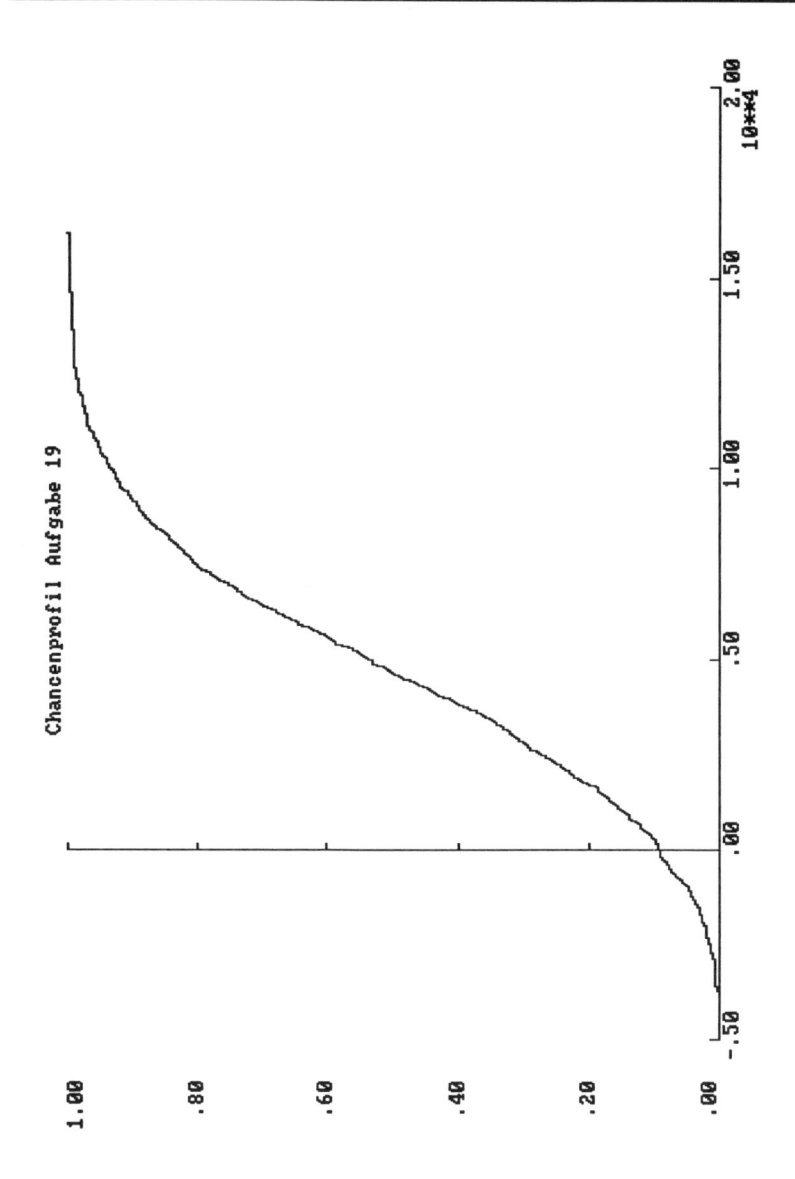

Abb. 2: Chancenprofil (Aufgabe 19)

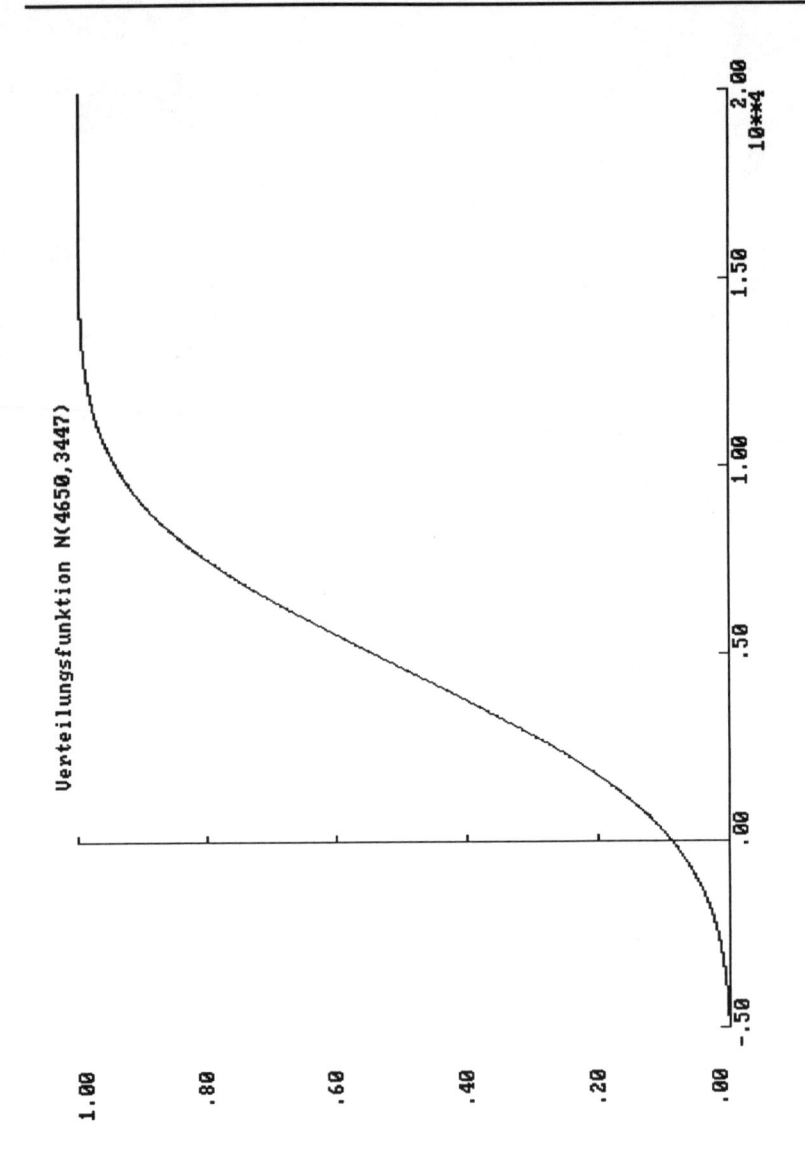

Abb. 3: Verteilungsfunktion der Normalverteilung (Aufgabe 19)

20.) (→ B 2.2, F 4.1.1, F 4.1.3, Anhang I)

$$E(C_0) = -100.000 + 20.000 \left(\frac{1}{1,1} + \frac{1}{1,1^2} + \frac{1}{1,1^3} + \frac{1}{1,1^4} + ... \right)$$

→ $E(C_0) = -100.000 + \frac{20.000}{1,1-1} = 100.000$

Unkorreliertheit:

$$\text{Var}(C_0) = 20.000^2 \left(\frac{1}{1,1^2} + \frac{1}{1,1^4} + \frac{1}{1,1^6} + ... \right) = \frac{20.000^2}{1,1^2-1}$$

→ $\sigma_{C_0} = 43.643{,}58$

Vollständige Korreliertheit:

$$\sigma_{C_0} = 20.000 \left(\frac{1}{1,1} + \frac{1}{1,1^2} + ... \right) = \frac{20.000}{1,1-1} = 200.000 \; . \qquad \blacklozenge$$

ANHANG

I.　GEOMETRISCHE REIHEN

Eine Zahlenreihe ist das Aufsummieren einzelner Zahlen, die nach einem vorgegebenen Gesetz aufeinanderfolgen. Bei der geometrischen Reihe ist der Quotient zweier aufeinanderfolgender Summenglieder konstant:

$$s = 1 + q + q^2 + q^3 + \ldots + q^{n-1} = \sum_{i=1}^{n} q^{i-1}.$$

Die Summenformel läßt sich berechnen, wenn man die Differenz s−q·s bildet.

$$s = 1 + q + q^2 + \ldots + q^{n-2} + q^{n-1}$$

$$qs = \phantom{1 + {}} q + q^2 + \ldots + q^{n-2} + q^{n-1} + q^n$$

$$\overline{s - qs = 1 + 0 + 0 + \ldots + 0 + 0 - q^n}$$

$$s(1-q) = 1 - q^n$$

Summenformel:

$$\boxed{s = \sum_{i=1}^{n} q^{i-1} = \frac{1-q^n}{1-q} = \frac{q^n - 1}{q-1}}$$

Summenformeln für spezielle geometrische Reihen (q>1):

1a)
$$s = \frac{1}{q} + \frac{1}{q^2} + \ldots + \frac{1}{q^n}$$

$$sq^n = 1 + q + q^2 + \ldots + q^{n-1}$$

$$sq^n = \frac{q^n - 1}{q - 1}$$

$$s = \frac{1}{q^n} \frac{q^n - 1}{q - 1}$$

1b)
$$s = \frac{1}{q} + \frac{1}{q^2} + \frac{1}{q^3} + \ldots \qquad \text{(unendliche geometrische Reihe)}$$

$$s = \lim_{n \to \infty} \frac{1}{q^n} \frac{q^n - 1}{q - 1}$$

$$= \lim_{n \to \infty} \frac{1}{q^n} \left(\frac{q^n}{q-1} - \frac{1}{q-1} \right)$$

$$= \lim_{n \to \infty} \frac{1}{q-1} \left(1 - \frac{1}{q^n} \right) = \frac{1}{q-1}$$

2a)
$$s = 1 + \frac{1}{q} + \frac{1}{q^2} + \ldots + \frac{1}{q^{n-1}}$$

$$sq^{n-1} = 1 + q + q^2 + \ldots + q^{n-1}$$

$$sq^{n-1} = \frac{q^n - 1}{q-1}$$

$$s = \frac{1}{q^{n-1}} \frac{q^n - 1}{q-1}$$

2b)
$$s = 1 + \frac{1}{q} + \frac{1}{q^2} + \frac{1}{q^3} + \ldots \qquad \text{(unendliche geometrische Reihe)}$$

$$s = \lim_{n \to \infty} \frac{1}{q^{n-1}} \frac{q^n - 1}{q-1}$$

$$= \lim_{n \to \infty} \frac{1}{q^{n-1}} \left(\frac{q^n}{q-1} - \frac{1}{q-1} \right)$$

$$= \lim_{n \to \infty} \frac{1}{q-1} \left(q - \frac{1}{q^n} \right) = \frac{q}{q-1}$$

3a)
$$s = 1 + \frac{1}{q^2} + \frac{1}{q^4} + \frac{1}{q^6} + \ldots + \frac{1}{q^{2n-2}}$$

$$s = \frac{(1/q^2)^n - 1}{\frac{1}{q^2} - 1} = \frac{1}{q^{2n-2}} \frac{q^{2n} - 1}{q^2 - 1}$$

3b)
$$s = 1 + \frac{1}{q^2} + \frac{1}{q^4} + \frac{1}{q^6} + \ldots \qquad \text{(unendliche geometrische Reihe)}$$

$$s = \lim_{n \to \infty} \left(\frac{1}{q^{2n-2}} \frac{q^{2n} - 1}{q^2 - 1} \right)$$

$$= \lim_{n \to \infty} \frac{1}{q^2 - 1} \left(q^2 - \frac{1}{q^{2n-2}} \right)$$

$$= \frac{q^2}{q^2 - 1}$$

4a)
$$s = \frac{1}{q^2} + \frac{1}{q^4} + \frac{1}{q^6} + \ldots + \frac{1}{q^n}$$

$$sq^2 = 1 + \frac{1}{q^2} + \frac{1}{q^4} + \ldots + \frac{1}{q^{n-2}}$$

$$sq^2 = \frac{1}{q^{2n-2}} \frac{q^{2n} - 1}{q^2 - 1}$$

$$s = \frac{1}{q^{2n}} \frac{q^{2n} - 1}{q^2 - 1}$$

4b) $\quad s = \dfrac{1}{q^2} + \dfrac{1}{q^4} + \dfrac{1}{q^6} + \ldots \quad$ (unendliche geometrische Reihe)

$$s = \lim_{n \to \infty} \dfrac{1}{q^{2n}} \dfrac{q^{2n}-1}{q^2-1}$$

$$= \lim_{n \to \infty} \dfrac{1}{q^2-1}\left(1 - \dfrac{1}{q^{2n}}\right) = \dfrac{1}{q^2-1}$$

II. TABELLEN

A. Nachschüssige Rentenbarwertfaktoren

B. Annuitätenfaktoren

C. Verteilungsfunktion der Standardnormalverteilung

A. Rentenbarwertfaktoren (nachschüssig)

n	1%	2%	3%	4%	5%	6%	7%	8%	9%	10%	11%	12%	13%	14%	15%	16%	17%
1	0,990	0,980	0,971	0,962	0,952	0,943	0,935	0,926	0,917	0,909	0,901	0,893	0,885	0,877	0,870	0,862	0,855
2	1,970	1,942	1,913	1,886	1,859	1,833	1,808	1,783	1,759	1,736	1,713	1,690	1,668	1,647	1,626	1,605	1,585
3	2,941	2,884	2,829	2,775	2,723	2,673	2,624	2,577	2,531	2,487	2,444	2,402	2,361	2,322	2,283	2,246	2,210
4	3,902	3,808	3,717	3,630	3,546	3,465	3,387	3,312	3,240	3,170	3,102	3,037	2,974	2,914	2,855	2,798	2,743
5	4,853	4,713	4,580	4,452	4,329	4,212	4,100	3,993	3,890	3,791	3,696	3,605	3,517	3,433	3,352	3,274	3,199
6	5,795	5,601	5,417	5,242	5,076	4,917	4,767	4,623	4,486	4,355	4,231	4,111	3,998	3,889	3,784	3,685	3,589
7	6,728	6,472	6,230	6,002	5,786	5,582	5,389	5,206	5,033	4,868	4,712	4,564	4,423	4,288	4,160	4,039	3,922
8	7,652	7,325	7,020	6,733	6,463	6,210	5,971	5,747	5,535	5,335	5,146	4,968	4,799	4,639	4,487	4,344	4,207
9	8,566	8,162	7,786	7,435	7,108	6,802	6,515	6,247	5,995	5,759	5,537	5,328	5,132	4,946	4,772	4,607	4,451
10	9,471	8,983	8,530	8,111	7,722	7,360	7,024	6,710	6,418	6,145	5,889	5,650	5,426	5,216	5,019	4,833	4,659
11	10,368	9,787	9,253	8,760	8,306	7,887	7,499	7,139	6,805	6,495	6,207	5,938	5,687	5,453	5,234	5,029	4,836
12	11,255	10,575	9,954	9,385	8,863	8,384	7,943	7,536	7,161	6,814	6,492	6,194	5,918	5,660	5,421	5,197	4,988
13	12,134	11,348	10,635	9,986	9,394	8,853	8,358	7,904	7,487	7,103	6,750	6,424	6,122	5,842	5,583	5,342	5,118
14	13,004	12,106	11,296	10,563	9,899	9,295	8,745	8,244	7,786	7,367	6,982	6,628	6,302	6,002	5,724	5,468	5,229
15	13,865	12,849	11,938	11,118	10,380	9,712	9,108	8,559	8,061	7,606	7,191	6,811	6,462	6,142	5,847	5,575	5,324
16	14,718	13,578	12,561	11,652	10,838	10,106	9,447	8,851	8,313	7,824	7,379	6,974	6,604	6,265	5,954	5,668	5,405
17	15,562	14,292	13,166	12,166	11,274	10,477	9,763	9,122	8,544	8,022	7,549	7,120	6,729	6,373	6,047	5,749	5,475
18	16,398	14,992	13,754	12,659	11,690	10,828	10,059	9,372	8,756	8,201	7,702	7,250	6,840	6,467	6,128	5,818	5,534
19	17,226	15,678	14,324	13,134	12,085	11,158	10,336	9,604	8,950	8,365	7,839	7,366	6,938	6,550	6,198	5,877	5,584
20	18,046	16,351	14,877	13,590	12,462	11,470	10,594	9,818	9,129	8,514	7,963	7,469	7,025	6,623	6,259	5,929	5,628
21	18,857	17,011	15,415	14,029	12,821	11,764	10,836	10,017	9,292	8,649	8,075	7,562	7,102	6,687	6,312	5,973	5,665
22	19,660	17,658	15,937	14,451	13,163	12,042	11,061	10,201	9,442	8,772	8,176	7,645	7,170	6,743	6,359	6,011	5,696
23	20,456	18,292	16,444	14,857	13,489	12,303	11,272	10,371	9,580	8,883	8,266	7,718	7,230	6,792	6,399	6,044	5,723
24	21,243	18,914	16,936	15,247	13,799	12,550	11,469	10,529	9,707	8,985	8,348	7,784	7,283	6,835	6,434	6,073	5,746
25	22,023	19,523	17,413	15,622	14,094	12,783	11,654	10,675	9,823	9,077	8,422	7,843	7,330	6,873	6,464	6,097	5,766
30	25,808	22,396	19,600	17,292	15,372	13,765	12,409	11,258	10,274	9,427	8,694	8,055	7,496	7,003	6,566	6,177	5,829
35	29,409	24,999	21,487	18,665	16,374	14,498	12,948	11,655	10,567	9,644	8,855	8,176	7,586	7,070	6,617	6,215	5,858
40	32,835	27,355	23,115	19,793	17,159	15,046	13,332	11,925	10,757	9,779	8,951	8,244	7,634	7,105	6,642	6,233	5,871
45	36,095	29,490	24,519	20,720	17,774	15,456	13,606	12,108	10,881	9,863	9,008	8,283	7,661	7,123	6,654	6,242	5,877
50	39,196	31,424	25,730	21,482	18,256	15,762	13,801	12,233	10,962	9,915	9,042	8,304	7,675	7,133	6,661	6,246	5,880

Rentenbarwertfaktoren

II. Tabellen

n	18%	19%	20%	21%	22%	23%	24%	25%	26%	27%	28%	29%	30%	35%	40%	45%	50%
1	0,847	0,840	0,833	0,826	0,820	0,813	0,806	0,800	0,794	0,787	0,781	0,775	0,769	0,741	0,714	0,690	0,667
2	1,566	1,547	1,528	1,509	1,492	1,474	1,457	1,440	1,424	1,407	1,392	1,376	1,361	1,289	1,224	1,165	1,111
3	2,174	2,140	2,106	2,074	2,042	2,011	1,981	1,952	1,923	1,896	1,868	1,842	1,816	1,696	1,589	1,493	1,407
4	2,690	2,639	2,589	2,540	2,494	2,448	2,404	2,362	2,320	2,280	2,241	2,203	2,166	1,997	1,849	1,720	1,605
5	3,127	3,058	2,991	2,926	2,864	2,803	2,745	2,689	2,635	2,583	2,532	2,483	2,436	2,220	2,035	1,876	1,737
6	3,498	3,410	3,326	3,245	3,167	3,092	3,020	2,951	2,885	2,821	2,759	2,700	2,643	2,385	2,168	1,983	1,824
7	3,812	3,706	3,605	3,508	3,416	3,327	3,242	3,161	3,083	3,009	2,937	2,868	2,802	2,508	2,263	2,057	1,883
8	4,078	3,954	3,837	3,726	3,619	3,518	3,421	3,329	3,241	3,156	3,076	2,999	2,925	2,598	2,331	2,109	1,922
9	4,303	4,163	4,031	3,905	3,786	3,673	3,566	3,463	3,366	3,273	3,184	3,100	3,019	2,665	2,379	2,144	1,948
10	4,494	4,339	4,192	4,054	3,923	3,799	3,682	3,571	3,465	3,364	3,269	3,178	3,092	2,715	2,414	2,168	1,965
11	4,656	4,486	4,327	4,177	4,035	3,902	3,776	3,656	3,543	3,437	3,335	3,239	3,147	2,752	2,438	2,185	1,977
12	4,793	4,611	4,439	4,278	4,127	3,985	3,851	3,725	3,606	3,493	3,387	3,286	3,190	2,779	2,456	2,196	1,985
13	4,910	4,715	4,533	4,362	4,203	4,053	3,912	3,780	3,656	3,538	3,427	3,322	3,223	2,799	2,469	2,204	1,990
14	5,008	4,802	4,611	4,432	4,265	4,108	3,962	3,824	3,695	3,573	3,459	3,351	3,249	2,814	2,478	2,210	1,993
15	5,092	4,876	4,675	4,489	4,315	4,153	4,001	3,859	3,726	3,601	3,483	3,373	3,268	2,825	2,484	2,214	1,995
16	5,162	4,938	4,730	4,536	4,357	4,189	4,033	3,887	3,751	3,623	3,503	3,390	3,283	2,834	2,489	2,216	1,997
17	5,222	4,990	4,775	4,576	4,391	4,219	4,059	3,910	3,771	3,640	3,518	3,403	3,295	2,840	2,492	2,218	1,998
18	5,273	5,033	4,812	4,608	4,419	4,243	4,080	3,928	3,786	3,654	3,529	3,413	3,304	2,844	2,494	2,219	1,999
19	5,316	5,070	4,843	4,635	4,442	4,263	4,097	3,942	3,799	3,664	3,539	3,421	3,311	2,848	2,496	2,220	1,999
20	5,353	5,101	4,870	4,657	4,460	4,279	4,110	3,954	3,808	3,673	3,546	3,427	3,316	2,850	2,497	2,221	1,999
21	5,384	5,127	4,891	4,675	4,476	4,292	4,121	3,963	3,816	3,679	3,551	3,432	3,320	2,852	2,498	2,221	1,997
22	5,410	5,149	4,909	4,690	4,488	4,302	4,130	3,970	3,822	3,684	3,556	3,436	3,323	2,853	2,498	2,222	1,998
23	5,432	5,167	4,925	4,703	4,499	4,311	4,137	3,976	3,827	3,689	3,559	3,438	3,325	2,854	2,499	2,222	1,999
24	5,451	5,182	4,937	4,713	4,507	4,318	4,143	3,981	3,831	3,692	3,562	3,441	3,327	2,855	2,499	2,222	1,999
25	5,467	5,195	4,948	4,721	4,514	4,323	4,147	3,985	3,834	3,694	3,564	3,442	3,329	2,856	2,499	2,222	1,999
30	5,517	5,235	4,979	4,746	4,534	4,339	4,160	3,995	3,842	3,701	3,569	3,447	3,332	2,857	2,500	2,222	2,000
35	5,539	5,251	4,992	4,756	4,541	4,345	4,164	3,998	3,845	3,703	3,571	3,448	3,333	2,857	2,500	2,222	2,000
40	5,548	5,258	4,997	4,760	4,544	4,347	4,166	3,999	3,846	3,703	3,571	3,448	3,333	2,857	2,500	2,222	2,000
45	5,552	5,261	4,999	4,761	4,545	4,347	4,166	4,000	3,846	3,704	3,571	3,448	3,333	2,857	2,500	2,222	2,000
50	5,554	5,262	4,999	4,762	4,545	4,348	4,167	4,000	3,846	3,704	3,571	3,448	3,333	2,857	2,500	2,222	2,000

Rentenbarwertfaktoren

B. Annuitätenfaktoren

n	1%	2%	3%	4%	5%	6%	7%	8%	9%	10%	11%	12%	13%	14%	15%	16%	17%
1	1,0100	1,0200	1,0300	1,0400	1,0500	1,0600	1,3700	1,0800	1,0900	1,1000	1,1100	1,1200	1,1300	1,1400	1,1500	1,1600	1,1700
2	0,5075	0,5150	0,5226	0,5302	0,5378	0,5454	0,5531	0,5608	0,5685	0,5762	0,5839	0,5917	0,5995	0,6073	0,6151	0,6230	0,6308
3	0,3400	0,3468	0,3535	0,3603	0,3672	0,3741	0,3811	0,3880	0,3951	0,4021	0,4092	0,4163	0,4235	0,4307	0,4380	0,4453	0,4526
4	0,2563	0,2626	0,2690	0,2755	0,2820	0,2886	0,2952	0,3019	0,3087	0,3155	0,3223	0,3292	0,3362	0,3432	0,3503	0,3574	0,3645
5	0,2060	0,2122	0,2184	0,2246	0,2310	0,2374	0,2439	0,2505	0,2571	0,2638	0,2706	0,2774	0,2843	0,2913	0,2983	0,3054	0,3126
6	0,1725	0,1785	0,1846	0,1908	0,1970	0,2034	0,2098	0,2163	0,2229	0,2296	0,2364	0,2432	0,2502	0,2572	0,2642	0,2714	0,2786
7	0,1486	0,1545	0,1605	0,1666	0,1728	0,1791	0,1856	0,1921	0,1987	0,2054	0,2122	0,2191	0,2261	0,2332	0,2404	0,2476	0,2549
8	0,1307	0,1365	0,1425	0,1485	0,1547	0,1610	0,1675	0,1740	0,1807	0,1874	0,1943	0,2013	0,2084	0,2156	0,2229	0,2302	0,2377
9	0,1167	0,1225	0,1284	0,1345	0,1407	0,1470	0,1535	0,1601	0,1668	0,1736	0,1806	0,1877	0,1949	0,2022	0,2096	0,2171	0,2247
10	0,1056	0,1113	0,1172	0,1233	0,1295	0,1359	0,1424	0,1490	0,1558	0,1627	0,1698	0,1770	0,1843	0,1917	0,1993	0,2069	0,2147
11	0,0965	0,1022	0,1081	0,1141	0,1204	0,1268	0,1334	0,1401	0,1469	0,1540	0,1611	0,1684	0,1758	0,1834	0,1911	0,1989	0,2068
12	0,0888	0,0946	0,1005	0,1066	0,1128	0,1193	0,1259	0,1327	0,1397	0,1468	0,1540	0,1614	0,1690	0,1767	0,1845	0,1924	0,2005
13	0,0824	0,0881	0,0940	0,1001	0,1065	0,1130	0,1197	0,1265	0,1336	0,1408	0,1482	0,1557	0,1634	0,1712	0,1791	0,1872	0,1954
14	0,0769	0,0826	0,0885	0,0947	0,1010	0,1076	0,1143	0,1213	0,1284	0,1357	0,1432	0,1509	0,1587	0,1666	0,1747	0,1829	0,1912
15	0,0721	0,0778	0,0838	0,0899	0,0963	0,1030	0,1098	0,1168	0,1241	0,1315	0,1391	0,1468	0,1547	0,1628	0,1710	0,1794	0,1878
16	0,0679	0,0737	0,0796	0,0858	0,0923	0,0990	0,1059	0,1130	0,1203	0,1278	0,1355	0,1434	0,1514	0,1596	0,1679	0,1764	0,1850
17	0,0643	0,0700	0,0760	0,0822	0,0887	0,0954	0,1024	0,1096	0,1170	0,1247	0,1325	0,1405	0,1486	0,1569	0,1654	0,1740	0,1827
18	0,0610	0,0667	0,0727	0,0790	0,0855	0,0924	0,0994	0,1067	0,1142	0,1219	0,1298	0,1379	0,1462	0,1546	0,1632	0,1719	0,1807
19	0,0581	0,0638	0,0698	0,0761	0,0827	0,0896	0,0968	0,1041	0,1117	0,1195	0,1276	0,1358	0,1441	0,1527	0,1613	0,1701	0,1791
20	0,0554	0,0612	0,0672	0,0736	0,0802	0,0872	0,0944	0,1019	0,1095	0,1175	0,1256	0,1339	0,1424	0,1510	0,1598	0,1687	0,1777
21	0,0530	0,0588	0,0649	0,0713	0,0780	0,0850	0,0923	0,0998	0,1076	0,1156	0,1238	0,1322	0,1408	0,1495	0,1584	0,1674	0,1765
22	0,0509	0,0566	0,0627	0,0692	0,0760	0,0830	0,0904	0,0980	0,1059	0,1140	0,1223	0,1308	0,1395	0,1483	0,1573	0,1664	0,1756
23	0,0489	0,0547	0,0608	0,0673	0,0741	0,0813	0,0887	0,0964	0,1044	0,1126	0,1210	0,1296	0,1383	0,1472	0,1563	0,1654	0,1747
24	0,0471	0,0529	0,0590	0,0656	0,0725	0,0797	0,0872	0,0950	0,1030	0,1113	0,1198	0,1285	0,1373	0,1463	0,1554	0,1647	0,1740
25	0,0454	0,0512	0,0574	0,0640	0,0710	0,0782	0,0858	0,0937	0,1018	0,1102	0,1187	0,1275	0,1364	0,1455	0,1547	0,1640	0,1734
30	0,0387	0,0446	0,0510	0,0578	0,0651	0,0726	0,0806	0,0888	0,0973	0,1061	0,1150	0,1241	0,1334	0,1428	0,1523	0,1619	0,1715
35	0,0340	0,0400	0,0465	0,0536	0,0611	0,0690	0,0772	0,0858	0,0946	0,1037	0,1129	0,1223	0,1318	0,1414	0,1511	0,1609	0,1707
40	0,0305	0,0366	0,0433	0,0505	0,0583	0,0665	0,0750	0,0839	0,0930	0,1023	0,1117	0,1213	0,1310	0,1407	0,1506	0,1604	0,1703
45	0,0277	0,0339	0,0408	0,0483	0,0563	0,0647	0,0735	0,0826	0,0919	0,1014	0,1110	0,1207	0,1305	0,1404	0,1503	0,1602	0,1701
50	0,0255	0,0318	0,0389	0,0466	0,0548	0,0634	0,0725	0,0817	0,0912	0,1009	0,1106	0,1204	0,1303	0,1402	0,1501	0,1601	0,1701

Annuitätenfaktoren

II. Tabellen

n	18%	19%	20%	21%	22%	23%	24%	25%	26%	27%	28%	29%	30%	35%	40%	45%	50%
1	1,1800	1,1900	1,2000	1,2100	1,2200	1,2300	1,2400	1,2500	1,2600	1,2700	1,2800	1,2900	1,3000	1,3500	1,4000	1,4500	1,5000
2	0,6387	0,6466	0,6545	0,6625	0,6705	0,6784	0,6864	0,6944	0,7025	0,7105	0,7186	0,7267	0,7348	0,7755	0,8167	0,8582	0,9000
3	0,4599	0,4673	0,4747	0,4822	0,4897	0,4972	0,5047	0,5123	0,5199	0,5275	0,5352	0,5429	0,5506	0,5897	0,6294	0,6697	0,7105
4	0,3717	0,3790	0,3863	0,3936	0,4010	0,4085	0,4159	0,4234	0,4310	0,4386	0,4462	0,4539	0,4616	0,5008	0,5408	0,5816	0,6231
5	0,3198	0,3271	0,3344	0,3418	0,3492	0,3567	0,3642	0,3718	0,3795	0,3872	0,3949	0,4027	0,4106	0,4505	0,4914	0,5332	0,5758
6	0,2859	0,2933	0,3007	0,3082	0,3158	0,3234	0,3311	0,3388	0,3466	0,3545	0,3624	0,3704	0,3784	0,4193	0,4613	0,5043	0,5481
7	0,2624	0,2699	0,2774	0,2851	0,2928	0,3006	0,3084	0,3163	0,3243	0,3324	0,3405	0,3486	0,3569	0,3988	0,4419	0,4861	0,5311
8	0,2452	0,2529	0,2606	0,2684	0,2763	0,2843	0,2923	0,3004	0,3086	0,3168	0,3251	0,3335	0,3419	0,3849	0,4291	0,4743	0,5203
9	0,2324	0,2402	0,2481	0,2561	0,2641	0,2722	0,2805	0,2888	0,2971	0,3056	0,3140	0,3226	0,3312	0,3752	0,4203	0,4665	0,5134
10	0,2225	0,2305	0,2385	0,2467	0,2549	0,2632	0,2716	0,2801	0,2886	0,2972	0,3059	0,3147	0,3235	0,3683	0,4143	0,4612	0,5088
11	0,2148	0,2229	0,2311	0,2394	0,2478	0,2563	0,2649	0,2735	0,2822	0,2910	0,2998	0,3088	0,3177	0,3634	0,4101	0,4577	0,5058
12	0,2086	0,2169	0,2253	0,2337	0,2423	0,2509	0,2596	0,2684	0,2773	0,2863	0,2953	0,3043	0,3135	0,3598	0,4072	0,4553	0,5039
13	0,2037	0,2121	0,2206	0,2292	0,2379	0,2467	0,2556	0,2645	0,2736	0,2826	0,2918	0,3010	0,3102	0,3572	0,4051	0,4536	0,5026
14	0,1997	0,2082	0,2169	0,2256	0,2345	0,2434	0,2524	0,2615	0,2706	0,2799	0,2891	0,2984	0,3078	0,3553	0,4036	0,4525	0,5017
15	0,1964	0,2051	0,2139	0,2228	0,2317	0,2408	0,2499	0,2591	0,2684	0,2777	0,2871	0,2965	0,3060	0,3539	0,4026	0,4517	0,5011
16	0,1937	0,2025	0,2114	0,2204	0,2295	0,2387	0,2479	0,2572	0,2666	0,2760	0,2855	0,2950	0,3046	0,3529	0,4018	0,4512	0,5008
17	0,1915	0,2004	0,2094	0,2186	0,2278	0,2370	0,2464	0,2558	0,2652	0,2747	0,2843	0,2939	0,3035	0,3521	0,4013	0,4508	0,5005
18	0,1896	0,1987	0,2078	0,2170	0,2263	0,2357	0,2451	0,2546	0,2641	0,2737	0,2833	0,2930	0,3027	0,3516	0,4009	0,4506	0,5003
19	0,1881	0,1972	0,2065	0,2158	0,2251	0,2346	0,2441	0,2537	0,2633	0,2729	0,2826	0,2923	0,3021	0,3512	0,4007	0,4504	0,5002
20	0,1868	0,1960	0,2054	0,2147	0,2242	0,2337	0,2433	0,2529	0,2626	0,2723	0,2820	0,2918	0,3016	0,3509	0,4005	0,4503	0,5002
21	0,1857	0,1951	0,2044	0,2139	0,2234	0,2330	0,2426	0,2523	0,2620	0,2718	0,2816	0,2914	0,3012	0,3506	0,4003	0,4502	0,5001
22	0,1848	0,1942	0,2037	0,2132	0,2228	0,2324	0,2421	0,2519	0,2616	0,2714	0,2812	0,2911	0,3009	0,3505	0,4002	0,4501	0,5001
23	0,1841	0,1935	0,2031	0,2127	0,2223	0,2320	0,2417	0,2515	0,2613	0,2711	0,2810	0,2908	0,3007	0,3504	0,4002	0,4501	0,5000
24	0,1835	0,1930	0,2025	0,2122	0,2219	0,2316	0,2414	0,2512	0,2610	0,2709	0,2808	0,2906	0,3006	0,3503	0,4001	0,4501	0,5000
25	0,1829	0,1925	0,2021	0,2118	0,2215	0,2313	0,2411	0,2509	0,2608	0,2707	0,2806	0,2905	0,3004	0,3502	0,4001	0,4500	0,5000
30	0,1813	0,1910	0,2008	0,2107	0,2206	0,2305	0,2404	0,2503	0,2603	0,2702	0,2802	0,2901	0,3001	0,3500	0,4000	0,4500	0,5000
35	0,1806	0,1904	0,2003	0,2103	0,2202	0,2302	0,2401	0,2501	0,2601	0,2701	0,2800	0,2900	0,3000	0,3500	0,4000	0,4500	0,5000
40	0,1802	0,1902	0,2001	0,2101	0,2201	0,2301	0,2400	0,2500	0,2600	0,2700	0,2800	0,2900	0,3000	0,3500	0,4000	0,4500	0,5000
45	0,1801	0,1901	0,2001	0,2100	0,2200	0,2300	0,2400	0,2500	0,2600	0,2700	0,2800	0,2900	0,3000	0,3500	0,4000	0,4500	0,5000
50	0,1800	0,1900	0,2000	0,2100	0,2200	0,2300	0,2400	0,2500	0,2600	0,2700	0,2800	0,2900	0,3000	0,3500	0,4000	0,4500	0,5000

Annuitätenfaktoren

C. Verteilungsfunktion der Standardnormalverteilung

Normalverteilung:

$$\Phi(z) = \int_{-\infty}^{z} \frac{1}{\sqrt{2\pi}} e^{-u^2/2}\, du$$

z	0	1	2	3	4	5	6	7	8	9
0,0	0,5000	0,5040	0,5080	0,5120	0,5160	0,5199	0,5239	0,5279	0,5319	0,5359
0,1	0,5398	0,5438	0,5478	0,5517	0,5557	0,5596	0,5636	0,5675	0,5714	0,5753
0,2	0,5793	0,5832	0,5871	0,5910	0,5948	0,5987	0,6026	0,6064	0,6103	0,6141
0,3	0,6179	0,6217	0,6255	0,6293	0,6331	0,6368	0,6406	0,6443	0,6480	0,6517
0,4	0,6554	0,6591	0,6628	0,6664	0,6700	0,6736	0,6772	0,6808	0,6844	0,6879
0,5	0,6915	0,6950	0,6985	0,7019	0,7054	0,7088	0,7123	0,7157	0,7190	0,7224
0,6	0,7257	0,7291	0,7324	0,7357	0,7389	0,7422	0,7454	0,7486	0,7517	0,7549
0,7	0,7580	0,7611	0,7642	0,7673	0,7704	0,7734	0,7764	0,7794	0,7823	0,7852
0,8	0,7881	0,7910	0,7939	0,7967	0,7995	0,8023	0,8051	0,8078	0,8106	0,8133
0,9	0,8159	0,8186	0,8212	0,8238	0,8264	0,8289	0,8315	0,8340	0,8365	0,8389
1,0	0,8413	0,8438	0,8461	0,8485	0,8508	0,8531	0,8554	0,8577	0,8599	0,8621
1,1	0,8643	0,8665	0,8686	0,8708	0,8729	0,8749	0,8770	0,8790	0,8810	0,8830
1,2	0,8849	0,8869	0,8888	0,8907	0,8925	0,8944	0,8962	0,8980	0,8997	0,9015
1,3	0,9032	0,9049	0,9066	0,9082	0,9099	0,9115	0,9131	0,9147	0,9162	0,9177
1,4	0,9192	0,9207	0,9222	0,9236	0,9251	0,9265	0,9279	0,9292	0,9306	0,9319
1,5	0,9332	0,9345	0,9357	0,9370	0,9382	0,9394	0,9406	0,9418	0,9429	0,9441
1,6	0,9452	0,9463	0,9474	0,9484	0,9495	0,9505	0,9515	0,9525	0,9535	0,9545
1,7	0,9554	0,9564	0,9573	0,9582	0,9591	0,9599	0,9608	0,9616	0,9625	0,9633
1,8	0,9641	0,9649	0,9656	0,9664	0,9671	0,9678	0,9686	0,9693	0,9699	0,9706
1,9	0,9713	0,9719	0,9726	0,9732	0,9738	0,9744	0,9750	0,9756	0,9761	0,9767
2,0	0,9772	0,9778	0,9783	0,9788	0,9793	0,9798	0,9803	0,9808	0,9812	0,9817
2,1	0,9821	0,9826	0,9830	0,9834	0,9838	0,9842	0,9846	0,9850	0,9854	0,9857
2,2	0,9861	0,9864	0,9868	0,9871	0,9875	0,9878	0,9881	0,9884	0,9887	0,9890
2,3	0,9893	0,9896	0,9898	0,9901	0,9904	0,9906	0,9909	0,9911	0,9913	0,9916
2,4	0,9918	0,9920	0,9922	0,9925	0,9927	0,9929	0,9931	0,9932	0,9934	0,9936
2,5	0,9938	0,9940	0,9941	0,9943	0,9945	0,9946	0,9948	0,9949	0,9951	0,9952
2,6	0,9953	0,9955	0,9956	0,9957	0,9959	0,9960	0,9961	0,9962	0,9963	0,9964
2,7	0,9965	0,9966	0,9967	0,9968	0,9969	0,9970	0,9971	0,9972	0,9973	0,9974
2,8	0,9974	0,9975	0,9976	0,9977	0,9977	0,9978	0,9979	0,9979	0,9980	0,9981
2,9	0,9981	0,9982	0,9982	0,9983	0,9984	0,9984	0,9985	0,9985	0,9986	0,9986
3,0	0,9987	0,9987	0,9987	0,9988	0,9988	0,9989	0,9989	0,9989	0,9990	0,9990
3,1	0,9990	0,9991	0,9991	0,9991	0,9992	0,9992	0,9992	0,9992	0,9993	0,9993
3,2	0,9993	0,9993	0,9994	0,9994	0,9994	0,9994	0,9994	0,9995	0,9995	0,9995
3,3	0,9995	0,9995	0,9995	0,9996	0,9996	0,9996	0,9996	0,9996	0,9996	0,9997
3,4	0,9997	0,9997	0,9997	0,9997	0,9997	0,9997	0,9997	0,9997	0,9997	0,9998
3,5	0,9998	0,9998	0,9998	0,9998	0,9998	0,9998	0,9998	0,9998	0,9998	0,9998
3,6	0,9998	0,9998	0,9999	0,9999	0,9999	0,9999	0,9999	0,9999	0,9999	0,9999
3,7	0,9999	0,9999	0,9999	0,9999	0,9999	0,9999	0,9999	0,9999	0,9999	0,9999
3,8	0,9999	0,9999	0,9999	0,9999	0,9999	0,9999	0,9999	0,9999	0,9999	0,9999
3,9	1,0000	1,0000	1,0000	1,0000	1,0000	1,0000	1,0000	1,0000	1,0000	1,0000

III. ANMERKUNGEN

1) Vgl. hierzu auch Übungsfall 1 "Irreguläre Investitionen" im Anhang IV.

2) Neben der Laufzeit bestimmt die Höhe des (unbekannten) Wiederverkaufspreises die interne Verzinsung. Die Approximation ist aber um so besser, je länger die Laufzeit ist und je näher der Wiederverkaufspreis am Kaufpreis liegt. Stimmen Kaufpreis und Wiederverkaufspreis überein, so ergibt die Formel die exakte interne Verzinsung, da jetzt eine Zahlungsreihe des Falles 6 vorliegt. Folgende Tabelle gibt für das Beispiel die internen Verzinsungen bei unterschiedlichen Laufzeiten und bei unterschiedlichen Wiederverkaufspreisen an:

Wiederverkaufspreis	Laufzeit n = 50 Jahre	Laufzeit n = 100 Jahre
0 DM	2,81	3,65
800.000 DM	3,75	3,75
1.600.000 DM	4,34	3,84

3) Vgl. Anmerkung 2).

4) Beträgt die Laufzeit der Investition nur anderthalb Jahre, dann ist gemischte Verzinsung anzuwenden, da die Laufzeit nicht mit dem Ende einer Zinsperiode zusammenfällt (vgl. IHRIG/PFLAUMER (1994), Abschnitt C.6). Die Gleichung zur Bestimmung des internen Zinsfußes sieht in diesem Falle wie folgt aus:

$$C_0 = 0 = -10.000 + \frac{2.000 \cdot \left(1 + \frac{270}{360} \frac{r}{100}\right)}{\left(1 + \frac{r}{100}\right)} + \frac{6.000}{\left(1 + \frac{r}{100}\right)^2} + \frac{5.000}{\left(1 + \frac{r}{100}\right) \cdot \left(1 + \frac{180}{360} \frac{r}{100}\right)}.$$

Die Umformung führt zu folgender quadratischer Gleichung:

$$17r^2 + 3.800r - 120.000 = 0$$

mit den Lösungen $r_1 = 28,06$ und $r_2 = -251,59$. Der interne Zinsfuß beträgt also 28,06%.

Legt man die Investitionsauszahlung von 10.000 DM anderthalb Jahre zu 28,06% an, so wächst das Kapital auf

$$10.000\left(1+\frac{28,06}{100}\right)\cdot\left(1+\frac{180}{360}\frac{28,06}{100}\right)=14.602,6$$

an. Der Vermögensendwert der Investitionseinzahlungen muß bei einem Zinssatz von 28,06% nach anderthalb Jahren ebenfalls 14.602,6 DM betragen:

$$2.000\left(1+\frac{270}{360}\frac{28,06}{100}\right)\cdot\left(1+\frac{180}{360}\frac{28,06}{100}\right)+6.000\cdot\left(1+\frac{180}{360}\frac{28,06}{100}\right)+5.000=14.602,6$$

Bei einer Verzinsung von 28,73% betragen die Vermögensendwerte nach zwei Jahren:

- Investitionsauszahlung:

$$10.000\cdot\left(1+\frac{28,73}{100}\right)^2=16.571,5.$$

- Investitionseinzahlungen:

$$2.000\cdot\left(1+\frac{270}{360}\frac{28,73}{100}\right)\cdot\left(1+\frac{28,73}{100}\right)+6.000\cdot\left(1+\frac{28,73}{100}\right)+5.000\cdot\left(1+\frac{180}{360}\frac{28,73}{100}\right)=16.571,5$$

Bei richtiger Berechnung des internen Zinsfußes müssen die Vermögensendwerte der Investitionsauszahlung und der Investitionseinzahlungen am Ende der Laufzeit übereinstimmen. Die Höhe des internen Zinsfußes hängt bei gleichen Zahlungen von der Laufzeit der Investition ab.

5) Löst man diese Gleichung nach C_0 auf, dann erhält man einige interessante Einblicke für die Grenzfälle des Kapitalwertes:

$$C_0=\frac{\left[\left(1+\frac{r_B}{100}\right)^n-\left(1+\frac{p}{100}\right)^n\right]\cdot I_0}{\left(1+\frac{p}{100}\right)^n}$$

Wie man sieht, gilt

a) $r_B = p$ $\rightarrow$ $C_0 = 0$ $\qquad K_n=\left(1+\frac{p}{100}\right)^n\cdot I_0$

b) $r_B = -100$ $\rightarrow$ $C_0 = -I_0$ $\qquad K_n = 0$

c) $r_B = 0$ $\rightarrow$ $C_0=\dfrac{I_0}{\left(1+\frac{p}{100}\right)^n}-I_0$ $\qquad K_n = I_0$

a) Der Vermögensendwert der Investition entspricht wie erwartet dem Vermögensendwert der Basisalternative.

b) Der Vermögensendwert der Investition ist Null; es entsteht ein Verlust in Höhe des eingesetzten Kapitals.

c) Der Vermögensendwert entspricht der Höhe des eingesetzten Kapitals. Der Investor hat bei dieser Investition sein eingesetztes Kapital zurückerhalten, hat aber keine Zinsen erwirtschaftet.

6) Die Steuervergünstigungen für die Berlin-Darlehen sind am 31.12.1992 ausgelaufen.

7) Vgl. auch Übungsfall 2 "Steuern und Finanzierung" im Anhang IV.

8) Vgl. auch Übungsfall 3 "Leverage-Effekt" im Anhang IV.

Der Leverage-Effekt soll an folgendem einfachen Fall verdeutlicht werden:
Eine Investitionsauszahlung in Höhe von I_0 führe n Jahre lang zu konstanten Einzahlungsüberschüssen in Höhe von c. Der Restwert betrage $R_n = I_0$; (es liegt also ein Spezialfall einer Zahlungsreihe des Falles 6 in der Übersicht 1 des Abschnitts B 3.4.2 vor). Zur Finanzierung der Investition soll ein Kredit $FK = s \cdot I_0$ aufgenommen werden ($0 < s \leq 1$). Der Kredit ist in einer Summe am Ende der Laufzeit zurückzuzahlen. Die Kreditzinsen sind jährlich zu entrichten, wobei der Sollzinsfuß p_S betrage. Setzt man die Kapitalwertfunktion

$$C_0 = 0 = -I_0 + s \cdot I_0 + \frac{c - \frac{p_S}{100} \cdot s \cdot I_0}{q} + \frac{c - \frac{p_S}{100} \cdot s \cdot I_0}{q^2} + \ldots \frac{c - \frac{p_S}{100} \cdot s \cdot I_0}{q^n} + \frac{I_0 - s \cdot I_0}{q^n}$$

gleich Null, so läßt sich der interne Zinsfuß r wie folgt berechnen (vgl. Abschnitt B 3.4.2):

$$r = \frac{c - \frac{p_S}{100} \cdot s \cdot I_0}{I_0 - s \cdot I_0} \cdot 100 = \left(\frac{c}{I_0} \cdot \frac{1}{1-s} - \frac{p_S}{100} \cdot \frac{s}{1-s} \right) \cdot 100 = \left(\frac{c}{I_0} + \frac{c}{I_0} \cdot \frac{s}{1-s} - \frac{p_S}{100} \cdot \frac{s}{1-s} \right) \cdot 100$$

$$r = \frac{c}{I_0} \cdot 100 + \left(\frac{c}{I_0} \cdot 100 - p_S \right) \cdot \frac{s}{1-s}$$

$$r = GKR + (GKR - FKZ) \cdot \frac{FK}{EK} \quad \text{(\textbf{Leverage-Formel})}$$

mit

GKR = Gesamtkapitalrentabilität
FKZ = Fremdkapitalzins
$$\frac{FK}{EK} = \frac{Fremdkapital}{Eigenkapital} = Verschuldungsgrad$$
EK = $I_0 - s \cdot I_0$.

Für das o.a. Beispiel erhält man eine einfache Formel, die die interne Verzinsung (Eigenkapitalrentabilität) in Abhängigkeit vom Verschuldungsgrad ausdrückt. Ist der Klammerausdruck positiv, d.h. GKR > FKZ, dann steigt mit zunehmender Verschuldung die interne Verzinsung. Der Verschuldungsgrad wirkt wie ein Hebel. Allerdings kann der Hebel auch in umgekehrter Richtung wirken, wenn der Klammerausdruck negativ wird. Dann sinkt mit steigender Verschuldung die interne Verzinsung.

Beispiel: I_0 = 100; c = 20; p_S = 10; n = 2; FK = 60 → s = 0,6 und EK = 40;

→ $C_0 = 0 = -100 + 60 + \frac{20-6}{q} + \frac{20-6}{q^2} + \frac{100-60}{q^2}$

→ $r = 20 + (20-10) \cdot \frac{FK}{EK}$ →   r = 35.

Wird kein Fremdkapital aufgenommen, dann beträgt die interne Verzinsung 20%. Die folgende Tabelle zeigt die internen Verzinsungen bei unterschiedlichen Verschuldungsgraden:

Fremdkapitalanteil s	0	0,5	0,6	0,6666	0,8
Verschuldungsgrad	0	1	1,5	2	4
interne Verzinsung (%)	20	30	35	40	60

Der interne Zinsfuß läßt sich im Zusammenhang mit dem Leverage-Effekt nur für spezielle Zahlungsreihen als explizite Funktion des Verschuldungsgrades darstellen.

9) Die Kapitalwerte wurden mit den nichtgerundeten Werten der Zahlungsreihen berechnet und auf ganze Beträge gerundet.

Formelmäßig lassen sich die Kapitalwerte nach Berücksichtigung der Finanzierung wie folgt darstellen:

- Tilgung in einem Betrag am Ende Laufzeit

$$C_0 = -I_0 + FK + \sum_{t=1}^{n} \frac{c_t}{q^t} - \frac{FK \cdot q_s^n}{q^n}$$

- Annuitätentilgung

$$C_0 = -I_0 + FK + \sum_{t=1}^{n} \frac{c_t}{q^t} - a \frac{1}{q^n} \frac{q^n - 1}{q - 1}$$

bzw.

$$C_0 = -I_0 + FK + \sum_{t=1}^{n} \frac{c_t}{q^t} - \left(FK \cdot q_s^n \cdot \frac{q_s - 1}{q_s^n - 1} \right) \cdot \left(\frac{1}{q^n} \frac{q^n - 1}{q - 1} \right)$$

- Ratentilgung

$$C_0 = -I_0 + FK + \sum_{t=1}^{n} \frac{c_t}{q^t} - \left[\frac{FK}{n} \cdot \left(\frac{1}{q^n} \frac{q^n - 1}{q - 1} \right) + \sum_{t=1}^{n} \frac{Z_t}{q^t} \right]$$

(In der Klammer stehen der Barwert der Tilgungsraten und der Barwert der Zinszahlungen.)

Da

$$\sum_{t=1}^{n} \frac{Z_t}{q^t} = \frac{FK}{n}(q_s - 1)\left(\frac{n}{q} + \frac{n-1}{q^2} + \ldots + \frac{2}{q^{n-1}} + \frac{1}{q^n} \right)$$

$$= \frac{FK}{n}(q_s - 1)\left(\frac{n}{q-1} - \frac{1}{q^n} \frac{q^n - 1}{(q-1)^2} \right)$$

folgt:

$$C_0 = -I_0 + FK + \sum_{t=1}^{n} \frac{c_t}{q^t} - \frac{FK}{n} \cdot \left[\left(\frac{1}{q^n} \frac{q^n - 1}{q - 1} \right) + (q_s - 1)\left(\frac{n}{q-1} - \frac{1}{q^n} \frac{q^n - 1}{(q-1)^2} \right) \right]$$

mit

Z_t = Zinsen zum Zeitpunkt t
FK = Fremdkapital
a = Annuität
$q_s = 1 + \frac{p_s}{100}$
p_s = Sollzinsfuß

Sind Kalkulationszinsfuß und Sollzinsfuß gleich groß, d.h. $p_s = p$, dann gehen die Kapitalwertformeln nach Berücksichtigung der Finanzierung in die einfache Kapitalwertformel über, d.h.

$$C_0 = -I_0 + \sum_{t=1}^{n} \frac{c_t}{q^t}.$$

10) Vgl. auch dynamische Amortisationsdauer im Abschnitt F.3.1.

11) Die kritische Nutzungsdauer kann bei konstanten Einzahlungsüberschüssen auch auf einfache Weise berechnet werden. Aus

$$C_0 = 0 = -I_0 + c \frac{1}{q^n} \frac{q^n - 1}{q - 1}$$

folgt:

$$n = \frac{\ln\left(\frac{c}{c - I_0 \cdot (q-1)}\right)}{\ln q} = \frac{\ln\left(\frac{2.000}{2.000 - 10.000 \cdot 0,12}\right)}{\ln 1,12} = \frac{\ln 2,5}{\ln 1.12} = 8,09 \text{ Jahre,}$$

wobei

$$\frac{c}{I_0} > (q-1).$$

Der Unterschied zwischen statischer und dynamischer Amortisationsdauer ist um so geringer, je kleiner der Kalkulationszinsfuß p ist. Der Grenzwert der dynamischen Amortisationsdauer für $q \to 1$ ist die statische Amortisationsdauer, da

$$\lim_{q \to 1} \frac{\ln\left(\frac{c}{c - I_0 \cdot (q-1)}\right)}{\ln q} = \frac{I_0}{c}.$$

Für $p \to \frac{c}{I_0} 100$ geht $n \to \infty$. Bei einem Kalkulationszinsfuß von 20% ergäbe sich im vorliegenden Fall eine unendlich lange (dynamische) Amortisationsdauer.

Die dynamische Amortisationsdauer ist größer als die statische, weil durch die Investition nicht nur das eingesetzte Kapital, sondern auch die anfallenden Zinseszinsen auf das eingesetzte Kapital erwirtschaftet werden müssen.

12) Vgl. auch Anmerkung 8).

13) Eine Optionsanleihe mit Optionsschein ist eine Anleihe, die zusätzlich das Recht verbrieft, Aktien des emittierenden Unternehmens innerhalb einer bestimmten Zeit zu einem bestimmten Kurs (Bezugskurs) zu kaufen. Meistens ist das verbriefte Bezugsrecht als Optionsschein von der Anleihe abtrennbar. Diese Optionsanleihe ohne Optionsschein ist wie eine normale festverzinsliche Zinsschuld zu betrachten.
Seit Jahresbeginn 1993 sind Kursgewinne von niedrigverzinslichen Optionsanleihen einkommensteuerpflichtig. Die Lösung der Übungsaufgabe geht noch von der alten Regelung aus, nach der Kursgewinne nicht der Einkommensteuerpflicht unterliegen.

14) Beweis:
$$\overline{K} = \frac{R_0 + R_1 + R_2 + \ldots + R_{n-1}}{n} \text{ mit}$$

$$R_i = I_0 \frac{q^n - q^i}{q^n - 1} \quad (R_i = \text{Restschuld bzw. gebundenes Kapital zum Zeitpunkt i).}$$

Durch Einsetzen und Umformen mit Hilfe der geometrischen Reihe folgt

$$\overline{K} = I_0 \left(\frac{q^n}{q^n - 1} - \frac{1}{n(q-1)} \right)$$

bzw.

$$\frac{\overline{Z}}{\overline{K}} = \frac{c - \dfrac{I_0}{n}}{I_0 \left(\dfrac{q^n}{q^n - 1} - \dfrac{1}{n(q-1)} \right)} = q - 1 = \frac{r}{100},$$

da die gesamte Zinszahlung $Z_{ges} = n\overline{Z} = nc - I_0$ und die Annuität $c = I_0 q^n \dfrac{q-1}{q^n - 1}$ ist.

15) Vorzugsweise sollte das Beispiel mit Hilfe dynamischer Verfahren der Investitionsrechnung gelöst werden. Bei x = 25.000 km und p = 10 betragen die Kapitalwerte

$$C_{0A} = -28.000 - (600 + 800 + 20.000 + 25.000 \cdot 0{,}36) \frac{1}{1{,}1^4} \frac{1{,}1^4 - 1}{0{,}1} + \frac{8.000}{1{,}1^4} = -118.899$$

und

$$C_{0B} = -32.000 - (800 + 1.100 + 20.000 + 25.000 \cdot 0{,}33) \frac{1}{1{,}1^4} \frac{1{,}1^4 - 1}{0{,}1} + \frac{10.000}{1{,}1^4} = -120.741.$$

Die äquivalenten Annuitäten sind
$$a_A = -37.509 \text{ und } a_B = -38.090.$$

IV. ÜBUNGSFÄLLE MIT MATHCAD

Mathcad für Windows ist ein leistungsfähiges Mathematikprogramm, welches dem Benutzer erlaubt, Formeln, Gleichungen, Zahlen und Text auf dem Bildschirm genau so zu schreiben wie auf dem Papier. Mit Mathcad können mathematische Operationen ausgeführt werden, die beispielsweise vom einfachen Addieren von Zahlenreihen bis zur Berechnung von Ableitungen und Integralen reichen. Darüber hinaus können Funktionen graphisch dargestellt werden. Mathcad arbeitet wie eine Kalkulationstabelle; sobald im Dokument eine Änderung vorgenommen wird, werden die Ergebnisse aktualisiert und die Graphiken neu gezeichnet. Mathcad wird ausführlich in WESKAMP (1993) beschrieben. Im folgenden wird die Anwendung von Mathcad zur Lösung von Investitionrechnungsfällen demonstriert. Alle Texte, Formeln, Gleichungen und Graphiken sind im vorliegenden Abschnitt mit Mathcad hergestellt worden.

Übungsfall 1: **Irreguläre Investitionen**

Der folgende Fall wird in DURAND (1974) beschrieben. Die Ausbeute einer Erzmine soll gesteigert werden. Zu diesem Zweck wird zum Zeitpunkt t = 0 in zusätzliche Maschinen im Werte von 180.000 $ investiert. Als Folge nehmen die jährlichen Einzahlungsüberschüsse von t = 1 bis t = 5 um 100.000 $ zu. Aufgrund der erhöhten Ausbeute sind die Erzvorkommen nach 5 Jahren erschöpft, und die jährlichen Einzahlungsüberschüsse liegen von t = 6 bis t = 10 um 100.000 $ unter den Einzahlungsüberschüssen, die ohne die zusätzliche Investition angefallen wären. Von t = 11 bis t = 19 liegt die Mine still, und die Einzahlungsüberschüsse sind gleich Null. Zum Zeitpunkt t = 20 wird das Grundstück verkauft. Es wird angenommen, daß der Verkaufspreis aufgrund der zusätzlichen Investition von 180.000 $ um 200.000 $ höher liegt als ursprünglich veranschlagt. Wie ist die Investition zu beurteilen?

Lösung:

Die Zahlungsreihe der Investition lautet:

-180, 100, 100, 100, 100, 100, -100, -100, -100, -100, -100, 0, 0, 0, 0, 0, 0, 0, 0, 0, 200.

Die kumulierte Zahlungsreihe der Investition lautet:

-180, -80, 20, 120, 220, 320, 220, 120, 20, -80, -180, -180, ...-180, 20.

Es kommt bei der kumulierten Zahlungsreihe zu einem Vorzeichenwechsel von + nach - ; es liegt also eine irreguläre Investition mit der Möglichkeit mehrerer interner Zinsfüße vor.

Zur Berechnung der internen Zinsfüße stellt man die Kapitalwertfunktion auf. Zunächst wird eine Bereichsvariable für q definiert:

$$q := 1, 1.01 .. 1.5 \quad \text{(q läuft von 1 bis 1,5 in Schritten von 0,01)}$$

Dann wird die Kapitalwertfunktion aufgestellt:

$$C(q) := -180 + 100 \cdot \frac{1}{q^5} \cdot \frac{q^5 - 1}{q - 1} - 100 \cdot \frac{1 - \frac{1}{q^5}}{1} + \frac{200}{q^{20}}$$

Eine Graphik wird gezeichnet, indem man in der Menüleiste des Mathcad-Programmes die Option "Graph erstellen" auswählt und die Achsen der Graphik entsprechend beschriftet.

Kapitalwertfunktion

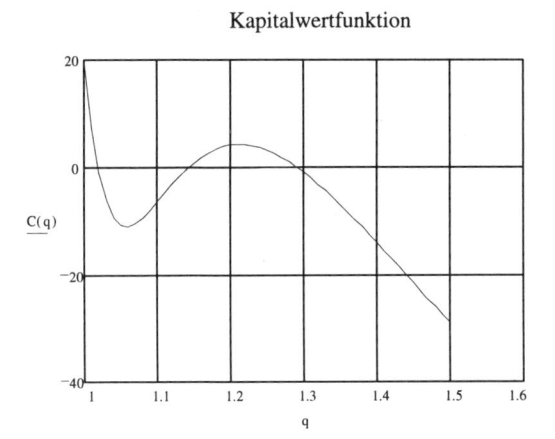

Die Kapitalwertfunktion zeigt, daß drei interne Zinsfüße vorhanden sind. Einzelne Gleichungen werden in Mathcad mit der Funktion "wurzel" gelöst, wobei ein Näherungswert angegeben werden muß.

Lösung 1:
Näherungswert $q := 1.03$

wurzel$(C(q), q) = 1.019$

Lösung 2:
Näherungswert $q := 1.15$

wurzel$(C(q), q) = 1.143$

Lösung 3:
Näherungwert $q := 1.3$

wurzel$(C(q), q) = 1.29$

Die Investition hat drei interne Zinsfüße, die 1,9%, 14,3% bzw. 29% betragen. Zur Beurteilung der Vorteilhaftigkeit der Investition eignet sich die interne Zinsfußmethode nicht. Es muß die Kapitalwertmethode herangezogen werden. Die Investition lohnt sich bei Kalkulationszinsfüßen, die kleiner als 1,9% oder zwischen 14,3% und 29% liegen; in diesen Fällen ist der Kapitalwert positiv.

Der Verlauf der Kapitalwertfunktion läßt sich erklären, wenn man die Einzahlungsüberschüsse in zwei Komponenten aufteilt:

Barwert der laufenden Einzahlungen:
$$v(q) := 100 \cdot \frac{1}{q^5} \cdot \frac{q^5 - 1}{q - 1} \cdot \left(1 - \frac{1}{q^5}\right)$$

Barwert der Restzahlung:
$$R(q) := \frac{200}{q^{20}}$$

Barwert insgesamt:

$$g(q) := v(q) + R(q)$$

Folgende Graphik zeigt die Barwertfunktionen v(q), R(q) und g(q) für q=1 bis q=1,3.

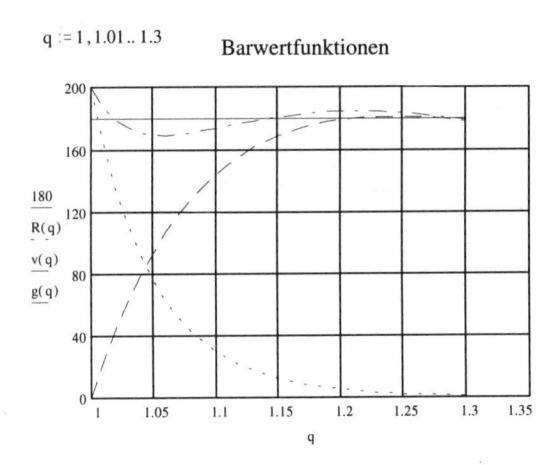

$q := 1, 1.01 .. 1.3$

Barwertfunktionen

[Graph showing R(q), v(q), g(q) from q=1 to q=1.35, y-axis 0 to 200]

Bei kleinen Kalkulationszinsfüßen (p < 1,9) ist die Investition vorteilhaft, weil der Barwert des Restwertes größer als die Investitionsauszahlung ist, während der Barwert der laufenden Einzahlungen bei Null liegt. Mit steigendem Zins verliert der Restwert an Bedeutung. Der Kapitalwert wird negativ (1,9 < p < 14,3). Steigt der Zins über 14,3%, dann nimmt der Barwert der laufenden Zahlungen so stark zu, daß der Kapitalwert wieder positiv wird, weil zuerst positive, dann negative Einzahlungsüberschüsse in gleicher Höhe erfolgen. Steigt der Zinsfuß über 29%, dann werden auch die davor liegenden positiven Zahlungen in ihrer Bedeutung vermindert, und die Investitionszahlung wird so gewichtig, daß der Kapitalwert wieder negativ wird.

Bei Betrachtung der Kapitalwertfunktion interessieren die Kalkulationszinsfüße, bei welchen die Kapitalwertfunktion Extremwerte annimmt. Mathcad bietet eine Operation, um Funktionen numerisch zu differenzieren.

f(q) kann tabellarisch oder wie hier graphisch dargestellt werden.

$q := 1, 1.01 .. 1.4$ Zuerst wird der Bereich definiert, in welchem die Differentialqotienten berechnet werden sollen.

$f(q) := \dfrac{d}{dq} C(q)$ f(q) ist die erste Ableitung von C(q).

1. Ableitung der Kapitalwertfunktion

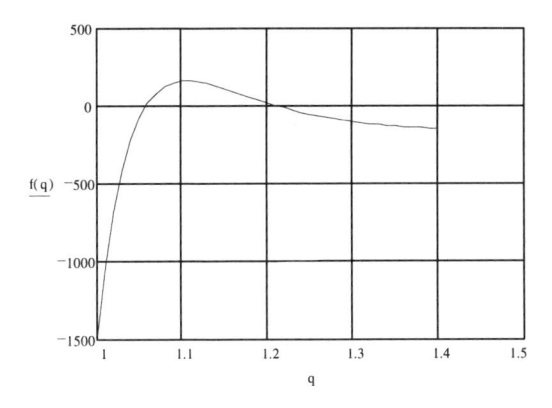

[Graph: $f(q)$ vs q, with q from 1 to 1.5 and $f(q)$ from -1500 to 500]

Die Näherungswerte für Minimum und Maximum sind der Graphik zu entnehmen. Die exakte Berechnung ergibt:

Minimaler Kapitalwert:

$q := 1.05$

$\text{wurzel}(f(q), q) = 1.058$

$C(1.058) = -11.195$

Maximaler Kapitalwert:

$q := 1.2$

$\text{wurzel}(f(q), q) = 1.212$

$C(1.212) = 4.211$

Bei einem Kalkulationszinsfuß von 5,8% erreicht die Kapitalwertfunktion ihr Minimum, welches bei -11.195 $ liegt, und bei einem Kalkulationszinsfuß von 21,2% wird der maximale Kapitalwert erzielt, der 4.211 $ beträgt.

Mit Hilfe einer Sensitivitätsanalyse soll nun der Einfluß des Restwertmehrerlöses R auf die Vorteilhaftigkeit der Investition untersucht werden, wobei ein Kalkulationszinsfuß von 18% unterstellt wird.

$q := 1.18$

$R := 0, 10 .. 200$ Der Restwertmehrerlös betrage alternativ 0, 10, 20, ..190, 200.

$$C(R) := -180 + 100 \cdot \frac{1}{q^5} \cdot \frac{q^5 - 1}{q - 1} \cdot \left(1 - \frac{1}{q^5}\right) + \frac{R}{q^{20}}$$

Die folgende Tabelle zeigt die Kapitalwerte in Abhängigkeit vom Restwertmehrerlös bei einem Kalkulationszinsfuß von 18%.

R	C(R)
0	-3.974
10	-3.609
20	-3.244
30	-2.879
40	-2.514
50	-2.149
60	-1.784
70	-1.419
80	-1.054
90	-0.689
100	-0.324
110	0.041
120	0.406
130	0.771
140	1.136
150	1.501
160	1.866
170	2.232
180	2.597
190	2.962
200	3.327

Kritischer Restwertmehrerlös:

Näherungswert $R := 110$

wurzel($C(R), R$) = 108.872

Bei einem Kalkulationszinsfuß von 18% lohnt sich die Investition nur dann, wenn der Mehrerlös des Restwertes 108.872 $ übersteigt.

Übungsfall 2: Steuern und Finanzierung

Ein Unternehmer überlegt sich die Anschaffung eines CAD-Systems. Die Anschaffungsauszahlung beträgt 180.000 DM. Das CAD-System würde einen Technischen Zeichner einsparen und damit jährlich 40.000 DM. Es wird linear auf den Restwert von Null abgeschrieben. Jedoch kann die Anlage am Ende des Jahres 6 für 30.000 DM veräußert werden. Der Gewinnsteuersatz beträgt 50% und der Kalkulationszinsfuß vor Steuern 8%.
a) Beurteilen Sie die Vorteilhaftigkeit dieser Investition mit Hilfe der Kapitalwertmethode.
b) Berechnen Sie die Vergleichsrendite vor Steuern.
c) Wie hoch ist der Kapitalwert nach Steuern, wenn das gesamte CAD-System zu einem Zinsfuß von 8% fremdfinanziert wird? Die Darlehensrückzahlung erfolgt am Ende der Laufzeit. Die Schuldzinsen sind jährlich zu entrichten. Mögliche Verluste können innerbetrieblich ausgeglichen werden.

Lösung:

Einzahlungsüberschuß c, Steuersatz T, Abschreibungsbetrag A, Restwert R und Investitionsauszahlung I_0 haben folgende Werte:

$c := 40000$
$T := 0.5$
$A := 30000$
$R := 30000$
$I_0 := 180000$

Die Kapitalwertfunktion in Abhängigkeit von qn (qn=Kalkulationszinsfaktor nach Steuern) lautet:

$$C1(qn) := -I_0 + ((1 - T) \cdot (c - A) + A) \cdot \left(\frac{1}{qn^6} \cdot \frac{qn^6 - 1}{qn - 1} \right) + \frac{(1 - T) \cdot R}{qn^6}$$

(Kapitalwert = - Investitionsauszahlung + Cash Flow nach Steuern x Rentenbarwertfaktor
+ diskontierter Restverkaufserlös nach Steuern)
Der Restverkaufserlös muß als außerordentlicher Ertrag versteuert werden.

$C1(1.04) = 15329.5079$ Kapitalwert bei einem Kalkulationszinsfuß nach Steuern von 4%.

$qn := 1.06$
$wurzel(C1(qn), qn) = 1.0645$

Über den Näherungswert von qn=1,06 erhält man durch die Funktion "wurzel" die Lösung qn=1,0645; folglich ist der interne Zinsfuß 6,45%. Daraus berechnet sich die Vergleichsrendite vor Steuern zu 12,9%.

Bei einem Sollzinsfuß von 8% ergibt sich ein Sollzinsfaktor von qs=1,08. Da die gesamte CAD-Anlage fremdfinanziert wird, beläuft sich das Fremdkapital FK auf 180.000 DM.

$$FK := 180000$$

Die Kapitalwertfunktion C2 in Abhängigkeit vom Sollzinsfußfaktor qs lautet bei einem Kalkulationszinsfuß nach Steuern von 4%:

$$qn := 1.04$$

$$C2(qs) := -I_0 + FK + ((1-T) \cdot (c - A - FK \cdot (qs-1)) + A) \cdot \left(\frac{1}{qn^6} \cdot \frac{qn^6 - 1}{qn - 1} \right) + \frac{(1-T) \cdot R}{qn^6} - \frac{FK}{qn^6}$$

Bei einem Sollzinsfuß von 8% ergibt sich folgender Kapitalwert:

$$C2(1.08) = 15329.5079$$

Da Sollzinsfuß und Kalkulationszinsfuß vor Steuern gleich hoch sind, d.h. qs = qv (qv = Kalkulationszinsfuß vor Steuern), hat die Finanzierung keinen Einfluß auf den Kapitalwert. Wie man auch allgemein zeigen kann, ist in diesem Falle C2(qv) = C1(qn). Bei dem Beweis ist der Zusammenhang zwischen Zinsfaktor nach Steuern und Zinsfaktor vor Steuern zu beachten: qn = (1-T)qv + T (vgl. S. 80).

$$C2(1.08) = 15329.5079 \qquad C1(1.04) = 15329.5079$$

Für verschiedene Kreditzinsfüße bzw. -faktoren erhält man folgende Kapitalwerte:

$$qs := 1.02, 1.04 .. 1.2$$

qs	C2(qs)
1.02	43637.0469
1.04	34201.2006
1.06	24765.3542
1.08	15329.5079
1.1	5893.6615
1.12	-3542.1848
1.14	-12978.0312
1.16	-22413.8775
1.18	-31849.7238
1.2	-41285.5702

$$qs := 1.1$$

wurzel(C2(qs), qs) = 1.1125

Ist der Sollzinsfuß größer als 11,25%, dann wird der Kapitalwert negativ.

Abhängigkeit des Kapitalwertes vom Kalkulationszinsfuß nach Steuern bei vorgegebenem Kreditzinsfuß von 8% (q=1,08):

$$qs := 1.08$$

$$C2(qn) := -I_0 + FK + ((1-T) \cdot (c - A - FK \cdot (qs-1)) + A) \cdot \left(\frac{1}{qn^6} \cdot \frac{qn^6 - 1}{qn - 1} \right) + \frac{(1-T) \cdot R}{qn^6} - \frac{FK}{qn^6}$$

Der Verlauf der Kapitalwertfunktion ist in folgender Graphik dargestellt:

$qn := 1.01, 1.02 .. 1.6$

Kapitalwertfunktion

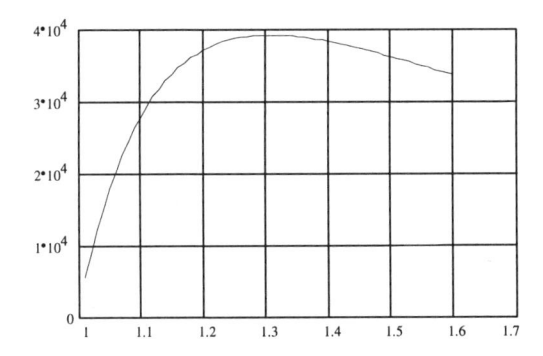

Die Investition nach Berücksichtigung o.a. Finanzierungsmodalitäten ist irregulär; es existiert kein interner Zinsfuß, d.h., sie ist für jeden Kalkulationszinsfuß vorteilhaft. Der ansteigende Verlauf der Kapitalwertfunktion erklärt sich durch den abnehmenden Barwert der Fremdkapitalrückzahlung bei steigendem Kalkulationszinsfuß.

Übungsfall 3: Leverage-Effekt

Eine Investition über 300 TDM führe 5 Jahre lang zu jährlichen Einzahlungsüberschüssen von 100 TDM. Ein Teil der Investitionssumme soll durch Aufnahme eines Kredites mit einer Verzinsung von 10% finanziert werden. Der Kredit ist in fünf gleich hohen Annuitäten zurückzuzahlen. Wie hoch sind die internen Zinsfüße, falls der Fremdkapitalanteil s an der Investitionssumme 0%, 5%, 10%,....70%, 75%, 80% beträgt?

Lösung:

Die Einzahlungsüberschüsse c und die Investitionsauszahlung I_0 betragen:

$$c := 100 \qquad I_0 := 300$$

Der Fremdkapitalanteil läuft von 0% bis 80%:

$$s := 0, .05 .. 0.8$$

Die Höhe des Fremdkapitals FK in Abhängigkeit von s lautet:

$$FK(s) := s \cdot I_0$$

Die Annuitäten des Kredites berechnen sich zu:

$$a(s) := FK(s) \cdot 1.1^5 \cdot \frac{1.1 - 1}{1.1^5 - 1}$$

Die Kapitalwertfunktion lautet:

$$C(q,s) := -I_0 + s \cdot I_0 + \frac{1}{q^5} \cdot \frac{q^5 - 1}{(q - 1)} \cdot (c - a(s))$$

Es werden die Nullstellen in Abhängigkeit von s berechnet:

$$q := 1 \qquad \text{Näherungslösung}$$
$$f(q,s) := \text{wurzel}(C(q,s), q)$$

Die internen Zinsfüße r betragen:

$$r(s) := (f(q,s) - 1) \cdot 100$$

Der Verschuldungsgrad v = FK/EK ist:

$$v(s) := \frac{s}{1 - s}$$

Die interne Verzinsung über die Leverage-Formel (vgl. Anmerkung 8) dient als Approximation und ergibt im vorliegenden Fall:

$$R(s) := r(0) + (r(0) - 10) \cdot v(s)$$

Man erhält folgende Ergebnisse:

s	v(s)	r(s)	R(s)
0	0	19.858	19.858
0.05	0.053	20.355	20.376
0.1	0.111	20.905	20.953
0.15	0.176	21.517	21.597
0.2	0.25	22.202	22.322
0.25	0.333	22.975	23.144
0.3	0.429	23.853	24.082
0.35	0.538	24.859	25.166
0.4	0.667	26.025	26.429
0.45	0.818	27.392	27.923
0.5	1	29.017	29.715
0.55	1.222	30.981	31.906
0.6	1.5	33.407	34.644
0.65	1.857	36.481	38.165
0.7	2.333	40.51	42.859
0.75	3	46.034	49.431
0.8	4	54.114	59.288

In folgender Graphik sind die Leverage-Funktionen dargestellt:

Leverage-Funktionen

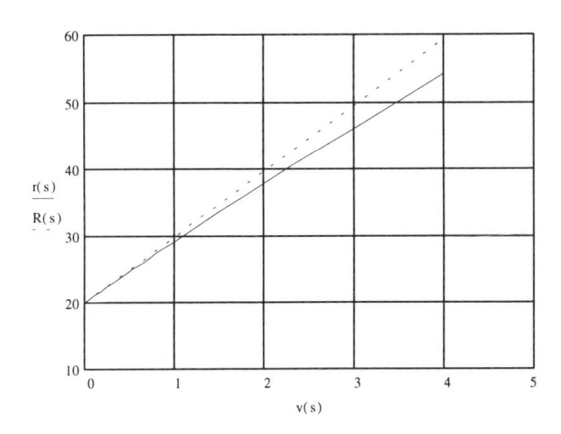

Die lineare Funktion R(s), die die interne Verzinsung in Abhängigkeit vom Verschuldungsgrad in einfacher Weise ausdrückt, gilt nur für Investitionen mit ganz bestimmten Zahlungsreihen (vgl. Anmerkung 8). In allen anderen Fällen kann sie nur als Annäherung dienen. Im o.a. Beispiel läßt sich die Leverage-Funktion r(s) nicht explizit nach dem Verschuldungsgrad auflösen. Für große Verschuldungsgrade überschätzt die einfache Leverage-Formel R(s) die tatsächliche interne Verzinsung.

Übungsfall 4:   Ist Diesel fahren billiger ?

Jemand überlegt sich, ob er einen Diesel-PKW zum Preis von 26.075 DM oder einen Benzin-PKW zum Preis von 24.655 DM kaufen soll. Dabei sind folgende Angaben zu berücksichtigen:

	Benzin-PKW	Diesel-PKW
Kfz-Steuer pro Jahr	214,20 DM	704,90 DM
Treibstoffverbrauch pro 100 km	7,5 l	5,8 l
Treibstoffpreis pro Liter	1,55 DM	1,14 DM

Es wird von einer Nutzungsdauer von fünf Jahren ausgegangen. Der Resterlös des Diesel-PKWs sei um 710 DM höher. Ab welcher Kilometerleistung pro Jahr lohnt sich der Kauf eines Diesel-PKWs in Abhängigkeit von unterschiedlichen Kalkulationszinsfüßen?

Lösung:

Die Kapitalwertfunktion der Differenzinvestition lautet, wobei mit x die jährliche Kilometerleistung bezeichnet wird:

$$C(q,x) := -1420 - 490.7 \cdot \left[\frac{1}{q^5} \cdot \frac{q^5 - 1}{(q-1)} \right] + 0.05013 \cdot x \cdot \left[\frac{1}{q^5} \cdot \frac{q^5 - 1}{(q-1)} \right] + \frac{710}{q^5}$$

Bei der Alternative Diesel-PKW ist der Kaufpreis um 1.420 DM und die jährliche Kfz-Steuer um 490,70 DM höher; dafür sind die Benzinkosten pro km um 5,013 Pf. billiger. Es muß die kritische Kilometerleistung berechnet werden, bei welcher der Kapitalwert Null ist.

Es werden die Nullstellen in Abhängigkeit von q berechnet:

$q := 1.01, 1.02 .. 1.15$

$x := 10000$ Näherungslösung

$f(q,x) := \text{wurzel}(C(q,x), x)$ Kritische Kilometerleistung

q	f(q,x)
1.01	12848
1.02	13077
1.03	13306
1.04	13537
1.05	13768
1.06	14001
1.07	14234
1.08	14469
1.09	14704
1.1	14941
1.11	15179
1.12	15417
1.13	15657
1.14	15897
1.15	16138

Beispielsweise lohnt sich bei einem Kalkulationszinsfuß von 6% der Kauf eines Diesel-PKWs erst dann, wenn die jährliche Fahrleistung 14.001 km übersteigt. Die folgende Graphik zeigt die kritische Kilometerleistung in Abhängigkeit vom Kalkulationszinsfußfaktor.

Kritische Kilometerleistung in Abhängigkeit von q

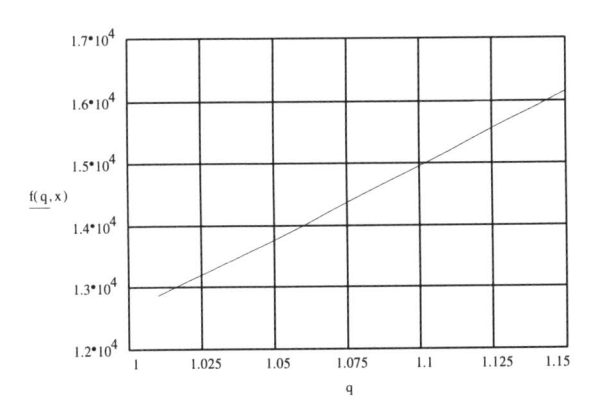

Bei einem Kalkulationszinsfuß von 6% stellt sich der Kapitalwert in Abhängigkeit von der jährlichen Kilometerleistung x graphisch wie folgt dar:

$$q := 1.06$$
$$x := 0, 10 .. 20000$$

Kapitalwerte in Abhängigkeit von der jährlichen Kilometerleistung x

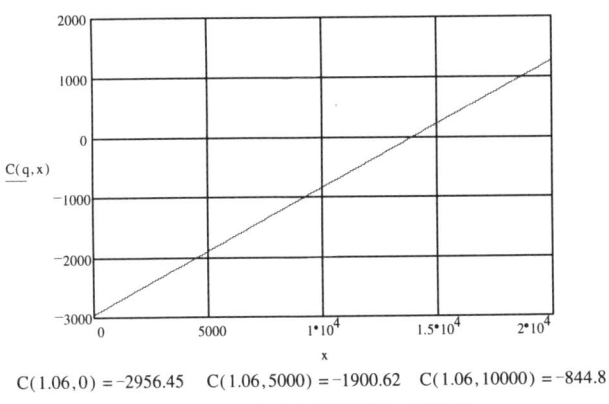

$C(1.06, 0) = -2956.45$ $C(1.06, 5000) = -1900.62$ $C(1.06, 10000) = -844.8$
$C(1.06, 14001) = 0.08$ $C(1.06, 20000) = 1266.86$

Bei einer jährlichen Fahrleistung von beispielsweise 10.000 km beträgt der Barwert der Mehrkosten für den Diesel-PKW 844,80 DM.

Übungsfall 5: Risikoanalyse

Es wird eine simulative Risikoanalyse, wie sie in der Aufgabe 19, S. 176, verlangt wird, durchgeführt.

Lösung:

$q := 1.1$

$i := 0, 1 .. 999$

Der Kalkulationszinsfuß beträgt 10% und der Simulationsumfang 1.000 Schritte, die von i = 0, i = 1, i = 2,.....i = 998 bis i = 999 gehen.

$c1_i := 29 + rnd(12)$
$c2_i := 29 + rnd(12)$
$c3_i := 29 + rnd(12)$
$c4_i := 29 + rnd(12)$
$c5_i := 29 + rnd(12)$

Für die Einzahlungsüberschüsse der Jahre 1 bis 5 werden jeweils 1.000 gleichverteilte Zufallszahlen gezogen, die zwischen 29 und 41 liegen. Die Funktion "rnd(x)" erzeugt eine Zufallszahl zwischen 0 und x.

$h1_i := 193 + rnd(174)$
$h2_i := 193 + rnd(174)$
$h3_i := 193 + rnd(174)$
$h4_i := 193 + rnd(174)$
$h5_i := 193 + rnd(174)$

Jeweils 1.000 gleichverteilte Zufallszahlen für die Flugstundenzahl der Jahre 1 bis 5, die zwischen 193 Stunden und 367 Stunden liegen, werden erzeugt.

Aus den Ergebnissen lassen sich über die Kapitalwertformel 1.000 Kapitalwerte berechnen:

$$C_i := -32500 + \frac{h1_i \cdot c1_i}{q} + \frac{h2_i \cdot c2_i}{q^2} + \frac{h3_i \cdot c3_i}{q^3} + \frac{h4_i \cdot c4_i}{q^4} + \frac{h5_i \cdot c5_i}{q^5}$$

Beispielsweise lauten die ersten zehn Realisationen des Kapitalwerts:

$i := 0, 1 .. 9$

i	C_i
0	1676.58
1	3215.52
2	4094.08
3	2932.71
4	10633
5	3861.43
6	7091.68
7	5130.82
8	720.61
9	1311.09

Es erfolgt eine statistische Auswertung der Kapitalwertverteilung (vgl. auch die Ergebnisse auf der Seite 190). Mittelwert, Standardabweichung, Minimum und Maximum lauten:

$$\text{mittelwert}(C) = 4858.03$$
$$\text{stdabw}(C) = 3411.23$$
$$\min(C) = -3907.05$$
$$\max(C) = 16118.21$$

Die Kapitalwerte werden über die Funktion "sort" aufsteigend der Größe nach sortiert.

$$x := \text{sort}(C)$$

50% der Realisationen sind kleiner als
$$x_{500} = 4774.28$$
25% der Realisationen sind kleiner als
$$x_{250} = 2510.36$$
75% der Realisationen sind kleiner als
$$x_{750} = 7195$$

Nachstehende Tabelle zeigt die sortierten Kapitalwerte mit den Rangnummern 70 bis 80.

$$i := 70, 71 .. 80$$

i	x_i
70	-95.7
71	-65.81
72	-9.81
73	-7.95
74	-0.36
75	4.95
76	18.78
77	74.11
78	97.77
79	132.04
80	132.53

Aus der Tabelle schätzt man eine Verlustwahrscheinlichkeit von 7,5%, da 75 der 1.000 Kapitalwerte negativ sind.

Aus den sortierten Kapitalwerten x_i erhält man das Chancenprofil bzw. die empirische Verteilungsfunktion.

$$i := 0, 1 .. 999$$

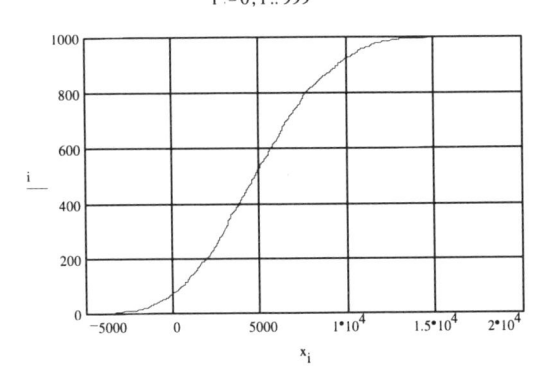

Mit der Funktion "hist" kann das Histogramm der Kapitalwerte dargestellt werden. Zuerst muß die Klasseneinteilung vorgenommen werden. Im vorliegenden Fall gibt es 20 Intervalle: (-4.000 bis -3.000), (-3.000 bis -2.000),......(15.000 bis 16.000); int_0 ist die Untergrenze des 1. Intervalls, während int_{20} die Obergrenze des 20. Intervalls ist.

$j := 0, 1 .. 20$

$k := 0, 1 .. 19$

$int_j := -4000 + 1000 \cdot j$ Festlegung der Intervalle

$h := hist(int, C)$ Bestimmung der Häufigkeiten

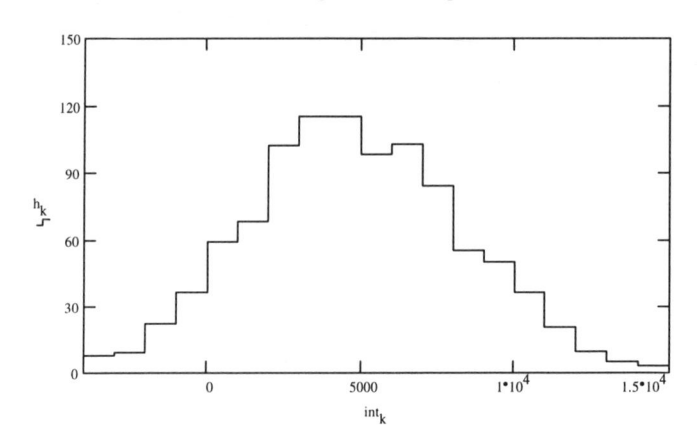

Histogramm der Kapitalwerte

Übungsfall 6: Steuerparadoxon

Ein Unternehmer plant eine Investition mit folgenden Angaben:

Investitionsauszahlung I_0:	20.000 EURO
jährl. Cash Flow v. St. c:	11.530 EURO
Laufzeit n:	2 Jahre
Zinssatz v. St. p:	10%
Restwert:	0 EURO
lineare Abschreibung	

entweder im Land A (Steuersatz T = 0,2), im Land B (T = 0,4) oder im Land C (T = 0,6) durchzuführen.
- Stellen Sie die Kapitalwertfunktion nach Steuern in Abhängigkeit vom Steuersatz T dar.
- Unter welchen Bedingungen steigt der Kapitalwert nach Steuern bei steigendem Steuersatz (Steuerparadoxon)?
- Stellen Sie die Vermögensendwertfunktion nach Steuern in Abhängigkeit vom Steuersatz T dar.

Lösung:

Folgende Angaben sind gegeben:

$I_0 := 20000 \qquad c := 11530 \qquad q := 1.1 \qquad T := 0, 0.1 .. 0.99$

Der Kapitalwert nach Steuern setzt sich aus der Investitionsauszahlung I_0, der Cash-Flow-Komponente S1 und der Abschreibungskomponente S2 zusammen (vgl. S. 80).

$$S1(T,c) := (1-T) \cdot c \cdot \frac{1}{((1-T) \cdot q + T)^2} \cdot \frac{((1-T) \cdot q + T)^2 - 1}{((1-T) \cdot q + T) - 1}$$

$$S2(T,c) := T \cdot \frac{I_0}{2} \cdot \left[\frac{1}{((1-T) \cdot q + T)^2} \cdot \frac{((1-T) \cdot q + T)^2 - 1}{((1-T) \cdot q + T) - 1} \right]$$

Kapitalwertfunktion nach Steuern:

$$C(T,c) := -I_0 + S1(T,c) + S2(T,c)$$

Die Kapitalwerte nach Steuern betragen

Steuersatz 20%:	$C(0.2, c) =$	15.364
Steuersatz 40%:	$C(0.4, c) =$	16.981
Steuersatz 60%:	$C(0.6, c) =$	15.237

Die Erhöhung des Steuersatzes von 20% auf 40% bewirkt eine Zunahme des Kapitalwertes nach Steuern. Das Steuerparadoxon wird in der folgenden Abbildung verdeutlicht. Erst Steuersätze ab 40% führen zu einer sinkenden Kapitalwertfunktion.

Kapitalwertfunktion nach Steuern bei c = 11530
(erst steigend, dann fallend)

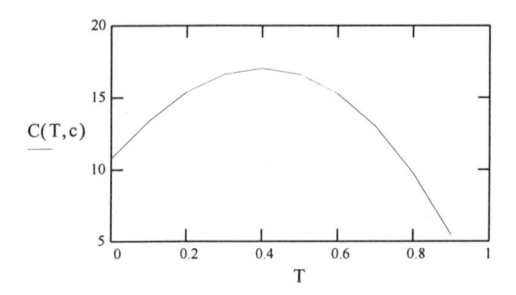

Wie die nachfolgenden Abbildungen zeigen, hängt der Verlauf der Kapitalwertfunktion von der Höhe der Cash Flows ab.

Kapitalwertfunktion nach Steuern bei c := 11550
(fallend)

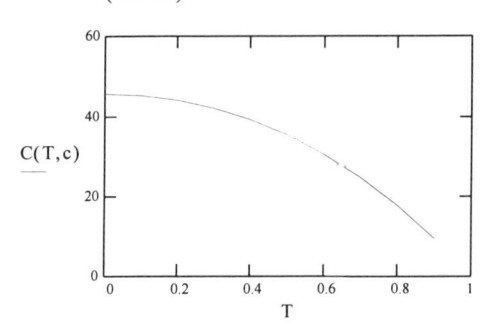

Kapitalwertfunktion nach Steuern bei c := 11500
(steigend)

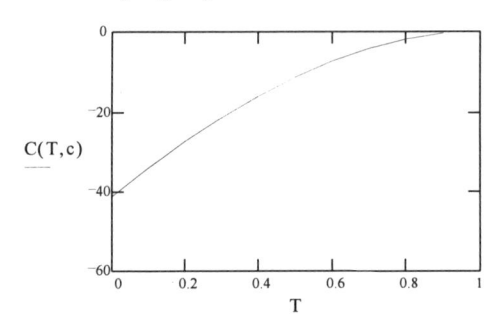

Mit Hilfe der Differentialrechnung können Grenzwerte c_{krit} abgeleitet werden, welche die jährlichen Cash Flows erreichen oder übersteigen müssen, damit bei einer Erhöhung des Steuersatzes der Kapitalwert sinkt. Beispielsweise müßte im angegebenen Fall bei einem Steuersatz von 20% und einem Zinssatz von 10% der Cash Flow mindestens 11540 betragen, damit die Kapitalwertfunktion ab T = 0,2 fallend ist. Ist der Cash Flow größer als 11550, dann tritt das Steuerparadoxon bei keinem Steuersatz auf. Bei Cash Flows von kleiner als 11500 ist die Kapitalwertfunktion für alle Steuersätze steigend. Die Grenzwerte sind um so höher, je größer der Zinssatz ist.

Formel für den Grenzwert c_{krit}:

$$ckrit(T,q) = \frac{-1}{4} \cdot I_0 \cdot (q^2 \cdot T - q^2 - 2 \cdot q \cdot T - q + T)$$

Grenzwerte in Abhängigkeit vom Steuersatz und vom Kalkulationszinsfuß:

$T = 0, 0.1 .. 1$

T	p=10 ckrit(T,1.1)	p=20 ckrit(T,1.2)
0	11550	13200
0.1	11545	13180
0.2	11540	13160
0.3	11535	13140
0.4	11530	13120
0.5	11525	13100
0.6	11520	13080
0.7	11515	13060
0.8	11510	13040
0.9	11505	13020
1	11500	13000

Mit den Angaben

$I_0 = 20000 \quad c = 11530 \quad q = 1.1 \quad T = 0, 0.1 .. 0.9$

wird der Vermögensendwert K aus dem Kapitalwert (vgl. S. 11) berechnet.

$$K(T,c) = C(T,c) \cdot ((1-T) \cdot q + T)^2 + I_0 \cdot ((1-T) \cdot q + T)^2$$

Der Vermögensendwert nach Steuern ist eine fallende Funktion des Steuersatzes bei einem jährlichen Cash Flow von 11530.

Vermögensendwertfunktion nach Steuern bei c= 11530

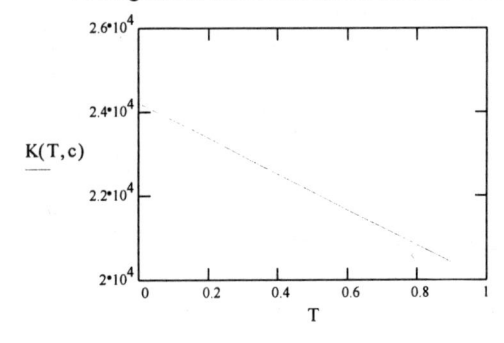

Die Vermögensendwerte betragen

Steuersatz 20%: $K(0.2,c) = 23345.92$
Steuersatz 40%: $K(0.4,c) = 22491.08$
Steuersatz 60%: $K(0.6,c) = 21648.48$

Das Paradoxon tritt bei der Vermögensendwertfunktion seltener auf. Selbst bei einem jährlichen Cash Flow von nur 10000 ist die Funktion noch fallend.

Vermögensendwertfunktion nach Steuern bei c = 10000

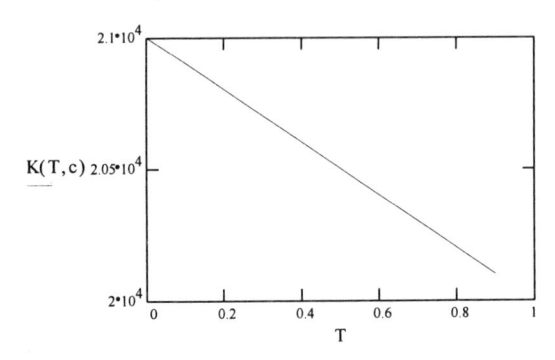

Zusammenfassung

Steuerparadoxon bei konstanten jährlichen Cash Flows und bei linearer Abschreibung

I.a. ist der Kapitalwert nach Steuern eine fallende Funktion des Einkommensteuer- bzw. Gewinnsteuersatzes. Das Phänomen, daß mit steigendem Steuersatz der Kapitalwert nach Steuern steigt, nennt man Steuerparadoxon in der Investitionsrechnung (vgl. Reinhardt, 1994).

Durch die Umformung von

$$C_0^* = (1-T) \cdot c \cdot \frac{1}{q^{*n}} \frac{q^{*n}-1}{q^*-1} + T \cdot \frac{I_0}{n} \cdot \frac{1}{q^{*n}} \frac{q^{*n}-1}{q^*-1}$$

in

$$C_0^* = c \cdot \frac{1}{q^{*n}} \frac{q^{*n}-1}{q^*-1} - T \cdot \left(c - \frac{I_0}{n}\right) \cdot \frac{1}{q^{*n}} \frac{q^{*n}-1}{q^*-1}$$

erkennt man die Ursache des Paradoxons. Eine Steuererhöhung führt bei $c > I_0/n$ zu einer zusätzlichen Auszahlung ($\to$ Verringerung des Kapitalwerts nach Steuern) und zu einer Reduzierung des Kalkulationszinssatzes nach Steuern ($\to$ Erhöhung des Kapitalwertes nach Steuern). Ist der positive Zinseffekt größer als der negative Auszahlungseffekt, dann tritt das Paradoxon auf. Es tritt um so häufiger auf, je kleiner der jährliche Einzahlungsüberschuß c, je größer der Kalkulationszinsfuß vor Steuern p und je kleiner der Steuersatz T ist.

Wie man mit Hilfe der Differentialrechnung zeigen kann, sinkt der Kapitalwert nach Steuern mit einer Zunahme des Steuersatzes, d.h., das Paradoxon tritt nicht auf, falls

$$c \geq \frac{I_0}{n^2}\left(\frac{((1-T) \cdot q + T)^{n+1} - n \cdot T \cdot (1-T) \cdot (q-1) - q \cdot (1-T) - T}{(q-1) \cdot (1-T)^2}\right)$$

gilt. Ist

$$c < \frac{I_0}{n} \frac{n \cdot (q-1) + q + 1}{2},$$

dann tritt das Paradoxon bei allen Steuersätzen $0 < T < 1$ auf. Ist

$$c \geq \frac{I_0}{n^2} q \frac{q^n - 1}{q - 1},$$

dann gibt es kein Paradoxon. Liegt c zwischen den beiden Grenzen, dann tritt es nur bei Steuersätzen $0 < T \leq T^* < 1$ auf; in diesem Fall ist die Kapitalwertfunktion zuerst eine steigende, dann ab T^* eine fallende Funktion des Steuersatzes.

Das Paradoxon gibt es beim Vermögensendwert nicht, vorausgesetzt, es handelt sich um eine konventionelle Investition, d. h. $n \cdot c > I_0$.

V. VERMISCHTE AUFGABEN

Aufgabe 1:
Ein Investitionsobjekt mit einer Auszahlung von 1 Mio. DM führe zu folgenden Einzahlungsüberschüssen:
    1. Jahr: 200.000 DM,   2. Jahr: 400.000 DM,
    3. Jahr: 400.000 DM,   4. Jahr: 308.000 DM.
Der Kalkulationszinsfuß betrage 8%.
a) Ermitteln Sie aa) Kapitalwert, ab) Vermögensendwert, ac) Baldwin-Verzinsung, ad) internen Zinsfuß (Hinweis: Bei p = 13 beträgt der Kapitalwert C_0 = -43.619 DM).
b) Skizzieren Sie die Kapitalwertfunktion.

Aufgabe 2:
Ein Unternehmen mit einem Kalkulationszinsfuß von 10 Prozent hat zwischen folgenden zwei Investitionsalternativen zu wählen:

Objekt:	Maschine A	Maschine B
Investitionsauszahlung:	1.000.000 DM	500.000 DM
jährl. Cash Flow:	200.000 DM	100.000 DM
Nutzungsdauer:	10 Jahre	10 Jahre
Restwert:	0 DM	270.000 DM

a) Berechnen Sie die Kapitalwerte.
b) Ermitteln Sie die internen Zinsfüße.
c) Welche Alternative ist vorzuziehen (Begründung)?

Aufgabe 3:
Eine (spekulative) Finanzinvestition über 20.000 DM führt bei der Alternative X im 1. Jahr zu 15.000 DM und im 2. Jahr zu 22.500 DM an erwarteten Einzahlungsüberschüssen, während bei der Alternative Y im ersten Jahr 0 DM und im zweiten Jahr 39.200 DM anfallen. Beurteilen Sie mit der Internen-Zinsfuß-Methode, welche der beiden Finanzanlagen unter der Annahme gleicher Risiken vorzuziehen ist. Berücksichtigen Sie bei Ihrer Entscheidung den internen Zinsfuß der Differenzinvestition. Der Kalkulationszinsfuß betrage 10%.

Aufgabe 4:
Ein Bäcker überlegt sich, ob er zur Herstellung von Brezeln eine Maschine vom Typ A oder eine Maschine vom Typ B erwerben soll, die beide 80.000 DM kosten. Eine Kostenvergleichsrechnung führt zu folgenden Ergebnissen:

	Maschine A	Maschine B
Fixkosten pro Jahr	20.000 DM	25.000 DM
variable Kosten pro Brezel	0,30 DM	0,25 DM

Der Verkaufspreis einer Brezel betrage 0,80 DM.

a) Ermitteln Sie die Break-Even-Menge bei Maschine A.

b) Ermitteln Sie die kritische Ausbringungsmenge.
c) Der Bäcker entscheide sich für Maschine B. Wie groß muß die Anzahl der verkauften Brezeln sein, damit ein Return on Investment (ROI) von 20% erzielt wird?

Aufgabe 5:
Zwei Investitionsalternativen A und B stehen zur Auswahl. Die Anschaffungsauszahlungen betragen bei A 70.000 DM und bei B 80.000 DM. Der Kalkulationszinsfuß betrage 14%. Es werden folgende Einzahlungsüberschüsse (in DM) veranschlagt:

Jahr	1	2	3	4	5
A	10.000	20.000	30.000	45.000	60.000
B	25.000	25.000	25.000	25.000	25.000

a) Berechnen Sie die aa) Kapitalwerte ab) Baldwin-Zinssätze.
b) Welche Investition ist vorzuziehen?

Aufgabe 6:
Eine Maschine mit einer Nutzungsdauer von 4 Jahren kostet 80.000 DM. Sie wird linear auf Null abgeschrieben. Ein Restverkaufserlös fällt nicht an. Die jährlichen Einzahlungsüberschüsse betragen 30.000 DM. Die Anschaffungskosten sollen zu 50% fremdfinanziert werden. Zu diesem Zweck wird ein Kredit mit einer Verzinsung von 20% aufgenommen. Der Kredit soll möglichst schnell aus Einzahlungsüberschüssen der Maschine zurückgezahlt werden. Der Kalkulationszinsfuß beträgt 10%.
a) Berechnen Sie den Kapitalwert.
b) Berechnen Sie den Kapitalwert nach Berücksichtigung von Steuern, falls ein konstanter Gewinnsteuersatz von 60% unterstellt wird.

Aufgabe 7:
Ein Investor verfügt über 20.000 DM Eigenkapital. Er nimmt einen Kredit über 20.000 DM zu 7% Zinsen p.a. auf. Die Gesamtsumme von 40.000 DM wird in US-Dollar zum Kurs von 1,70 DM pro Dollar umgetauscht. Er legt das sich ergebende Dollarguthaben als Festgeld zu 10% für zwei Jahre in den USA an. Danach tauscht er das Geld einschließlich anfallender Zinsen wieder in DM um. Außerdem zahlt er seinen Kredit zurück. Spesen und Steuern sollen nicht berücksichtigt werden.
a) Wie hoch ist die Eigenkapitalrentabilität dieses Zinsdifferenzgeschäftes, falls
   aa) der Dollarkurs sich nicht verändert?
   ab) der Dollarkurs um 5% steigt?
   ac) der Dollarkurs um 10% sinkt?
b) Bei welchem Kurs darf der Dollar stehen, damit eine Eigenkapitalrentabilität von genau 5% erreicht wird?
c) Bei welchem Dollarkurs ist 50% des Eigenkapitals aufgezehrt?

Aufgabe 8:
Ein Investitionsobjekt mit einer Auszahlung von 1 Mio. DM führe zu folgenden Einzahlungsüberschüssen:
     1. Jahr: 300.000 DM,   2. Jahr: 400.000 DM,
     3. Jahr: 400.000 DM,   4. Jahr: 500.000 DM.

Der Kalkulationszinsfuß betrage 10% und der Gewinnsteuersatz 60%. Die Abschreibung erfolge linear auf den Restwert von 0 DM.
a) Ermitteln Sie aa) Kapitalwert und Vermögensendwert nach Steuern, ab) Baldwinverzinsung nach Steuern.

Aufgabe 9:
Ein Unternehmen mit einem Kalkulationszinsfuß von 10 Prozent hat zwischen zwei Investitionsalternativen A und B, die beide eine Nutzungsdauer von 6 Jahren aufweisen, zu wählen. Eine Investitionsrechnung für Alternative A, die eine Investitionsauszahlung von 80.000 DM bedingt, führt zu folgenden Ergebnissen: Kapitalwert = 12.434 DM, interner Zinsfuß = 20 %.
Für Investitionsalternative B schätzt man folgende Zahlungen:
Investitionsauszahlung: 100.000 DM
jährl. Cash Flow: 25.000 DM
Restwert: 12.500 DM
a) Ermitteln Sie den Kapitalwert und den internen Zinsfuß von B.
b) Ermitteln Sie die Baldwin-Zinsfüße für A und B.
c) Welche Alternative ist vorzuziehen (Begründung)?

Aufgabe 10:
Zwei Investitionsalternativen A und B seien durch folgende Zahlungen gekennzeichnet:

t	0	1	2	3	4
A	-20.000	0	0	0	48.830
B	-12.000	5.540	5.540	5.540	5.540

a) Berechnen Sie die internen Zinsfüße.
b) Berechnen Sie die Baldwin-Zinsfüße.
c) Welche Investition ist bei einem Kalkulationszinsfuß von 20% vorzuziehen (Begründung)?
d) Bei welchem Zinsfuß schneiden sich die Kapitalwertfunktionen?

Aufgabe 11:
Ein Unternehmer überlegt sich die Anschaffung eines CAD-Systems. Die Anschaffungsauszahlung beträgt 200.000 DM. Das CAD-System würde einen Technischen Zeichner einsparen und damit jährlich 80.000 DM. Es wird linear auf den Restwert von Null abgeschrieben. Jedoch kann die Anlage am Ende des Jahres 4 für 50.000 DM veräußert werden.
a) Berechnen Sie den Kapitalwert bei einem Kalkulationszinsfuß von 10%, falls ein Kredit über 100.000 DM aufgenommen wird, der in vier gleich hohen Tilgungsraten zurückzuzahlen ist. Der jährliche Kreditzinsfuß beträgt 8%.
b) Wie hoch ist der Vermögensendwert?
c) Wie hoch ist der Kapitalwert nach Steuern, falls ein konstanter Steuersatz von 50% angenommen wird. Der Kalkulationszinsfuß vor Steuern beträgt 10%. Außerordentliche Erträge sind zu versteuern. Schuldzinsen wirken steuermindernd. Evtl. auftretende Verluste können innerbetrieblich ausgeglichen werden.

Aufgabe 12:
Ein Unternehmer steht vor der Wahl, eine Maschine im Wert von 100.000 DM zu kaufen oder zu leasen. Es wird mit einer Nutzungsdauer von 8 Jahren gerechnet. Die Leasingrate beträgt im ersten Jahr 12.000 DM; danach steigt sie jährlich um 10% an. Bei Kauf schreibt der Unter-

nehmer jährlich 10.000 DM ab. Die Maschine kann nach Ablauf der Nutzungsdauer zu einem Resterlöswert von 20.000 DM verkauft werden.
Ist bei einem Kalkulationszinsfuß vor Steuern von 8% und einem Einkommensteuersatz von 50%
a) Kauf oder Leasing vorteilhafter?
b) Berechnen Sie die kritische Leasingrate vor Steuern im ersten Jahr.
c) Der Einsatz der Maschine führt zu einem jährlichen Cash Flow von 20.000 DM. Berechnen Sie den Kapitalwert der vorteilhafteren Alternative.

Aufgabe 13:
Eine Gewerbeimmobilieninvestition über 1 Million DM führe 5 Jahre lang zu jährlichen Einzahlungsüberschüssen von 100.000 DM. Nach 5 Jahren kann die Immobilie wieder zu 1 Million DM verkauft werden. Ein Teil der Investition soll durch Aufnahme eines Kredites finanziert werden. Der Kredit ist in einer Summe am Ende der Laufzeit zurückzuzahlen. Die Kreditzinsen sind jährlich zu entrichten. Skizzieren Sie die Leverage-Funktion bis zu einem Verschuldungsgrad von vier, falls die Kreditzinsen 8% p.a. bzw. 12% p.a. betragen.

Aufgabe 14:
Ein Handelsvertreter interessiert sich für ein Fahrzeug, welches 50.000 DM kostet. Der Restverkaufserlös nach drei Jahren beträgt 20.000 DM. Bei einem Kalkulationszinsfuß von 10% (vor Steuern) überlegt er sich folgende Finanzierungsalternativen:

> A: Bei einem Eigenkapital von 20.000 wird der Rest durch ein Ratentilgungsdarlehen mit einer Laufzeit von drei Jahren und einem Sollzinssatz von 15 % p.a. fremdfinanziert.
> B: Leasing mit einer jährlichen Rate von 15.000 DM.

Die Abschreibung erfolgt linear auf den Restverkaufserlös. Der Einkommensteuersatz beträgt 40%.
a) Für welche Finanzierungsalternative soll er sich entscheiden. Begründen Sie Ihre Entscheidung mit Hilfe der Kapitalwertmethode; berücksichtigen Sie, daß Leasingraten und Schuldzinsen steuerlich abzugsfähig sind.
b) Bei welcher jährlichen Leasingrate sind beide Finanzierungsalternativen gleich vorteilhaft?
c) Bei welchem Kalkulationszinsfuß sind beide Finanzierungsalternativen gleich vorteilhaft?

Aufgabe 15:
Ein Student kann zu Beginn seines Studiums zwischen einem Geldgeschenk von 10.000 DM oder einem zinsfreien Kredit über 70.000 DM, welcher in sieben jährlichen Raten von jeweils 10.000 DM zurückzuzahlen ist, wählen. Beurteilen Sie die Vorteilhaftigkeit der Alternativen mit Hilfe der Kapitalwertmethode, indem Sie die Kapitalwertfunktionen skizzieren. Ab welchem Zinssatz ist das Geldgeschenk vorteilhafter?

Aufgabe 16:
Eine Flugschule plant den Kauf eines Flugzeuges, welches 150.000 DM kostet. Die fixen jährlichen Kosten, die auszahlungswirksam sind, betragen 15.000 DM. Der Flugstundenpreis, den die Flugschule verlangt, beträgt 180 DM. Pro Flugstunde fallen variable Kosten von 80 DM an. Nach 5 Jahren soll das Flugzeug zu einem Preis von 100.000 DM verkauft werden. Der Kalkulationszinsfuß ist 10%. Wieviel Flugstunden muß das Flugzeug jährlich mindestens vermietet werden, damit die Baldwin-Verzinsung mehr als 12% beträgt?

Aufgabe 17:
Eine Investition über 100.000 DM mit einer Laufzeit von 5 Jahren führe bei einem Kalkulationszinsfuß von 10% zu einer Baldwin-Verzinsung von 0%. Wie hoch ist ihr Kapitalwert?

Aufgabe 18:
Ein Projekt mit einer Laufzeit von zwei Jahren erfordert eine Investitionsauszahlung von 100.000 DM. Wie hoch müssen die beiden (gleich hohen) Einzahlungsüberschüsse sein, damit eine
a) interne Verzinsung von 10%
b) Baldwin-Verzinsung von 10%
erzielt wird?
Der Kalkulationszinsfuß beträgt 8%.

Aufgabe 19:
Die Gesamtkapitalrentabilität eines Unternehmens sei $p_g = 20$. Fremdkapital wird zu einem Zinsfuß gewährt, der vom Verschuldungsgrad abhängig ist, d. h. $p_s = 10 + 2V$ (p_s = Sollzinsfuß, V = Verschuldungsgrad). Bei welchem Verschuldungsgrad ist die Eigenkapitalrentabilität maximal?

Aufgabe 20:
Ein Unternehmen prüft die Frage, ob ein Investitionsvorhaben durchgeführt werden soll. Die Investitionsausgaben betragen 100 (Währungseinheiten), die Nutzungsdauer drei Jahre und der Kalkulationszinsfuß 8 %. Die Schätzung der übrigen Einflußfaktoren für t =1, 2, 3 geht aus folgender Tabelle hervor, wobei zwischen Minimum und Maximum Gleichverteilung unterstellt werde:

	Minimum	Maximum
Preis	4	8
Variable Kosten pro Stück	1	3
Absatzmenge	6	14

Eine simulative Risikoanalyse führte zu folgenden Kapitalwerten:

-22,7; 28,9; -17,5; 5,2; 0,1; 17,4; 20,2; 54,6; 4,7.

Simulieren Sie den zehnten Kapitalwert unter Verwendung folgender Zufallszahlen:

35610 97403 15470.

Die Realisationen für Preis, variable Kosten pro Stück und Absatzmenge im dritten Jahr sollen durch Zufallszahlen mit drei Stellen hinter dem Komma berechnet werden. Im ersten und zweiten Jahr wurden als Einzahlungsüberschüsse $c_1 = 41$ und $c_2 = 12$ durch Simulation bereits gewonnen.

Danach ermitteln bzw. schätzen Sie

a) graphisch das Chancenprofil für den Kapitalwert

b) wichtige Parameter des Kapitalwerts, wie arithmetisches Mittel, Median und Quartilsabstand
c) die Wahrscheinlichkeit dafür, daß der Kapitalwert negativ ist.

Aufgabe 21:
Eine Investition über 100.000 DM werde bei einem Kalkulationszinsfuß von 8% durchgeführt. Die Laufzeit betrage 8 Jahre. Die Einzahlungsüberschüsse seien stochastisch; es werde eine Gleichverteilung mit einem Minimum von 15.000 DM und einem Maximum von 30.000 DM angenommen. Berechnen Sie Erwartungswert, Standardabweichung und Verlustwahrscheinlichkeit des Kapitalwerts, wenn
a) unkorrelierte
b) vollständig korrelierte Einzahlungsüberschüsse
unterstellt werden.

Aufgabe 22:
Ein Anleger plant eine Beteiligung von 80.000 DM an einer Silbermine, die vier Jahre lang abgebaut werden kann. Die jährlichen Einzahlungsüberschüsse werden auf 22.000 DM veranschlagt. Zur Finanzierung wird ein Kredit von 40.000 DM zu 10% Zinsen p.a. aufgenommen, der am Ende der Laufzeit in einem Betrag zurückgezahlt wird. Zinsen sind jährlich zu entrichten. Die Investition wird steuerlich gefördert. Am Ende des ersten Jahres erfolgt eine Sonderabschreibung von 70%. In den restlichen drei Jahren wird linear auf Null abgeschrieben. Der Kalkulationszinsfuß beträgt 6,5% nach Steuern. Der Anleger unterliegt einem Einkommensteuersatz von 50%. Auftretende Verluste bei der Silberminenanlage kann der Investor durch Gewinne bei anderen Anlagen ausgleichen.
Berechnen Sie Kapitalwert, internen Zinsfuß und Baldwin-Verzinsung nach Steuern aus der Sicht des Anlegers, falls die Beteiligung nach vier Jahren noch zu einem Restwert von
a) 20.000 DM
b) 8.000 DM
verkauft werden kann.

Aufgabe 23:
Ein Unternehmer plant den Kauf einer Computeranlage im Wert von 60.000 DM. Nach einer geplanten Nutzungsdauer von 6 Jahren beträgt der Restverkaufserlös 0,- DM. Die Anlage wird linear mit einem Abschreibungssatz von 20% abgeschrieben. Die Anlage kann entweder geleast oder vollständig fremdfinanziert werden, und zwar zu folgenden Konditionen:

    Kreditfinanzierung:
    Laufzeit: 3 Jahre
    Tilgung: in gleich hohen Jahresraten
    Zins: 8% p.a.

    Leasing:
    Grundmietzeit: 4 Jahre
    jährliche Leasingrate
    während der Grundmietzeit: 20.000 DM; danach (jährlich):   3.000 DM

Sowohl Schuldzinsen als auch Leasingraten sind als Betriebsausgaben steuerlich zu berücksichtigen, wobei der Gewinnsteuersatz 50% beträgt.

a) Vergleichen Sie die Cash Flows bei beiden Finanzierungsalternativen.
b) Welche Alternative ist bei einem Kalkulationszinsfuß von 10% (vor Steuern) vorteilhafter? Begründen Sie Ihre Entscheidung mit Hilfe der Kapitalwertmethode.
c) Bei welchem Kalkulationszinsfuß sind beide Alternativen gleich vorteilhaft?
d) Welche Höhe müßte die Leasingrate während der Grundmietzeit annehmen, damit beide Alternativen bei einem Kalkulationszinsfuß von 8% gleich vorteilhaft wären?

Aufgabe 24:
Ein junges Ehepaar steht vor der Wahl, eine Wohnung zu kaufen oder zu mieten. Der Kaufpreis beträgt 200.000 DM, wobei 80% der Summe durch einen Kredit mit einer Laufzeit von 20 Jahren, der in gleich hohen jährlichen Annuitäten bei einer jährlichen Verzinsung von 8% zurückzuzahlen ist. Bei Erwerb der Wohnung ist im ersten Jahr mit Versicherungskosten in Höhe von 500 DM und Instandhaltungskosten in Höhe von 1.000 DM zu rechnen. Es wird erwartet, daß die Versicherungskosten jährlich um 5% und die Instandhaltungskosten jährlich um 3% steigen. Der Wert der Eigentumswohnung soll jährlich um 3% zunehmen. Die Jahresmiete beläuft sich im ersten Jahr auf 10.000 DM, wobei eine jährliche Steigerung von 3% vorgesehen ist. Das Ehepaar hat seine Ersparnisse von 40.000 DM mit einer Jahresverzinsung von 5% angelegt. (Gehen Sie bei Ihren Berechnungen von einer Nutzungsdauer von 20 Jahren aus.)
a) Beurteilen Sie mit Hilfe der Kapitalwertmethode, ob Kauf oder Miete vorteilhafter ist.
b) Bei welcher Preissteigerungsrate des Wertes der Eigentumswohnung sind beide Alternativen gleich vorteilhaft?
c) Geben Sie im Ansatz an, bei welchem Zinsfuß beide Alternativen gleich vorteilhaft sind.
d) Wie sind die Alternativen zu beurteilen, wenn o.a. Kredit in gleich hohen Tilgungsraten zurückzuzahlen ist?

Aufgabe 25:
Der Anleger A beteiligt sich aus steuerlichen Gründen mit einer Kommanditeinlage von 100.000 DM an der Fortuna-Schiffsbeteiligungs-KG. Die KG erwirbt ein Containerschiff zum Preis von 96 Mio. DM. Das Schiff wird im Frachtverkehr eingesetzt. Es soll 12 Jahre genutzt werden; danach wird es zu 42 Mio. DM verkauft. Die Einnahmen betragen jährlich 16 Mio. DM, während sich die Ausgaben für Schiffsbetriebs- und Verwaltungskosten auf jährlich 5 Mio. DM belaufen. Zur Finanzierung des Schiffes wird ein Schiffshypothekendarlehen von 48 Mio. DM zu 10% Verzinsung p.a. aufgenommen. Der Rest wird durch Kommanditeinlagen finanziert. Das Darlehen ist in 12 gleich hohen jährlichen Tilgungsraten zurückzuzahlen. In den ersten vier Jahren beträgt die lineare Abschreibung jährlich 8 Mio. DM. Zusätzlich wird im ersten Jahr eine Sonderabschreibung von 40% angesetzt. Ab dem fünften Jahr wird mit einem reduzierten linearen Abschreibungssatz gerechnet, da die anfängliche Sonderabschreibung über die Restlaufzeit wieder aufgelöst wird. Der Buchwert des Schiffes ist nach 12 Jahren 0.- DM. In den ersten acht Jahren betragen die gesamten Ausschüttungen an die Gesellschafter 2 Mio. DM pro Jahr. Der Rest des jährlichen Cash Flows wird einer kumulativ zu bildenden, nicht zu verzinsenden Liquiditätsreserve zugeführt, die in den letzten vier Jahren schrittweise aufgelöst wird, und zwar so, daß die jährlichen Ausschüttungen aus Cash Flow und Liquiditätsreserve an die Gesellschafter konstant sind. Im letzten Jahr ist der Cash Flow aus dem Verkauf des Schiffes zusätzlich zu berücksichtigen.
a) Ermitteln Sie die Entwicklung des Gewinnes der KG und die Gesamtausschüttung an die Gesellschafter.

b) Erstellen Sie die Zahlungsreihe der Investition aus der Sicht des Anlegers nach Berücksichtigung der Einkommensteuer. Der Grenzsteuersatz des Anlegers beträgt 53%, während der Durchschnittssteuersatz bei 40% liegt. Bei der Berechnung der Steuerersparnis aufgrund der Sonderabschreibung ist der Grenzsteuersatz maßgeblich. Die laufenden Gewinne sind dagegen zu 80% mit dem halben und zu 20% mit dem vollen Durchschnittssteuersatz zu versteuern. Der Veräußerungsgewinn wird nur mit dem halben Durchschnittssteuersatz belastet. Laufende Verluste sind vorzutragen und mit den Gewinnen der folgenden Jahre zu verrechnen.

c) Als Alternative kann der Investor das Kapital mit einer Verzinsung von 8,5% vor Steuern anlegen. Lohnt sich daher sein Engagement bei der Fortuna? Beurteilen Sie die Vorteilhaftigkeit der Investition mit der Kapitalwertmethode.

d) Ermitteln Sie den internen Zinsfuß der Beteiligung. Wie hoch ist die Vergleichsrendite vor Steuern?

Aufgabe 26:
Jemand möchte 100.000 DM in zwei spekulative Finanzanlagen investieren. Die internen Zinsfüße der zwei Finanzanlagen seien Zufallsvariable X_1 und X_2 mit den Erwartungswerten $E(X_1) = E(X_2) > 0$, den Varianzen $Var(X_1) = 3$ und $Var(X_2) = 4$ und der Kovarianz $Cov(X_1, X_2) = 1$. Wie muß die Anlagesumme aufgeteilt werden, damit der interne Zinsfuß der Finanzinvestition eine minimale Varianz, d.h. ein minimales Risiko besitzt?

Aufgabe 27:
Der Anschaffungspreis eines Pkws sei 30.000 DM. Der Wiederverkaufspreis betrage nach einem Jahr 75% des Anschaffungspreises. Danach sinke der Wiederverkaufspreis jährlich um 10%. Die Reparatur-, Wartungs- und Instandhaltungskosten belaufen sich im ersten Jahr auf 500 DM; sie nehmen jedes Jahr um 500 DM zu. Bestimmen Sie den optimalen Ersatzzeitpunkt unter der Annahme, daß der Neuwagenpreis sich nicht verändere. Der Kalkulationszinsfuß sei 5%.

Hinweis: $\sum_{k=1}^{n} \frac{k}{q^k} = \frac{1}{q^n}\left(q \frac{q^n - 1}{(q-1)^2} - \frac{n}{q-1}\right)$.

Aufgabe 28:
Zwei Investitionsalternativen A (Laufzeit 5 Jahre) und B (Laufzeit 4 Jahre) stehen zur Auswahl. Die Investitionsauszahlungen betragen bei A und B jeweils 75.000 DM. Der Kalkulationszinsfuß ist 10%. Es wird linear auf Null abgeschrieben. Der Gewinnsteuersatz beträgt 60%. Ein Drittel der Investitionssumme wird durch ein Darlehen finanziert, welches in fünf (Investition A) bzw. vier (Investition B) gleich hohen Annuitäten bei einem Kreditzinsfuß von 10% zurückzuzahlen ist. Es werden folgende Einzahlungsüberschüsse (in DM) veranschlagt:

Jahr	1	2	3	4	5
A	20.000	20.000	30.000	45.000	60.000
B	40.000	40.000	40.000	40.000	

Welche Investition ist unter der Annahme identischer Wiederholbarkeit vorzuziehen? Begründen Sie ihre Entscheidung mit einer geeigneten Kennzahl der dynamischen Investitionsrechnung.

Aufgabe 29:
Ein Unternehmer überlegt, ob er eine Investition im Land A mit einem Gewinnsteuersatz von 20% oder im Land B mit einem Gewinnsteuersatz von 30% durchführen soll. Beide Länder weisen ansonsten gleiche Standortvorteile auf. Der Kalkulationszinsfuß vor Steuern beträgt 15%. Er unterstellt folgende Zahlungsreihe:

Investitionsauszahlung: 3.000.000 EURO
jährl. Einzahlungsüberschuß v. St.:   800.000 EURO
Die Investitionsdauer ist 6 Jahre. Es wird linear auf den Restwert von Null abgeschrieben.

In welchem Land soll er investieren? Begründen Sie Ihre Entscheidung mit einer geeigneten Kennzahl der dynamischen Investitionsrechnung.

Aufgabe 30:
Das Portefeuille eines Investors soll sich aus den Aktien A und B zusammensetzen, die folgende Kennzahlen aufweisen:

Aktie	Mittlere Rendite (%)	Standardabweichung (%)
A	10	20
B	20	30

Die Renditen seien unkorreliert.
a) Bei welchem Anteil der Aktien A und B im Portefeuille ist das Gesamtrisiko, welches durch die Standardabweichung gemessen wird, minimal?
b) Skizzieren Sie die mittlere Rendite des Portefeuilles in Abhängigkeit von seiner Standardabweichung. Welche Rendite-Risiko-Kombinationen wird der Investor auswählen?

LITERATURHINWEISE

ADELBERGER, O.L./GÜNTHER, H.H.: Fall- und Projektstudien zur Investitionsrechnung. München 1982.

ALBACH, H.: Wirtschaftlichkeitsrechnung bei unsicheren Erwartungen. Köln 1959.

ALBACH, H. (Hrsg.): Investitionstheorie. Köln 1975.

ALBACH, H.: Investitionsrechnung bei Unsicherheit. Handwörterbuch der Finanzwirtschaft; hrsg. von H.E. BÜSCHGEN, Stuttgart 1976, S. 894-908.

ALTROGGE, G.: Investition. 2. Aufl., München 1991.

BALDWIN, R.H.: How to Assess Investment Proposals. Harvard Business Review 1959, No. 3, S. 98-104.

BAMBERG, G./BAUR, F.: Statistik. 7. Aufl., München 1991.

BAMBERG, G./COENENBERG, A.: Betriebswirtschaftliche Entscheidungslehre. 5. Aufl., München 1989.

BAUER, H.: Wahrscheinlichkeitstheorie und Grundzüge der Maßtheorie. 2. Aufl., Berlin-New York 1974.

BAUR, F., s. BAMBERG, G.

BERNHARD, R.H.: A More General Sufficient Condition for a Unique Nonnegative Rate of Return. Journal of Financial and Quantitative Analysis 14, 1979, S. 337-341.

BESTMANN, U./BIEGER, H./ TIETZE, J.: Übungen zu Investition und Finanzierung. 4. Aufl., Aachen 1990.

BETGE, P.: Investitionsplanung, Methoden, Modelle, Anwendungen. Wiesbaden 1991.

BIEGER, H., s. BESTMANN, U.

BIERGANS, E.: Investitionsrechnung: Moderne Verfahren und ihre Anwendung in der Praxis. Nürnberg 1979.

BIERMAN, H./SMIDT, S.: The Capital Budgeting Decision. 6. Aufl., New York 1986.

BITZ, M.: Investition, Vahlens Kompendium der Betriebswirtschaftslehre, Bd. 1, München 1984, S. 423-481.

BLOHM, H./LÜDER, K.: Investition. 6. Aufl., München 1988.

BREALEY, R./MYERS, S.C.: Principles of Corporate Finance. 3. Aufl., New York 1988.

BUCK, J.R./HILL, T.W.: Laplace Transforms for the Economic Analysis of Deterministic Problems in Engineering. The Engineering Economist 16, 1971, S. 247-263.

BÜSCHGEN, H.E.: Handwörterbuch der Finanzwirtschaft. Stuttgart 1976.

BUSSE von COLBE, W./LASSMANN, G.: Betriebswirtschaftstheorie, Bd. 3: Investitionstheorie. 3. Aufl., Berlin 1990.

CANADA, J.R./WHITE, J.A.: Capital Investment Decision Analysis for Management and Engineering. Englewood Cliffs, N.J. 1980.

CHAPMAN, C.B., s. COOPER, D.F.

CLARK, J.C./HINDELANG, T.J./PRITCHARD, R.E.: Capital Budgeting, Planning and Control of Capital Expenditures. 2. Aufl., Englewood Cliffs, N.J. 1984.

COENENBERG, A.G.: Unternehmensbewertung mit Hilfe der Monte-Carlo-Simulation. ZfB 40, 1970, S. 793-804.

COENENBERG, A., s. BAMBERG, G.

COOPER, D.F./CHAPMAN, C.B.: Risk Analysis for Large Projects. Chichester 1987.

DÄUMLER, K.-D.: Praxis der Investitions- und Wirtschaftlichkeitsrechnung. 3. Aufl., Herne 1991.

DOBBINS, R., s. PIKE, R.

DURAND, D.: Payout Period, Time Spread and Duration: Aids to Judgment in Capital Budgeting. Journal of Bank Research, Spring 1974, S. 20-34.

ELPELT, B., s. HARTUNG, J.

FEHRENBACH, P.: Am Dollar verdienen. Chancen und Risiken von Zinsdifferenzgeschäften. Freiburg 1990.

FRANKE, G./HAX, H.: Finanzwirtschaft des Unternehmens und Kapitalmarkt. 2. Aufl., Berlin-Heidelberg-New York 1990.

FULLER, R.J./KIM, S.-H.: Inter-Temporal Correlation of Cash Flows and the Risk of Multi-Period Investment Projects. Journal of Financial and Quantitative Analysis 15, 1980, S. 1149-1162.

GERBER, H.G.: The Discounted Central Limit Theorem and its Berry-Esséen Analogue. Ann. Math. Statist. 42, 1971, S. 389-392.

GIACCOTTO, C.: A Simplified Approach to Risk Analysis in Capital Budgeting with Serially Correlated Cash Flows. The Engineering Economist 29, 1984, S. 273-287.

GRAMLICH, D., s. VEIT, T.

GROB, H.-L.: Investitionsplanung mit vollständigen Finanzplänen. München 1989.

GÜNTHER, H.H., s. ADELBERGER, O.L.

HARTUNG, J./ELPELT, B./KLÖSENER, K.-H.: Statistik, Lehr- und Handbuch der angewandten Statistik. 7. Aufl., München 1989.

HAX, H.: Investitionstheorie. 5. Aufl., Würzburg-Wien 1985.

HAX, H., s. FRANKE, G.

HEINHOLD, M.: Investitionsrechnung, Studienbuch. 5. Aufl., München 1989.

HERTZ, D.B.: Risk Analysis in Capital Investment. Harvard Business Review 42, 1964, S. 95-106.

HERTZ, D./THOMAS, H.: Risk Analysis and its Applications. Chichester 1983.

HERTZ, D./THOMAS, H.: Practical Risk Analysis. Chichester 1984.

HESS, S.W./QUIGLEY, H.A.: Analysis of Risk in Investment Using Monte Carlo Techniques. Chemical Engineering Progress Symposium Series, No. 42, 1963, S. 55-63.

HILL, T.W., s. BUCK, J.R.

HILLIER, F.S.: The Evaluation of Risky Interrelated Investments. Amsterdam-London 1971.

HILLIER, F.S.: The Derivation of Probabilistic Information for the Evaluation of Risky Investments. Management Science 9, 1963, S. 443-457.

HINDELANG, T.J., s. CLARK, J.C.

HULL, J.C.: The Evaluation of Risk in Business Investment. Oxford 1980.

IHRIG, H./PFLAUMER, P.: Finanzmathematik, Intensivkurs. 3. Aufl., München 1994.

JACOB, H.: Kurzlehrbuch Investitionsrechnung. 3. Aufl., Wiesbaden 1984.

JÖCKEL, K.-H./PFLAUMER, P.: Die Anwendung ökonometrischer Verfahren bei der Risikoanalyse für Investitionsentscheidungen. Statistische Hefte 21, 1980, S. 53-60.

JÖCKEL, K.-H./PFLAUMER, P.: Stochastische Investitionsrechnung: Ein analytisches Verfahren zur Investitionsrechnung. ZOR 25, 1981, B39-B47.

JÖCKEL, K.-H./PFLAUMER, P.: Die Berücksichtigung von Abhängigkeitsstrukturen bei der stochastischen Unternehmensbewertung. ZfB 51, 1981, S. 1107-1125.

JÖCKEL, K.-H./SENDLER, W.: A Central Limit Theorem for Generalized Discounting. Mathematische Operationsforschung und Statistik 12, 1981, S. 605-608.

KERN, W.: Grundzüge der Investitionsrechnung. Stuttgart 1976.

KILGER, W.: Kritische Werte in der Investitions- und Wirtschaftlichkeitsrechnung. ZfB 35, 1965, S. 338-353.

KIM, S.-H., s. FULLER, R.J.

KLÖSENER, K.-H., s. HARTUNG, J.

KÖPF, G.: Ansätze zur Bewertung von Aktienoptionen. München 1987.

KÖPF, G.: Zinsdifferenzgeschäfte - nicht ohne Risiko. Anlagepraxis 10/1985, S. 20-27.

KOHLER, H.-P.: Grundlagen der Bewertung von Optionen und Optionsscheinen. Wiesbaden 1992.

KOHLER, H.-P., s. PFLAUMER, P.

KOSIOL, E.: Finanzmathematik. 10. Aufl., Wiesbaden 1973.

KRÄMER, W.: So lügt man mit Statistik. Frankfurt 1991.

KRUMBHOLZ, W./PFLAUMER, P.: Möglichkeiten der Kosteneinsparung bei der Qualitätskontrolle durch Berücksichtigung von unvollständigen Vorinformationen. ZfB 52, 1982, S. 1088-1102.

KRUSCHWITZ, L.: Investitionsrechnung. 4. Aufl., Berlin 1990.

KUNZ, B.R.: Grundriss der Investitionsrechnung. Bern 1984.

LASSMANN, G., s. BUSSE von COLBE, W.

LEFFSON, U.: Programmiertes Lehrbuch der Investitionsrechnung. Wiesbaden 1973.

LESSO, W.G., s. ZINN, C.D.

LEVARY, R.R./SEITZ, N.E.: Quantitative Methods for Capital Budgeting. Cincinnati, OH 1990.

LEVY, H./SARNAT, M.: Capital Investment and Financial Decision. 3. Aufl., Englewood Cliffs, N.J. 1986.

LIN, S.A.Y.: The Modified Internal Rate of Return and Investment Criterion. The Engineering Economist 21, 1976, S. 237-247.

LOISTL, O.: Grundzüge der betrieblichen Kapitalwirtschaft. Berlin-Heidelberg-New York 1986.

LÜCKE, W. (Hrsg.): Investitionslexikon. 2. Aufl., München 1991.

LÜDER, K., s. BLOHM, H.

MEGILL, R.E.: An Introduction to Risk Analysis. 2. Aufl., Tulsa 1984.

MELLWIG, W.: Investition und Besteuerung. Wiesbaden 1985.

MENGES, G.: Grundriß der Statistik, Teil 1: Theorie. Köln und Opladen 1968.

MENGES, G.: Grundmodelle wirtschaftlicher Entscheidungen. 2. Aufl., Düsseldorf 1974.

MÖSER, H.D.: Finanz- und Investitionswirtschaft in der Unternehmung. Landsberg 1988.

MYERS, S.C., s. BREALEY, R.

NORSTRÖM, C.J.: A Sufficient Condition for a Unique Nonnegative Internal Rate of Return. Journal of Financial and Quantitative Analysis 7, 1972, S. 1835-1839.

NORSTRÖM, C.J.: Kritische Würdigung des internen Zinsfußes. ZfbF 42, 1990, S. 107-118.

OLFERT, K.: Investition. 3. Aufl., Ludwigshafen 1985.

PARKER, R. H.: Discounted Cash Flow in Historical Perspective. Journal of Accounting Research 6, 1968, S. 58-71.

PERLITZ, M.: Sensitivitätsanalysen für Investitionsentscheidungen. Betriebswirtschaftliches Kontaktstudium, Wiesbaden 1978, S. 123-132.

PERLITZ, M.: Risikoanalyse für Investitionsentscheidungen. ZfbF-Kontaktstudium 31, 1979, S. 41-49.

PERRIDON, L./STEINER, M.: Finanzwirtschaft der Unternehmung. 6. Aufl., München 1991.

PFLAUMER, P.: Anwendungsmöglichkeiten ökonometrischer Verfahren für die strategische Unternehmensführung. ZfbF 32, 1980, S. 781-789.

PFLAUMER, P.: The Evaluation of German Warrants: An Empirical Investigation. Statistical Papers 32, 1991, S. 343-352.

PFLAUMER, P.: Rendite und Risiko von Zinsdifferenzgeschäften, in: Henssler, M. et al. (Hrsg.): Europäische Integration und globaler Wettbewerb. Heidelberg 1993, S. 377-387.

PFLAUMER, P.: Stichwort "Hebelwirkung" und Stichwort "Volatilität", in: Siebers, A.B.J./Weigert, M.: Börsenlexikon. München 1995.

PFLAUMER, P.: Stationäre Bevölkerungen: Anwendungsmöglichkeiten finanzmathematischer und demographischer Methoden zur Analyse des Einflusses von Wanderungen auf die langfristige Bevölkerungsentwicklung. Allg. Statistisches Archiv 78, 1994, S. 229-250.

PFLAUMER, P./Kohler, H.-P.: The Leverage Effect of Warrants, An Empirical Investigation. Proceedings of the Business and Economic Statistics Section of the Am. Stat.. Association, Alexandria 1993, S. 266-271.

PFLAUMER, P., s. IHRIG, H.

PFLAUMER, P., s. JÖCKEL, K.-H.

PFLAUMER, P., s. KRUMBHOLZ, W.

PIKE, R./DOBBINS, R.: Investment Decisions and Financial Strategy. Oxford 1986.

PRITCHARD, R.E., s. CLARK, J.C.

REINHARDT, F.: Steuerparadoxon, in: Wacker, W.H. (Hrsg.) Lexikon der deutschen und internationalen Besteuerung. München 1994, S. 679-680.

ROLFES, B., s. SCHIERENBECK, H.

RYAN, T.M.: Theory of Portfolio Selection. London 1978.

SARNAT, M., s. LEVY, H.

SAXENA, U.: Investment Analysis under Uncertainty. The Engineering Economist 29, 1983, S. 34-41.

SCHIERENBECK, H./ROLFES, B.: Effektivverzinsung in der Bankenpraxis. ZfbF 38, 1986, S. 766-778.

SCHINDEL, V.: Risikoanalyse. 2. Aufl., München 1978.

SCHIRMEISTER, R.: Theorie finanzmathematischer Investitionsrechnungen bei unvollkommenem Kapitalmarkt. München 1990.

SCHIRMEISTER, R.: Zur Diskussion dynamischer Rentabilitätsmaße als investitionsrechnerische Vorteilskriterien. ZfB 61, 1991, S. 803-811.

SCHMIDT, R.-B.: Unternehmensinvestitionen. Hamburg 1970.

SCHMIDT, R.H.: Grundzüge der Investitions- und Finanzierungstheorie. 3. Aufl., Wiesbaden 1989.

SCHNEIDER, D.: Investition, Finanzierung und Besteuerung. 6. Aufl., Wiesbaden 1990.

SCHNEIDER, E.: Wirtschaftlichkeitsrechnung. 8. Aufl., Tübingen-Zürich 1973.

SEITZ, N.E., s. LEVARY, R.R.

SENDLER, W., s. JÖCKEL, K.-H.

SMIDT, S., s. BIERMAN, H.

SPREMANN, K.: Investition und Finanzierung. 4. Aufl., München 1991.

STAEHELIN, E.: Investitionsrechnung. Diessenhofen 1978.

STEINER, M., s. PERRIDON, L.

STEINER, P., s. UHLIR, H.

SWOBODA, P.: Investition und Finanzierung. 3. Aufl., Göttingen 1986.

THOMAS, H., s. HERTZ, D.

TIETZE, J., s. BESTMANN, U.

UHLIR, H./STEINER, P.: Wertpapieranalyse. 2. Aufl., Würzburg 1991.

VEIT, T./WALZ, H./GRAMLICH, D.: Investitions- und Finanzplanung. 3. Aufl., Heidelberg 1990.

WAGLE, B.: A Statistical Analysis of Risk in Capital Investment Projects. Operational Research Quarterly 18, 1967, S. 13-33.

WALZ, H., s. VEIT, T.

WEHRLE-STREIF, U.: Empirische Untersuchung zur Investitionsrechnung. Köln, 1989.

WESKAMP, M.: Mathcad 3.1 für Windows. Bonn 1993.

WHITE, J.A., s. CANADA, J.R.

WILKES, F.M.: Capital Budgeting Techniques. 2. Aufl., Chichester 1983.

ZINN, C.D./LESSO, W.G.: A Probabilistic Approach to Risk Analysis in Capital Investment Projects. The Engineering Economist 22, 1977, S. 239-260.

SACHVERZEICHNIS

Abschreibungen 78 ff., 85 ff., 103 ff.
Amortisationsdauer
 dynamische - 134, 208
 statische - 116 f., 208
Amortisationsvergleichsmethode 116 f.
Annuität 91
 äquivalente - 19 ff., 68 f., 73 ff.
Annuitätenfaktor 20, 200 f.
Annuitätentilgung 90 ff.
Ausbringungsmenge
 kritische - 111 f.
Autokorrelation 146 f., 156

Baldwin-Verzinsung 51 ff., 204 ff.
Bandbreitenanalyse 138
Basisalternative 9, 11 f., 30
Berlin-Darlehen 83f.
Break-Even-Analyse 113 f.

Chancenprofil 159, 167, 223

Differenzinvestition 37 f., 60 ff., 96 ff.
Einzahlungsüberschuß 8
 kritischer - 132
 nominaler - 101
 realer - 101
Einzahlungsüberschußprofil 24 f., 47 f.
Erwartungswert 126 ff.

Finanzierung 88 ff., 215 ff.

Gewinnschwellenrechnung 113 f.
Gewinnvergleichsmethode 112 ff.

Hebelwirkung 95, 139 ff., 205 f., 218 f.

Inflation 101 ff.
Initialverzinsung 53 f.
Interner Zinsfuß 18 f.
 Begriff 27 ff.
 Berechnung 27 ff., 38 ff.
 Differenzinvestition 61
 einander ausschließende Investitions-
 projekte 55 ff.
 Entscheidung 30 f.
 gebrochene Laufzeiten 44 ff., 203 f.
 Interpretation 30 f.
 konstante Einzahlungsüberschüsse 38 f.
 nach Steuern 81 ff.
 Näherung 28 f., 42
 stetige Diskontierung 47 ff.
 unterjährliche Zahlungen 44 ff.
 Vergleich mit statischer Rentabilität
 118 ff.

Investition
 Arten 1 f.
 Begriff 1
 irreguläre - 31 ff., 64 ff., 210 ff.
 konventionelle - 18, 28, 36
 reguläre - 31 ff.
 unterschiedliche Lebensdauer 67 ff.
Investitionsrechnung
 deterministische - 3 f., 129
 stochastische - 3 f., 129
 unter Risiko 124 ff.

Kalkulationszinsfuß 5, 9 ff.
 nach Steuern 80
Kapital
 durchschnittlich gebundenes 31, 110 f.,
 114, 121 f.
Kapitalrentabilität 30 f., 51 f., 114 ff.
Kapitalrückflußdauer
 dynamische - 134
Kapitalwert
 Begriff 9 ff.
 einander ausschließende Investitionen
 55 ff.
 Entscheidung 11
 ewige Rente 15, 26
 geometrisch-steigende Einzahlungsüberschüsse 15 ff.
 Interpretation 11, 15
 konstante Einzahlungsüberschüsse 12 ff.
 nach Berücksichtigung der Finanzierung 88 ff., 207, 215 ff.
 nach Steuern 78 ff., 103 ff., 215 ff.
 optimale Nutzungsdauer 69 ff.
 unendliche Lebensdauer 13 ff., 26
 unterjährliche Diskontierung 21 ff.,
 203 f.
 stetige Diskontierung 23 ff., 121
Kapitalwertfunktion 17 ff., 29, 33 ff.,
 56 ff., 63 ff., 87
Kapitalwertrate 19
Korrelationskoeffizient 128
Kostenvergleichsmethode 109 ff.
Kovarianz 128
Kritische Werte
 Verfahren der - 131 ff., 220 f.

Laplace-Transformierte 26, 50
Leasing 95 ff.
Leasing-Rate
 kritische - 98 f.
Leverage-Effekt 139 ff., 205 f., 218 f.

μ-σ-Diagramm 128 f.

Normalinvestition 36
Nutzungsdauer
  kritische - 134, 208
  optimale - 69 ff.

Pay-Back-Methode 116 f.
Pay-Off-Methode 116 f.

Periodenzinsfuß 21 f.
Preisangabenverordnung 44 ff.

Ratentilgung 90 ff.
Reagibilitätsanalyse 135 ff.
Rentabilität
  dynamische - 116 ff.
  statische - 114 ff.
Rentabilitätsvergleichsmethode 114 ff.
Rentenbarwertfaktor 13, 39, 198 f.
Return on Investment (ROI) 115 f.
Risiko 125
Risikoanalyse
  analytische Verfahren der - 144 ff.
  Simulationsverfahren der - 153 ff.,
    222 ff.
Risikoprofil 156, 161

Scheingewinn 105 ff.
Sensitivitätsanalyse 131 ff., 213 f.
Standardabweichung 126 ff.
Steuern 78 ff., 94 f.
Steuerparadoxon 225 ff.

Tilgungsplan 30, 91 f.

Ungewißheit 125

Varianz 126 ff.
Vergleichsrendite vor Steuern 81 ff.
Verlustwahrscheinlichkeit 127, 151
Vermögensendwert 9 f., 11, 51, 59, 64,
    203 ff
Verzinsungsintensität 26, 47 ff.

Zinsdifferenzgeschäft 139 ff.
Zinsfuß
  effektiver - 30, 44 ff.
  effektiver - nach PAnGV 44 ff.
  interner - 18 f., 27 ff.
  internationaler effektiver - 44 f.
  konformer - 26 f.
  kritischer - 57
  modifizierter interner - 51 f.